Dagmar Rohnstock
Cordula Siebers-Koch

Mit **MEDIATION** das **Klassenklima verbessern**

Übungen, Leitfäden und Ausbildungskonzepte für eine neue Schulkultur

Cornelsen

Die Autorinnen
Dr. Dagmar Rohnstock ist Lehrerin, Mediatorin (BM) und Trainerin für Stress- und Konfliktmanagement. Auf der Grundlage eigener langjähriger Lehr- und Mediationstätigkeit engagiert sie sich über Fortbildungen und Beratungen auf allen Ebenen, insbesondere für Führungskräfte, in der Implementierung von Mediation in Schulkulturen verschiedenster Schulformen.
Cordula Siebers-Koch ist zertifizierte Mediatorin, Coach, Trainerin für Konfliktmanagement und Teamentwicklung. Neben diesem freiberuflichen Engagement betreut sie als Mediationsbeauftragte der Evangelischen Schulstiftung in Berlin und Brandenburg das Konfliktmanagement und verfolgt das Ziel, dort die mediative Haltung auf allen Ebenen zu verankern.

Alle aufgeführten Systeme und Tools stellen nur Beispiele für die Unterrichtsgestaltung dar. Bitte stimmen Sie sich mit Ihrer Schulleitung dazu ab, welche Systeme oder Tools an Ihrer Schule im Rahmen der Unterrichtsgestaltung genutzt werden dürfen.

Projektleitung: Maren Krüger, Berlin
Redaktion: Marion Clausen, Berlin
Umschlaggestaltung: Jule Kienecker, Berlin
Umschlagfoto: Shutterstock.com/SimpleThingsHere
Grafik: Torsten Lemme, Berlin
Layout / technische Umsetzung: LemmeDESIGN, Berlin

www.cornelsen.de

1. Auflage, 2. Druck 2022

Druck: H. Heenemann, Berlin

PEFC
PEFC/04-31-1156

PEFC zertifiziert
Dieses Produkt stammt aus nachhaltig bewirtschafteten Wäldern und kontrollierten Quellen.

www.pefc.de

INHALT

VORWORT

Als wir zwei Mediatorinnen vor vielen Jahren selbst das Handwerkszeug der mediativen Kommunikation erlernten, war dieses Fachgebiet für uns zunächst eine mögliche Fortbildung unter vielen. Mit zunehmender Kompetenz und eigener vielfältiger Anwendung im pädagogischen Feld waren wir überrascht darüber, welche atmosphärischen Verbesserungen und bewegenden Verständigungen zwischen Schüler*innen, aber auch erwachsenen Schulbeteiligten über diese mediativen Wege möglich wurden. Das erfreut und bewegt uns noch heute bei unserer Arbeit an den verschiedenen Schulen immer wieder.

Als wir neben der Ausbildung der Konfliktlotsenteams verstärkt anfingen, unsere pädagogischen Kolleg*innen in mediativer Kommunikation für ihre Praxis fortzubilden, fiel uns auf, dass wir viele von ihnen mit der Zeit des Übens und Erprobens im Alltag für diese mediative Form des Umgangs miteinander begeistern konnten. Sie erfuhren ganz praktisch, dass über mediative Wege auch in schwierigen Gesprächssituationen gegenseitiger Respekt und manchmal ungeahnte Lösungen möglich sind. Daraus entstand nicht selten der Wunsch, bei einigen sogar die Vision, diese wohltuende Form des mediativen Miteinanders, die Konflikte keinesfalls ausschließt, in ihrem pädagogischen Umfeld selbst umzusetzen bzw. weiterzuverbreiten. Diese Motivation wurde sicher durch die Erfahrung der Kolleg*innen gestärkt, dass sie sich im Schulalltag in einem wertemäßig wenig gefestigten, oft multikulturell geprägten Feld mit vielen Konfliktherden bewegen, das einen gemeinsamen, alle einschließenden Bezugspunkt für seine Beziehungen sucht und mehr denn je braucht. Gerade in unserer gesellschaftlich labilen Zeit mit deutlichen Zeichen von Sprachverrohung und rassistischen Tendenzen bietet die gelebte mediative Kommunikation mit ihrer Wertschätzung des Gegenübers eine wertvolle Orientierung und damit ein attraktives demokratisches Modell mit verbindender Kraft für Klassen- und Schulkulturen.

Motiviert von diesen grundsätzlichen Beobachtungen und Gedanken machten sich inzwischen viele unserer Schulmediator*innen auf den Weg, die Mediation in ihre Klassen, in ihre Schule und schließlich auch in ihre Teams und Kollegien zu tragen. Im Zuge dieses Prozesses wurden wir immer öfter gefragt, ob wir ihnen für die nötigen verschiedenartigen Ausbildungsmöglichkeiten unsere bewährten Konzepte zur Verfügung stellen könnten. Das hat uns schließlich dazu angeregt, mit unserem Buch dafür eine breite, ganz praktische Grundlage zu schaffen. Denn mediativer Umgang kann nicht theoretisch erworben werden, sondern muss praktisch erfahren und immer wieder geübt werden. Dafür braucht es passende Ausbildungskonzepte für die Klasse, aber auch für die agierenden Schulkonfliktlotsenteams und alle Schulbeteiligten an der Schule, die speziell auf ihre jeweiligen Gesprächssituationen und Erfordernisse ausgerichtet sind.

Wir hoffen, dass unsere Erfahrungen, erprobten Leitfäden und Ausbildungsmöglichkeiten in diesem Buch Sie auf Ihrem persönlichen Weg zur mediativen Klassen- bzw. Schulkultur inspirieren und praktisch unterstützen. Dabei wünschen wir Ihnen, dass die von Ihnen vermittelte Mediationskultur als wertschätzende und wohltuende Atmosphäre zu Ihnen zurückkommt, genauso, wie wir es so oft erfahren durften.

Als anschauliche Visualisierung des Inhalts dieses Buches haben wir das Schulhaus gewählt, in dem Sie die Inhalte der einzelnen Kapitel als Bausteine nachvollziehen können.

Schulhaus mit Bausteinen zur mediativen Schulkultur

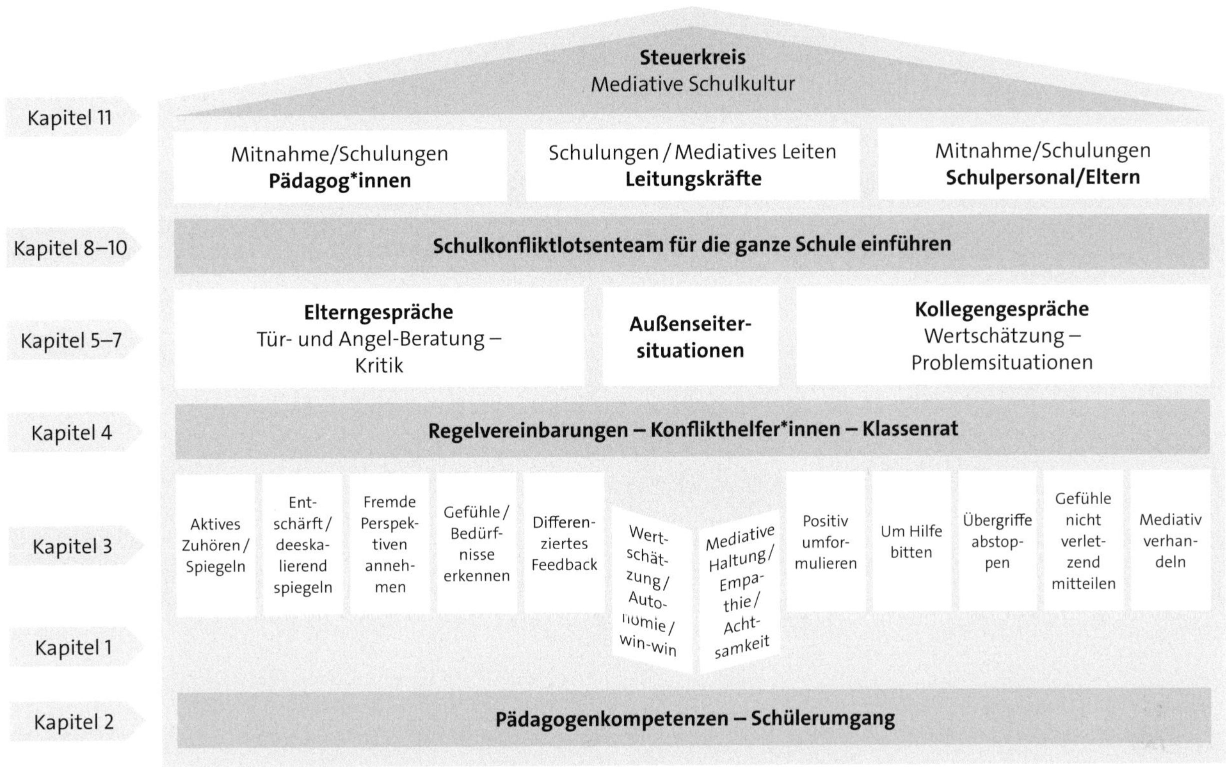

1 CHANCEN EINER MEDIATIVEN KLASSEN- UND SCHULKULTUR NUTZEN

Schulhaus mit Bausteinen zur mediativen Schulkultur

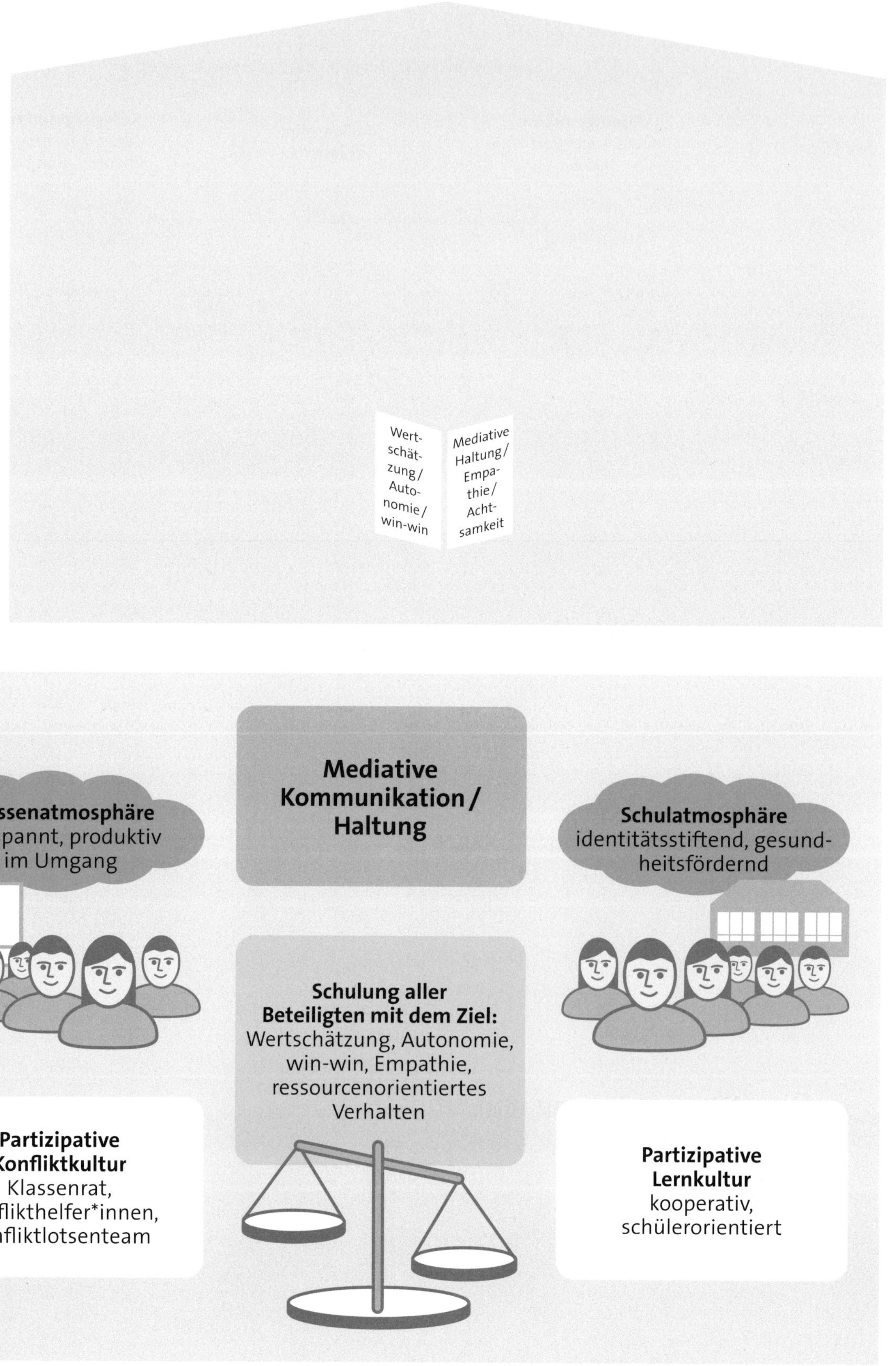

1.1 Über eigene mediative Kommunikationserfahrungen den Umgang miteinander verändern

Atmosphäre wird im Alltag vor allem über Kommunikation geprägt. Unsere Sensoren übermitteln uns in Gesprächen ziemlich unmittelbar, ob wir uns in einem Kontext befinden, in dem wir als Person respektiert werden. Genauso geht es den Schüler*innen mit ihren Pädagog*innen und Mitschüler*innen. Sie checken die Atmosphäre schnell über die Art der Kommunikation ab, die Form der Zuwendung, den Tonfall, die Mimik und Gestik, einfach die ganze Haltung. Genau dort setzt unser Konzept an. Wir möchten Sie über unsere Leitfäden und Übungen ganz praktisch dazu anregen sowie Ihnen verschiedene Möglichkeiten aufzeigen, wie Sie mit Ihren Schüler*innen im alltäglichen Umgang wertschätzend, bestärkend, aber auch konsequent und klar kommunizieren können, selbst in hektischen und emotional aufgeladenen Situationen. Diese gelebte mediative Haltung macht Ihrem Gegenüber deutlich, dass Sie ihn als Person immer ernstnehmen, ihm aber auch Selbstverantwortung im altersgerechten Rahmen übertragen (vgl. Schäfer 2015, S. 3ff.). Auf dieser Grundlage sind alle angebotenen Übungen dieses Buches zu verstehen und zu praktizieren, was auch für das Kommunizieren der Schüler*innen untereinander gilt. Über all diese kommunikativen Bausteine schließlich können Sie Ihre Klassenatmosphäre auf eine angenehm konstruktive Weise nachhaltig selbst prägen (siehe Kap. 3 und 4 sowie vgl. Ochoa/Ochoa 2016, S. 23). Sie schaffen damit die grundlegenden Voraussetzungen nicht nur für gelingendes Lernen, sondern vor allem für einen Aktionsraum, in dem Sie sich tagtäglich gern aufhalten und produktiv zusammenarbeiten können.

Bewusst setzen wir bei unseren Anleitungen und Übungen auf gegensätzliche Erfahrungen, indem wir zunächst eine manchmal übertriebene Negativversion von Kommunikation an den Anfang stellen. Uns ist wichtig, dass diese Negativerfahrung und gleich im Anschluss die positive Umsetzung emotional wirklich selbst erfahren und erlebt werden. Gerade diese Form der Präsentation lockert die Übungssequenzen merklich auf, indem sich manch ein Teilnehmender an der einen oder anderen Stelle wiedererkennt, was oft erheiternd auf den Teilnehmerkreis wirkt. Damit verstärkt sich der Lerneffekt für die mediative, besonders wertschätzende Kommunikationsform. Denn Lernen ist ein hochemotionaler Prozess, der sich nur durch eigene, emotional besetzte Erfahrungen nachhaltig einprägt. Wir sind deshalb davon überzeugt und haben es in der Praxis immer wieder bestätigt bekommen, dass sich über diese selbst erfahrenen Wirkungen der oder die Lernende prozesshaft verändert, was letztlich kulturprägend sein kann. Das ist ein wechselseitiges, systemisches Geschehen, das jeweils auch auf Sie als Lehrkraft wohltuend wertschätzend zurückwirkt.

Gerade in einer Zeit der zunehmenden Sprachverrohung über die mediale und teilweise anonymisierte Kommunikation im Netz haben wir die Erfahrung machen können, dass die angeleiteten und gemeinsam reflektierten Kommunikationsübungen von Angesicht zu Angesicht von grundlegendem Wert für eine Gemeinschaft sind.

1.2 Über Wertschätzung und Empathie das mediative Menschenbild ausprägen

Bei unseren Kommunikationsschulungen sind wir weniger bestrebt, starre Techniken vorzugeben und einzuüben, sondern wir sind geleitet von einem Menschenbild der gegenseitigen Empathie und Wertschätzung, das von den Gesprächspartner*innen gleichermaßen in ihrem individuellen Stil ausgedrückt werden darf. Wichtig ist uns, dass die gelebte mediative Haltung diese Werte in den Kommunikationen verdeutlicht.

In der Mediation geht es nicht zuallererst darum, in einem Gespräch auf den gleichen Nenner zu kommen (vgl. Ochoa/Ochoa 2016, S. 83). Im Gegenteil: Die Mediation wertschätzt geradezu unterschiedliche Perspektiven, Emotionen und Bedürfnisse jedes Individuums, die gleichberechtigt nebeneinanderstehen können, ja sogar oft als bereichernd erlebt werden (vgl. Hartkemeyer 2018, S. 23). Es geht auch bei unterschiedlichen hierarchischen Stellungen – wie Lehrkraft zum Schüler oder Schulleiterin zum nichtpädagogischen Personal – immer um ein Gespräch auf Augenhöhe mit tiefem Respekt und vor allem Empathie für das jeweilige Gegenüber. Dies schließt notwendige Korrekturen und Sanktionen bei Regelübertretungen jedoch keineswegs aus.

Kennzeichnend für die mediative Haltung ist vielmehr, die Hintergründe (Gefühle, Bedürfnisse) für die Meinungen und Verhaltensweisen von Menschen zu erfragen und auszutauschen. Das ist die Kernkompetenz, die unsere Übungen für Schüler*innen wie Erwachsene zum Ziel haben. Dabei werden die unterschiedlichen Bedürfnisse, die manchmal auch zu Konflikten führen können, grundsätzlich als berechtigt betrachtet, wenn sie auch nicht immer gleichermaßen zu befriedigen sind. Hier greift die Mediation, also die Vermittlung zwischen unterschiedlichen Bedürfnissen/Interessen. Sie ist bestrebt, miteinander einen Konsens zu erzielen unter Einbeziehung der Lösungskompetenz aller Beteiligten, welche grundsätzlich jedem Individuum altersgerecht zusteht. Das hat den Vorteil, dass gerade im Entwicklungsprozess Schüler*innen selbst immer mehr Verantwortung für ihre Lösungsprozesse übernehmen können, ob nun im täglichen Dialog, als Vermittler*innen, soziale Botschafter*innen oder als Coach (siehe Kap. 9 und vgl. Schäfer 2015, S. 79). Unsere Erfahrungen an unterschiedlichen Schulen haben uns gezeigt, dass gerade die Lösungskompetenz von Schüler*innen in alltäglichen Konflikten sehr hoch ist, wovon die Schulgemeinschaft im Allgemeinen stark profitiert. Mediation stellt also das lernende und wertvolle Individuum, ausgehend von seinen Potenzialen in den Mittelpunkt, im Gegensatz zu der Vorstellung von einem ökonomischen und auf Leistung getrimmten Individuum, das feste Normen in einem hierarchischen System zu befolgen hat (vgl. Ochoa/Ochoa 2016, S. 9).

1.3 Über eine mediative Haltung eine Atmosphäre der Achtsamkeit und Partizipation schaffen

Sicher bringt zunächst jedes Kind seine erlernten Kommunikationsweisen in eine Klasse ein. Doch insbesondere durch die prägende Kommunikationshaltung der leitenden Pädagog*innen, unterstützt durch die hier ausgeführten mediativen Übungen im Klassenverband, kann sich Schritt für Schritt eine Umgangskultur der gegenseitigen Achtsamkeit ausbilden. Bei den vielfältigen Kommunikationsübungen werden vor allem die eigene Zurückhaltung im Dialog und gleichzeitig die Konzentration auf das Gegenüber mit seinen Gefühlen und Wünschen trainiert. Das wirkt sich nachhaltig auf die Klassenatmosphäre aus. Denn diese Kompetenz ist nicht nur grundlegend für Dialoge, sondern auch für Diskussionen im Rahmen von Gruppenarbeiten und Klassengesprächen, die so viel strukturierter und mehr aufeinander eingehend ablaufen können.

Neben dieser eigenen Zurückhaltung zielen unsere Schulungen auch darauf ab, eigene Interessen mit Respekt für andere Wünsche auszudrücken und lösungsorientiert zu verhandeln. Diese Kompetenzen helfen, Lösungen nicht vornehmlich von der Lehrkraft zu erwarten, sondern gemeinsam kreativ danach zu suchen. Dies ist nicht nur zwischen Einzelnen angezielt, sondern mündet schließlich in verschiedene Formen der Selbstverantwortung und Partizipation, insbesondere in dem regelmäßig tagenden und selbststrukturierten Klassenrat (vgl. Schäfer 2015, S. 86ff.). So funktioniert eine mediative Klassenkultur unter dem Motto: Jeder ist wichtig und richtig! (Siehe Kap. 4)

1.4 Durch Wertschätzung und Partizipation einer Ausgrenzung nachhaltig vorbeugen

In unseren Mediationen wird immer wieder offenkundig, dass die Ausgrenzenden/Lästernden meist verletzte, unausgeglichene und unsichere Personen sind, die um Achtung und Aufmerksamkeit ringen (vgl. Jannan 2015, S. 35ff.). Hinter ihnen liegen nicht selten Entwicklungsphasen, in denen sie längere Zeit ausgegrenzt oder verletzend behandelt wurden. Das Lästern und/oder Ausgrenzen wird dann zum Ventil, diese alten Verletzungen loszuwerden. Es wird auch durch die einfache Motivation gefördert, endlich mal auf der vermeintlich mächtigen Seite zu stehen, um nicht mehr selbst in die Schusslinie zu geraten. Den Ausgrenzenden fehlt es vor allem an konstruktiven kommunikativen Möglichkeiten, Kontakt zu ihren Mitschüler*innen aufzunehmen und nachhaltig aufrechtzuerhalten. Sie haben dafür oft keine konstruktiven Vorbilder (siehe Kap. 7). Deshalb sind gerade unsere angeleiteten Übungen in mediativer Kommunikation geeignet, ihnen besonders diese Erfahrungen in den verschiedenen Zusammenhängen für den (Schul-)Alltag mitzugeben. Damit sinkt nach unserer Erfahrung das Potenzial, andere herabsetzen zu wollen, entscheidend. Ein geachtetes Gruppenmitglied, das seinen Platz in einer Gemeinschaft gefunden hat und in ihr eine Rolle ausfüllt, braucht diese destruktiven Wege für die eigene Identität nicht mehr, denn mangelnde Anerkennung in der Schule hat einen direkten Einfluss auf das negative Selbstkonzept von Schüler*innen und steht in engem Zusammenhang mit Schulversagen und Gewaltpotenzialen (vgl. Kammler 2013 bei Jäggle, Krobath u.a. 2013, S. 26). Somit stellt der mediative Weg eine nachhaltige Prophylaxe dar, die wir besonders in Außenseiterstellungen beobachten konnten, die wir mediativ begleitet haben (siehe Kap. 7).

1.5 Über mediativen Umgang nachhaltige Entlastungen für den eigenen Alltag schaffen

Kraft und Nerven kosten Lehrkräften im Alltag vor allem die Ermahnungen wegen Regelübertretungen und die Klärung von Konflikten der Schüler*innen untereinander, die die Abläufe und die Konzentration auf die Lerninhalte stören. Wir sind überzeugt, dass durch mediative Kommunikationskompetenzen aller mit einer entsprechenden Lösungskompetenz und durch gemeinsam vereinbarte Regeln Lehrkräfte von diesen alltäglichen Unterrichtsstörungen erheblich entlastet werden (vgl. Haag/Streber 2012, S. 55). Produktive Klärungen untereinander können auf unterer Ebene so viel schneller möglich gemacht oder an den Klassenrat, die Konflikthelfer*innen bzw. das Konfliktlotsenteam weitergereicht werden (siehe Kap. 4 und 8). So bleibt durch die Reduzierung nervender Störungen und das verstärkte Miteinander statt Gegeneinander deutlich mehr Zeit, Kraft und innere Befriedigung für die wirklich wichtigen Inhalte oder Förderbedarfe, die heute oft erheblich sind.

Allein schon das aktive Zuhören, unterstützt durch differenziertes Feedback und eine empathisch-zugewandte Verhandlungsfähigkeit, bildet die Grundlage konstruktiver Gruppenarbeit und produktiver Klassengespräche (siehe Kap. 3). Diese unerlässlichen Bausteine für eine erfolgreiche und befriedigende pädagogische Arbeit beruhen vor allem auf einer gelungenen Beziehung zu den Schüler*innen, welche nur über Respekt und Wertschätzung erreichbar ist. Das Gute daran ist, dass diese Investitionen in Ihre Schützlinge, Kollegen und Eltern mit hoher Wahrscheinlichkeit als positive Rückmeldung oder Unterstützung auch auf Sie in ähnlicher Weise zurückkommen werden, also ein ausgeglichenes Geben und Nehmen bewirken. Das gibt Ihnen über die Jahre Ihres Wirkens viel Kraft und Motivation zurück, die Sie unbedingt brauchen, um sich immer wieder für Ihre Schüler*innen zu engagieren. Und wenn es mal nicht so rund läuft, bieten wir Ihnen hier niederschwellige und klärende

Gesprächsleitfäden an, die helfen werden, kraftraubende Dauerkonflikte zu vermeiden (siehe Kap. 2, 5 und 6).

1.6 Durch Etablierung einer mediativen Haltung in der Schulgemeinschaft das System verändern

Wir konnten über die zunehmende Implementierung von Mediation in Schulen, also die Mitnahme von Schülern*innen, Kolleg*innen, Leitung und Eltern, immer wieder erfahren, dass nicht nur die Atmosphäre einer Klasse veränderbar ist, sondern dass sich über zunehmende Partizipation aller in Form eines Konfliktmanagementsystems eine neue Schulkultur Stück für Stück ausprägen kann (vgl. Rademacher 2007, S. 23 und Schäfer 2015, S. 15). Das ist sicher ein langer Prozess, der stets neue Anstöße braucht und justiert werden sollte, um vor allem die innere Beteiligung und Motivation möglichst vieler Schulbeteiligter für diesen Weg zu gewinnen. Wir haben jedoch vielfach erlebt, wie das Engagement bereits einiger Mediationskolleg*innen in ihren Klassen (Konflikthelfer*innen, Klassenräte, siehe Kap. 4) und der parallelen Ausbildung von Konfliktlotsenteams für die ganze Schule (siehe Kap. 8) wichtige Akzente des Aufbruchs setzen konnten. Das hat oft Signalwirkung und verhilft den Mediator*innen auf Lehrer- und Schülerseite zu wachsendem Vertrauen und Verantwortung, sodass gerade sie zu wichtigen Multiplikatoren an der Schule werden (siehe Kap. 10). Motivierend ist in jedem Fall die Tatsache, dass selbst nur einige dieser Veränderungen an Ihrer Schule mit Sicherheit das Gesamtsystem der Schule mit verändern werden, was wiederum Rückwirkungen hat.

Unsere Beobachtung ist, dass an diesen Schulen auf dem mediativen Weg mit der Zeit ein Geist der Wertschätzung und Achtsamkeit füreinander spürbar wird, der identitätsstiftend und gleichermaßen gesundheitsfördernd ist, da die Potenziale aller Beteiligten gesehen, gefördert und zur Unterstützung genutzt werden (vgl. Ochoa/Ochoa 2016, S. 132).

Wichtig ist bei diesem Veränderungsprozess, dass die mediative Haltung auch von den Leitungskräften ausgeht und im Alltag gelebt wird, um eine Atmosphäre der Offenheit, aber auch der Klarheit über Werte für alle zu setzen (siehe Kap. 11 und vgl. Schäfer 2015, S. 142).

Uns ist bewusst, dass wir mit den Ausbildungskonzepten in diesem Buch dafür nur Anstöße geben können. Es wird von der Initiative engagierter Menschen vor Ort und manchmal auch von finanziellen Ressourcen abhängen, in welcher Form sich eine Schulkultur in dieser angezielten Weise setzen lässt. Wir möchten Mut machen, sich gemäß der Möglichkeiten vor Ort auf den Weg zu begeben, denn es lohnt sich in jedem Fall auch im Kleinen für alle Beteiligten!

1.7 Über mediative Kompetenzen eine stärkere Schülerorientierung im Unterricht befördern

Es würde sicher den Rahmen dieses Buches sprengen, alle möglichen Chancen und Wirkungen mediativer Schulungen auf den Unterricht genauer zu beschreiben. Aber wir möchten darauf hinweisen, dass die stärkere Partizipation und eigene Lösungskompetenz der Schüler*innen dazu führen kann, dass das reine Konsumieren von Lernstoff nicht mehr im Vordergrund steht. Vielmehr sind die in mediativer Kommunikation geschulten Schüler*innen gut in der Lage, verstärkt solche individuellen Lernformen selbstverantwortlich zu steuern, die Räume für motivierende Eigenerfahrungen der Selbstwirksamkeit bieten (selbst ausprobieren, Bedenken und Fehler zulassen) und zugleich zu kooperativen Formen der Problemlösung anregen.

Damit ist eine individuell geprägte, partizipative Lernkultur angesprochen, die mehr intrinsisch motiviert ist und daher identitätsstiftend wirkt. Das könnte die heute häufig beklagte Ferne der Schule von der Lebensrealität und die daher oft nur als notwendige Übergangsphase zum Berufseintritt gesehene Einrichtung, deren Normen man irgendwie gerecht werden sollte, verändern hin zu einem Raum des experimentellen Lernens mit entsprechender Persönlichkeitsentwicklung (vgl. Ochoa/Ochoa 2016, S. 100). Beides, eine mediativ geprägte Schulkultur mit funktionierendem Konfliktmanagementsystem und eine lebensnahe, kooperative Lernkultur, können wegweisende Elemente zu einem solchen Lebensraum Schule sein.

1.8 Über ressourcenorientiertes Verhalten die mediative Schulkultur weiter stärken

Mit der sich ausbreitenden mediativen Schulkultur ist also eine besondere gegenseitige Wertschätzung und ein besseres Verstehen untereinander verbunden, wodurch Konflikte und damit ggf. kraftraubende Eskalationen von vornherein eingeschränkt werden. Diese Beziehungsstärke und die damit einhergehende Selbstwirksamkeitsüberzeugung, mit sozialen Herausforderungen sicher umgehen zu können, ist an sich schon ein wesentlicher Baustein von Stressbewältigung. Diese Kompetenzen können bei Bedarf und über gezielte Stressmanagementschulungen für Lehrkräfte, Schulleitungen und das Schulpersonal noch im Hinblick auf ein angepasstes ressourcenorientiertes Berufsverhalten entscheidend erweitert werden (siehe Kap. 11).

Dabei geht es um ganz praktische individuelle Entlastungen, z. B. durch eine Rhythmisierung der Tagesabläufe, planvolle Arbeitsstile und das Schaffen möglicher Freiräume für Qualitätszeiten mit innerer Distanz (vgl. Rohnstock 2018, S. 60). Je mehr dabei das Anpassen eigener Erwartungen an die tatsächlichen Arbeitsmöglichkeiten gelingt, umso stärker wird ein ökonomisches Arbeiten und Zusammenarbeiten gefördert, das eine höhere Belastbarkeit ermöglicht und somit in der Regel einen geringeren Krankenstand impliziert. Dieses gezielte Erkennen und Ausbauen der eigenen Ressourcen über spezifisch ausgerichtete Stressmanagementschulungen ist ein sehr wertvoller, ergänzender Prozess, der nach unseren positiven Erfahrungen und Rückmeldungen die mediative Schulkultur im Ganzen mitentscheidend fördern kann.

1.9 Über mediative Kompetenzen eine offene Schulkultur der ständigen Veränderung schaffen

Die Mitwirkung aller Schulbeteiligten, wie wir sie nachfolgend beschreiben, verdeutlicht, dass wir an einen Prozess der ständigen Veränderung einer Schulkultur denken; diese offene Schulkultur wird bestimmt von dem Engagement, den Vorstellungen und den Möglichkeiten vor Ort. Deshalb wird es *die* mediative Schulkultur generell nicht geben, sondern immer nur eine speziell auf die jeweilige Schule zugeschnittene, am besten von einem Steuerkreis angeleitete, in dem sich Vertreter*innen aller am Prozess Beteiligten wiederfinden (vgl. Schäfer 2015, S. 6). Es ist zudem ein dynamischer, systemisch ablaufender Prozess, der immer in Bewegung ist und in welchem die einzelnen Maßnahmen jeweils Rückwirkungen auf weitere Gremien und Strukturen haben (siehe Kap. 11).

Dabei haben wir glücklicherweise an vielen Schulen erfahren und regelrecht erstaunt zusehen können, wie sich dieser Prozess zu einem inspirierenden „Selbstläufer" entwickelte, der viele Interessierte regelrecht ansteckte und zu einer erfreulichen Dynamik in den Klassen und Gremien führte. Die Anstöße für Weiterentwicklungen kamen hierbei oft über kleinere Initiativen von innen hinein in die größere Schulorganisation, die notwendige Ressourcen folgerichtig ohne großen Diskussionsbedarf eröffnete.

Wichtig ist uns, dass dieser Prozess als ein offener verstanden wird, in dem die Ideen, aber auch die Kritik aller willkommen sind. Das benötigt einen intensiven und kontroversen Austausch und manchmal eine mühevolle Konsensbildung, was erforderlich ist, um möglichst viele mitzunehmen. Mündet so ein Prozess darin, dass bei Schwierigkeiten Lösungen von oben herab verordnet werden, dann ist dies kontraproduktiv für eine mediative Schulkultur und würde dieser widersprechen (vgl. Ochoa/Ochoa 2016, S. 131).

Neben diesen notwendigen Auseinandersetzungen, die zu bestimmten Zielstellungen und Aktionen führen, ist es sehr wichtig, den Prozess beständig zu evaluieren, ob nun extern oder intern (siehe Kap. 11 und vgl. Kaeding u.a., S. 93ff.). Nur dann können Fortschritte sicher ermittelt werden und entsprechende Nachsteuerungen zielgerichtet erfolgen. Die Evaluation ist auch für die Motivation der Beteiligten wichtig, können sie doch über diesen Weg Teilerfolge miteinander feiern und sich neu motivieren. Es ist überaus spannend zu erfahren, welche Veränderungen man mit dieser Arbeitsweise auslösen kann. Wir möchten Sie ermutigen, dies auszuprobieren, ob im Kleinen in Ihrer Klasse oder mit anderen zusammen im größeren Schulrahmen. Fangen Sie einfach an und Sie werden sicher erleben können, was alles ins Rollen kommt.

2 SCHÜLER*INNEN BEI PROBLEMEN MEDIATIV UND PÄDAGOGISCH BERATEN

Schulhaus mit Bausteinen zur mediativen Schulkultur

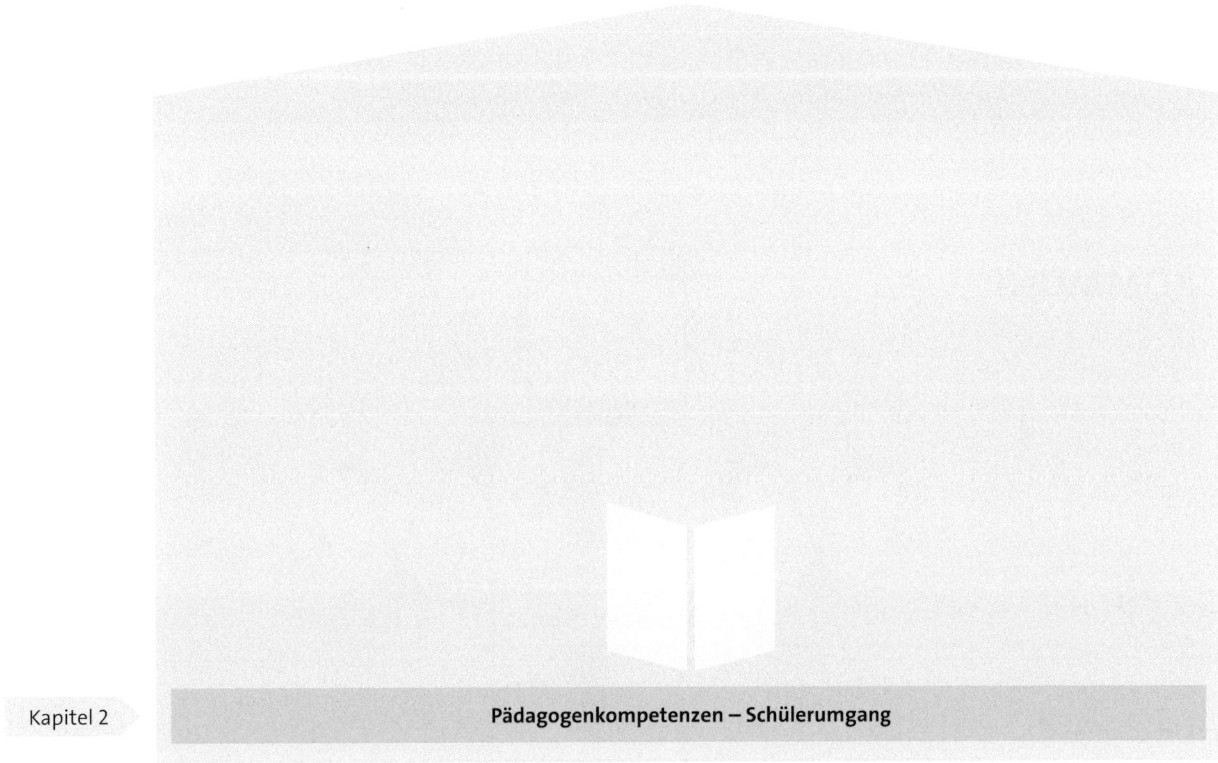

Wollen Sie sich auf den Weg zur mediativen Klassen-/Schulkultur machen, ist es grundlegend, aber zugleich spannend und befriedigend, die eigene tagtägliche Kommunikation mediativ auszurichten und dabei die Wirkungen bei den eigenen Schüler*innen zu beobachten. Welch ein großer Unterschied ist es doch, wenn Sie bei einer sorgenvollen Beschwerde eines Ihrer Schüler über einen anderen vielleicht wegen aktuell eigener Stressbelastung unbedacht mit einem schnellen Ratschlag reagieren wie z. B.: „Dann geh ihm doch einfach aus dem Weg!“. Wieviel mehr an eigener pädagogischer Befriedigung kann es andererseits bedeuten, wenn Sie sich die Zeit nehmen (was gewiss nicht immer möglich ist), sich dem Kind zuwenden, seine Sorgen anhören, Verständnis bekunden und schließlich einvernehmliche Lösungswege mit ihm erarbeiten. Auf diese mediative Weise entstehen nicht nur viel nachhaltigere soziale Effekte für die Klassengemeinschaft, sondern in jedem Fall bessere Beziehungen zu Ihren Schüler*innen, die das tägliche Miteinander für Sie einfacher und befriedigender gestalten. Probieren Sie es aus! Sie werden sich wundern, wie sich Stück für Stück Ihre Arbeitsatmosphäre verändert und Sie sich mit Ihrer Klasse rundum wohler fühlen.

Damit Sie sich gleich in die mediative Vorgehensweise hineindenken können, erläutern wir Ihnen hier zuerst die typischen Phasen, an denen sich die nachfolgenden Leitfäden und Interventionen orientieren.

Um die von der Mediation verwendeten Kommunikationsebenen im Überblick und damit die Phasenstruktur besser nachvollziehen zu können, stellen wir Ihnen auf der folgenden Seite unseren KOMMUNI vor. Er zeigt Ihnen, nach dem bewussten Setzen einer öffnenden Gesprächsatmosphäre, als Kopf die Sachebene, in der das geäußerte Problem über entsprechende Fragestellungen zunächst gründlich erhoben wird. Als dargestellte Klappen finden Sie darunter im Bauchraum die vom Mediator danach mit den passenden Frageschlüsseln zu öffnende Gefühlsebene, der die aufzuschließende Bedürfnisebene folgt. Erst wenn diese Hintergrundebenen über die notwendigen involvierten Aspekte ausreichend geklärt sind, kann die Lösungssuche (dargestellt über die Beine unseres KOMMUNI) beginnen, die schließlich in die einvernehmlichen Lösungswege/Vereinbarungen mündet, hier dargestellt über die Füße. Ergänzt wird unser KOMMUNI durch die im pädagogischen und kollegialen Dialog sinnvollen Aspekte des Beratens und Verstehens, die allerdings nicht rein mediativ sind, weil sie eine gewisse persönliche Beteiligung des Dialogpartners beinhalten.

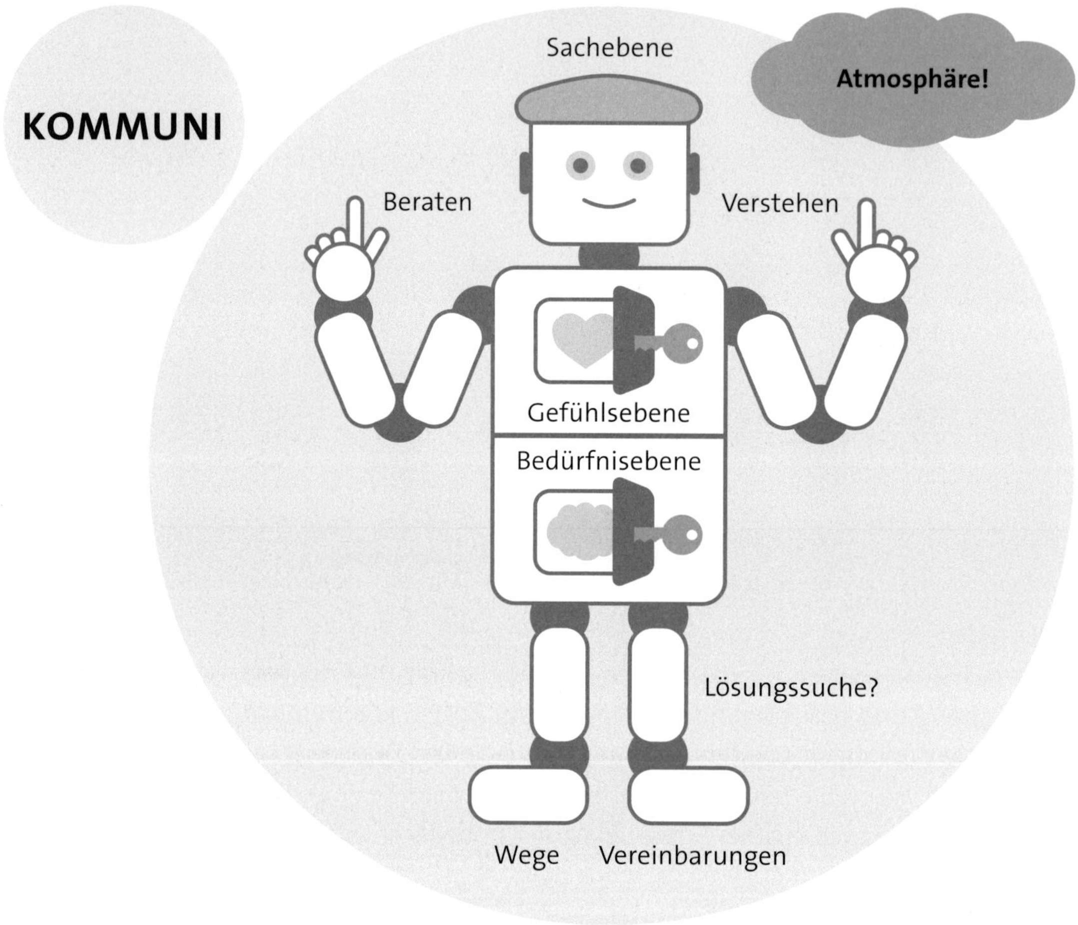

Bevor wir Ihnen vielfältige mediative Übungen für Ihre Klasse in Kapitel 3 beschreiben, möchten wir Ihnen hier zunächst die Prinzipien und den Verlauf einer praktischen mediativen Beratung eines Schülers vorstellen, der mit einem aktuellen Problem zu Ihnen kommt. Bei diesem Zweierkontakt können Sie am besten ausprobieren und erfahren, wie die mediative Vorgehensweise funktioniert und welche Wirkungen das Gespräch bei Ihnen beiden auslöst. Wir sind davon überzeugt und haben es bei unseren zahlreichen Kontakten in den verschiedenen Konfliktfeldern immer wieder erfahren, wie öffnend und klärend diese wertschätzende Art sein kann.

Damit Sie mögliche mediative Reaktionsweisen jeweils alltagstauglich nachvollziehen können, stellen wir Ihnen diese gleich ganz praktisch mit Hilfe eines Beispiels vor.

Bitte beachten Sie dabei folgenden Hinweis: Wenn wir ein ausformuliertes Beispiel an den Anfang stellen, richten wir unsere kommunikativen Reaktionen auf ein mittleres Sprachniveau aus, welches Sie jeweils an die zutreffende Altersgruppe Ihrer Schüler*innen und an Ihren persönlichen Kommunikationsstil anpassen sollten.

Und hier das **Beispiel:** Ein Schüler „überfällt" Sie mit einer Beschwerde über seine Mitschüler. Sie bitten ihn daraufhin zu dem hier unten ausgeführten Beratungsgespräch. Gleich zu Beginn dieses verabredeten Gesprächs formuliert der Schüler verärgert seine konkrete Beschwerde: „Bei der Projektarbeit grenzen die mich in meiner Gruppe aus, sie nennen mich sogar Streber."

Um Ihnen den Gegensatz zur mediativen Beratung zu verdeutlichen, beginnen wir den Dialog zu Demonstrationszwecken zunächst mit **„Straßensperren"**, also ungünstigen ersten Gesprächsbotschaften.

- Ach komm, morgen sieht alles wieder anders aus!
- Kannst du deine Probleme nicht selbst lösen?
- Nun hör' doch auf zu jammern!
- Unschuldig bist du doch bestimmt auch nicht!
- Du bist viel zu empfindlich!
- Ach ja? Bist du dir sicher, dass es so ist?
- Nun hab' dich doch nicht so, das kann doch mal vorkommen!

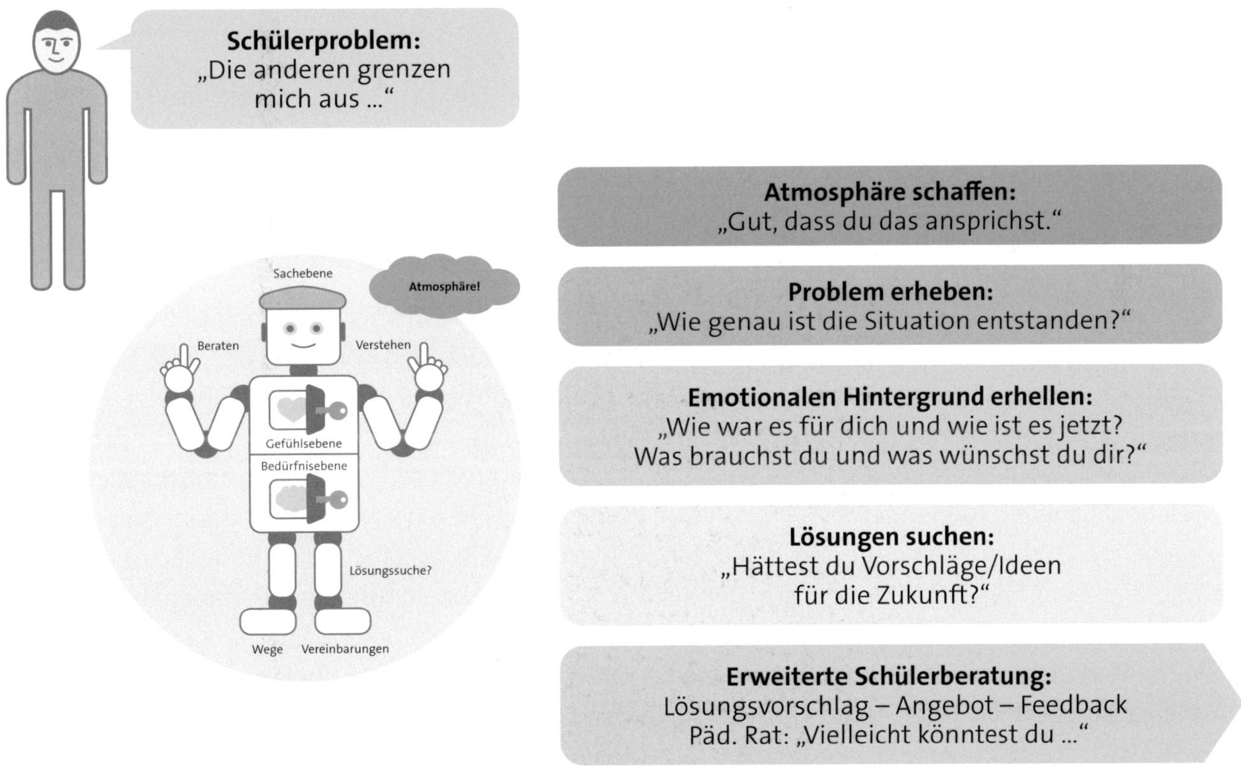

Während diese herabsetzenden, unterstellenden und oft auch eskalierenden „Straßensperren" sicher nicht zu einem klärenden Verlauf führen, sondern die Beziehung zwischen Ihnen und dem Schüler mit Sicherheit negativ beeinflussen werden, arbeitet ein mediativer Dialog am erfolgreichsten in einer respektvollen Atmosphäre auf Augenhöhe.

0. Atmosphäre gestalten

Loben: Gut, dass du das ansprichst.
Ermutigen: Es ist wichtig, dass du das Problem ansprichst.

1. Problem erheben

Aktives Zuhören: Ich höre dir gerne zu, es interessiert mich, was du erlebt hast.
Spiegeln: Für dich war die Situation schwierig?
Auslöser erfragen: Wie genau ist die Situation entstanden?
Entwicklung erheben: Kam es schon mal vor?

Ein mediatives Gespräch beginnt also in der Regel damit, das Gegenüber zu ermuntern und zu loben. Danach helfen öffnende Fragen, den Sachverhalt aus der Perspektive des Schülers – in unserem Beispiel – gründlich aufzuklären. Diese Sichtweise wird grundsätzlich in der geäußerten Form und im Inhalt respektiert. Um Verständnisprobleme von vornherein gering zu halten und dem Gegenüber zu signalisieren, dass Sie aktiv zuhören und die Schülersichtweise verstehen ohne zuzustimmen, fassen Sie das Gesagte in eigenen Worten zusammen. Wir nennen das **„Spiegeln"**. Es ist eine Kerntechnik der Mediation. Sie ermöglicht auf allen Ebenen eine tiefere Reflexion des Geschehens für beide Seiten und kann verschiedene Perspektiven und Hintergründe einer Situation bestens verdeutlichen (siehe Kap. 3.2).

2. Emotionalen Hintergrund erhellen

Weich spiegeln: Du bist jetzt verärgert und würdest das gerne klären.
Gefühle erfragen: Wie war es für dich und wie ist es jetzt?
Beziehung klären: Wie war euer Verhältnis früher und wie ist es heute?
Betroffenheit erfragen: Was genau war besonders schwierig für dich?
Erwartungen klären: Hättest du die Situation anders erwartet?
Bedürfnisse hinterfragen: Was brauchst du, und was wünschst du dir?

Auch im nächsten Schritt, dem Öffnen der Gefühls- und Bedürfnisebene, hält sich der mediative Berater mit eigenen Eindrücken oder Wegweisungen zurück und versucht, über die genannten möglichen Fragen den emotionalen Hintergrund des Geschehens zu erfassen. Wieder setzen Sie hier die Grundtechnik des Spiegelns ein, d.h., Sie geben in eigenen Worten die genannten oder unterschwelligen Gefühle und Bedürfnisse wieder. Wir bezeichnen diese Technik als „emotionales" oder „weiches" Spiegeln (siehe Kap. 3.5). Über diesen Weg ermöglichen wir in der Mediation, dass die entscheidenden Ursachen eines Konflikts deutlich werden. Diese lassen sich oft nicht in den oberflächlichen, zuerst genannten Streitgegenständen finden. Nur so wird die Grundlage für nachhaltige Lösungen und wirkungsvolle pädagogische Beratungen bereitet.

3. Lösungen suchen

Lösungswege erkunden: Würdest du das gerne klären und wünschst dir dabei Unterstützung?
Konkrete Lösungen erfragen: Hättest du Vorschläge oder Ideen für die Zukunft?
Angebote abklären: Könntest du von dir aus etwas anbieten?

Grundlage des mediativen Ansatzes ist es, die Lösungskompetenzen des Gegenübers, in dem Falle des Schülers, zuerst mit einzubeziehen und ihn durch gezielte Fragen anzuregen. Das ermöglicht die Förderung sozialer Kompetenzen im Hinblick auf selbstständige Lösungsfindungen und erhöht entscheidend die Chance, die verabredeten Wege in der Realität umzusetzen. Denn selbst entwickelte Lösungswege werden viel wahrscheinlicher begangen und passen oft besser zur eigenen Person als Ratschläge von außen.

Vielleicht ermöglichen bereits die gemeinsam diskutierten Vorschläge des Schülers einen Weg zur Lösung seines Problems. Das wäre der rein mediative Weg, ganz ohne Ihre Einflussnahme. Da Lehrkräfte jedoch auch eine lenkende, beratende Rolle im Rahmen der Persönlichkeitsentwicklung ihrer Schüler*innen haben, möchten wir Ihnen, hier zugeschnitten auf das obige Beispiel, einige mögliche Beratungsimpulse vorschlagen. Diese sollten sich natürlich an dem Entwicklungsstand des jeweiligen Kindes oder Jugendlichen orientieren.

4. Erweiterte Schülerberatung

Möglicher Lösungsvorschlag: Einige deiner Mitschüler wären sicher dankbar, wenn du sie mit deiner fachlichen Kompetenz hin und wieder unterstützen könntest.
Mein Angebot: Wenn du möchtest, stelle ich dir gerne Extraaufgaben zusammen, die dich persönlich weiterbringen.
Prinzipien benennen: Mir ist wichtig, dass ihr fair und respektvoll miteinander arbeitet.
Differenziertes Feedback: Ich schätze an dir dein Wissen und deine aktive Mitarbeit. Ich beobachte, dass das manchmal von einigen Mitschülern als etwas überheblich wahrgenommen wird. Vielleicht könnte es deine Position in der Klasse stärken, wenn du dich gelegentlich etwas zurückhaltender verhalten würdest.
Pädagogischer Rat: Vielleicht könntest du nochmal auf deine Gruppe zugehen und gemeinsam mit ihr klären, wie sich jeder von euch in die Projektgruppe einbringen kann?

Ohne direkte Kritik oder fordernde Zurechtweisungen versucht hier die Lehrkraft, mögliche Schritte als Vorschläge zu benennen, die dem Schüler helfen könnten, das Problem, auch seinen möglichen Eigenanteil, zu erkennen und über positives Engagement selbst aufzulösen. Das wird sicher nicht in jedem Fall so gelingen, sondern erfordert bestimmt hier und da Nachsteuerungen über weitere begleitende Gespräche. Aber es ist ein wichtiger Teil, die sozialen Kompetenzen des Schülers im möglichen Maß zu aktivieren und zu stärken, was die Selbstverantwortlichkeit erhöht.

Wir halten es weiterhin für sehr wichtig, die hinter den Umgangsweisen stehenden Prinzipien jeweils deutlich zu benennen, wie in diesem Falle Fairness und Respekt. Ein*e Schüler*in kann nur dann Einsicht gewinnen und sich orientieren, wenn sie/er die Werte der Lehrkraft kennt, die leitend für eine funktionierende Gemeinschaft sind.

Mit den ausgeführten mediativen Schritten und möglichen Beratungsimpulsen haben Sie nun ein breites kommunikatives Handwerkszeug für schwierige Schülergespräche zur Verfügung, das Ihnen nach unserer Erfahrung gerade im Zusammenhang mit auffälligen Schüler*innen helfen kann, einen guten Zugang zu ihnen zu finden und damit ihre Mitarbeit in Konflikten immer wieder neu zu aktivieren. Nutzen Sie diese intensiven mediativen Möglichkeiten für Ihre pädagogische Arbeit voll aus, um wertvolle Kräfte für Ihre fachliche Vermittlung und Ihre Klassenführung einsetzen zu können. Genau um die Möglichkeiten einer mediativen Klassenführung wird es im folgenden Kapitel gehen.

3 MEDIATIVE BASICS IN DER KLASSE EINÜBEN

Schulhaus mit Bausteinen zur mediativen Schulkultur

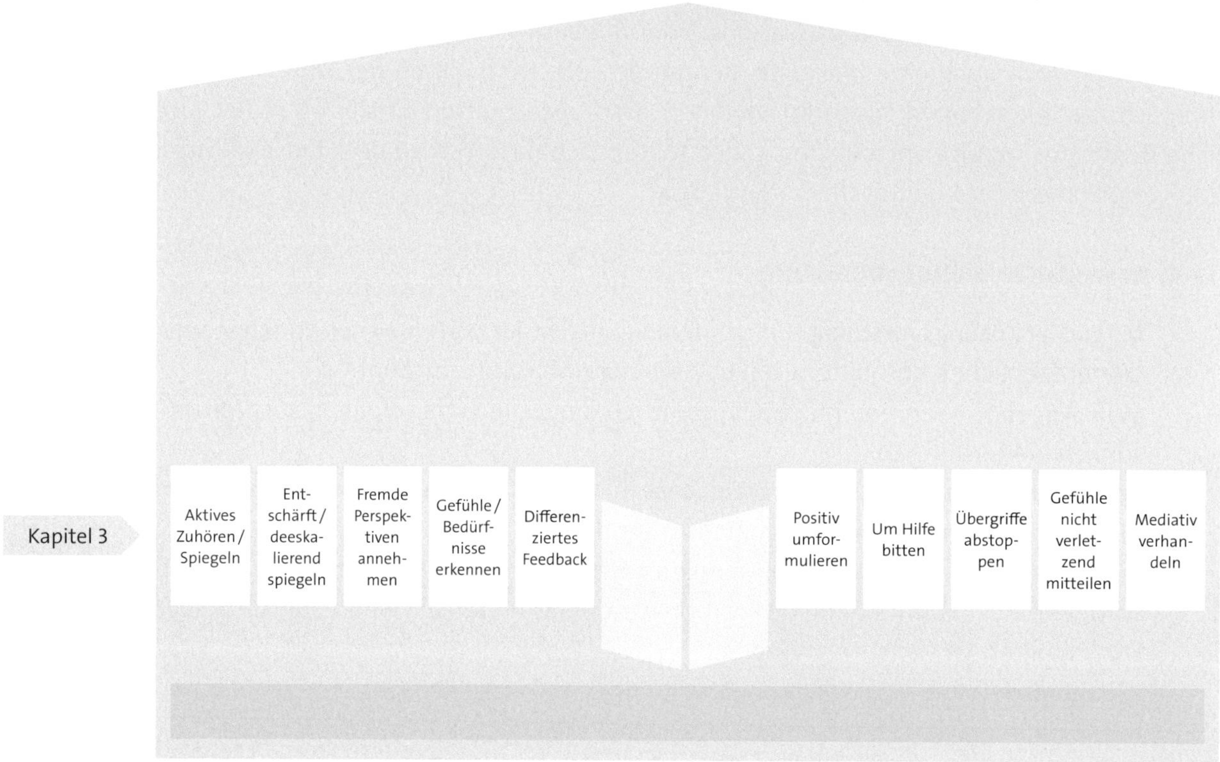

Schüleräußerungen ...

Mediative Antworten

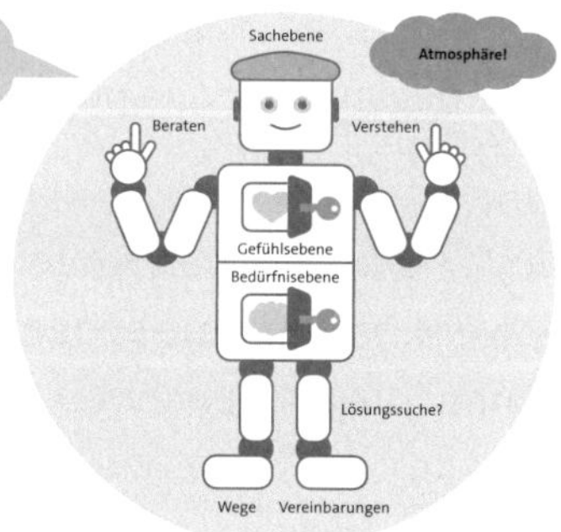

Aktiv Zuhören / Spiegeln
Kap. 3.2

Entschärft spiegeln
Kap. 3.3
LIBEN

Fremde Perspektiven würdigen
Kap. 3.4

Weich spiegeln
Kap. 3.5

Feedback
Kap. 3.6
DANK
WER(R)T

Positiv umformulieren
Kap. 3.7
PLUS

Um Hilfe bitten
Kap. 3.8
KANN
NEE

Übergriffe abstoppen
Kap. 3.9
SOS
SEIN

Gefühle nichtverletztend mitteilen
Kap. 3.10
V-ABER

Mediativ verhandeln
Kap. 3.11

In diesem Kapitel beschreiben wir verschiedene Übungsmöglichkeiten, um Ihr Klassenklima in mediativer Weise zu prägen. Vielleicht möchten Sie mit den Einstiegsübungen zum aktiven Zuhören und zum Spiegeln erst einmal testweise starten oder andere Elemente des vorgeschlagenen Klassentrainings ausprobieren. Das ist vollkommen in Ordnung und in jedem Fall sinnvoll. Wir hoffen, dass für Sie und Ihre Schüler*innen diese Einstiegsübungen und ihre Wirkungen interessant sind und Sie Gefallen an mehr Mediation finden. Dann bietet es sich an, ein vollständiges Klassenprogramm je nach Ihren Wünschen und Möglichkeiten durchzuführen. Dafür machen wir Ihnen in den folgenden Unterkapiteln detaillierte Vorschläge.

Egal, wie Sie vorgehen möchten: Wir wünschen Ihnen, dass Sie und Ihre Klasse im täglichen Umgang miteinander davon spürbar profitieren und damit von der beziehungsstärkenden Wirkung der Mediation genauso überzeugt werden wie wir.

3.1 Veränderungen des Klassenklimas über Erhebungsbogen prüfen

Wenn Sie vorhaben, Ihre Klassenkultur mit den in diesem Kapitel aufgeführten Übungen rundum mediativ zu gestalten, raten wir Ihnen, zuvor die Atmosphäre in der Klasse anhand des Erhebungsbogens anonym zu checken. So bekommen Sie einen realistischen Gesamteindruck von der Stimmung in der Klasse. Zusätzlich erhalten Sie über Ausschläge zu den einzelnen Fragen, die auf die folgenden Übungen zugeschnitten sind, wichtige Detailinformationen zu besonderen Stärken oder auch Schwächen Ihrer Klassenkultur. Das ermöglicht Ihnen von vornherein, Ihr Training schwerpunktmäßig danach auszurichten. Am Ende eines Schulungsabschnittes sollten Sie den gleichen Bogen erneut anonym einsetzen, um das Gesamtergebnis und spezielle Trainingseffekte ablesen zu können. Gemeinsam mit Ihrer Klasse können Sie dann erzielte Fortschritte würdigen und sich weitere spezifische Ziele setzen.

Um die Anonymität zu gewährleisten, sollte der Bogen inhaltlich nicht erklärt werden, abgesehen von dem Gesamtablauf des Verfahrens und der fünfstufigen Votierungsmöglichkeit. Vorabsprachen untereinander sind unbedingt zu vermeiden. Auch sollte während des Ausfüllens der Austausch mit dem Nachbarn (Absprachen, Abgucken) unterbleiben. Die Bögen werden vor der Abgabe gefaltet und in eine Wahlurne mit Schlitz gesteckt. Nur ein so strenges Verfahren führt zu wirklich ehrlichen Antworten, die Ihnen das tatsächliche Klima darstellen, das für die Schulungen als Grundlage dient. Bitte füllen Sie selbst vor allen anderen diesen Bogen im Hinblick auf Ihre Klasse aus. So erhalten Sie einen interessanten Vergleich zur Votierung der Klasse und können selbst nach dem Training prüfen, ob und wie Sie die Fortschritte im Einzelnen wahrnehmen. Gerade beim ersten Ausfüllen können Sie dabei gleich mit einschätzen, ob der Bogen sprachlich für Ihre Altersgruppe angemessen ist oder noch kleinerer Veränderungen bedarf.

Erhebungsbogen zum Klassenklima Klasse: ___________ Datum: ___________________

Lies die Aussagen und kreuze jeweils die Spalte an, die deiner Meinung am ehesten entspricht.	++	+	0	–	– –
1. Die Atmosphäre in der Klasse ist gut.					
2. Ich habe gute Kontakte/Freunde.					
3. Wenn ich etwas sage, wird mir aufmerksam zugehört.					
4. Jede*r wird so akzeptiert, wie sie oder er ist.					
5. Für besondere Leistungen erfahre ich viel Wertschätzung.					
6. Wenn ich Probleme habe, bekomme ich Hilfestellungen.					
7. Wenn ich Stopp oder Nein sage, wird das von allen akzeptiert.					
8. Das Miteinander in Partner- oder Gruppenarbeit finde ich konstruktiv.					
9. Wenn ich mal Wut, Ärger oder Enttäuschung äußere (oder andere Gefühlsausbrüche), werde ich gut aufgefangen.					
10. Wir lachen oft miteinander, aber nicht übereinander.					
11. ...					

Diese Bemerkungen möchte ich außerdem zum Klassenklima machen:

++ = stimmt unbedingt, + = stimmt, 0 = stimmt teilweise, – = stimmt eher weniger, – – = stimmt gar nicht

3.2 Eine mediative Grundhaltung einnehmen: aktiv zuhören und spiegeln

Möchten Sie Ihre Klassenkultur nachhaltig mediativ beeinflussen, legen wir Ihnen die folgenden Grundübungen „Aktives Zuhören“ und „Spiegeln“ besonders an Herz. Wir erleben es in unseren Seminaren – ob mit Schüler*innen oder Erwachsenen – immer wieder, dass bei der Erwähnung dieser Grundkompetenzen schnell abgewunken wird, weil sie fast jeder irgendwann einmal gehört hat. Führen wir jedoch konkrete Übungsaufgaben dazu vor, wird den meisten Teilnehmenden schnell klar, wie entscheidend das genaue Hinhören eigentlich ist. Denn gerade im hektischen Schulalltag kommt das Erfassen der Perspektive des Gegenübers oft zu kurz und führt nicht selten zu folgenreichen Missverständnissen. Deshalb legen wir besonderen Wert darauf, dass das bewusste aktive Zuhören und das Spiegeln von vornherein streng getrennt werden von persönlichen Kommentaren und Einmischungen des Zuhörers. In diesem Zusammenhang beobachten wir häufig, dass gerade die ruhige Darlegung der eigenen Positionen und Beweggründe im Dialog als sehr wohltuend und an sich schon besonders wertschätzend erlebt wird, weil es im quirligen Schulalltag selten so mediativ praktiziert werden kann. Diese Erfahrung gemeinsam im Klassenverband gesammelt zu haben, kann zu einer für alle angenehmen Entschleunigung und zu mehr Konzentration füreinander in Gesprächen und im Unterricht führen. Probieren Sie es aus!

Hat man den hohen Wert eines wertschätzenden Dialogs selbst erlebt, wundert man sich nicht zu erfahren, dass insbesondere die Beziehungsebene entscheidend dafür ist, ob Kinder sich in der Schule wohlfühlen und gute Lernergebnisse erzielen, wie Untersuchungen für ein gelungenes Klassenmanagement belegen (vgl. Haag 2012, S. 54ff., u.a. Linzer Diagnosebogen). Zentral ist dabei die konstruktive, intakte Beziehung zur Lehrkraft (vgl. Hattie-Studie 2014), aber auch das Verhältnis der Kinder untereinander. Deshalb stellen wir hier bei unserem kommunikativen Training die Grundübung „Aktives Zuhören“ in Kombination mit dem Spiegeln an die erste Stelle. Sie ist nämlich nicht nur für einen gelingenden, befriedigenden Zweierdialog von entscheidender Bedeutung, sondern bildet auch die Grundlage für konstruktive Gespräche in Gruppenarbeitsphasenund für das Klassengespräch. Nur wenn ich als Schüler*in die Sicherheit habe, dass ich mit meiner Perspektive angehört und respektiert werde, also nicht unterbrochen oder sofort abgewertet, kann ich mich mit meinen Ideen, Wünschen, Empfindungen, Vorstellungen, aber auch mit kritischen Argumenten einbringen. Da in unserer schnelllebigen, medialen Umgangswelt das ruhige, umfassende und respektvolle Aufnehmen fremder Perspektiven mit hinterfragendem, gründlichem Verstehen keine selbstverständliche Praxis ist, bedarf es von Anfang an der gründlichen Schulung und der Auffrischung in den verschiedenen Zusammenhängen, gleich welchen Alters und Lernniveaus.

Wir beschränken uns hier darauf, diese Übung auf einem mittleren Niveau mit den wichtigsten Eckpunkten darzustellen. Entsprechend Ihrer methodisch-didaktischen Ausrichtung können Sie diese Grundübung auf die verschiedenen Zusammenhänge, Themen und auch in fremde Sprachen übertragen, je nach den vorhandenen Interessen und Niveaus. Das gilt gleichermaßen für die nachfolgenden Kommunikationsübungen der Unterkapitel 3.2 bis 3.11. **Alle Übungen werden mit einem oder mehreren geeigneten Schüler*innen demonstriert. Oft übernimmt die Lehrkraft auch eine Rolle.**

Aktiv Zuhören

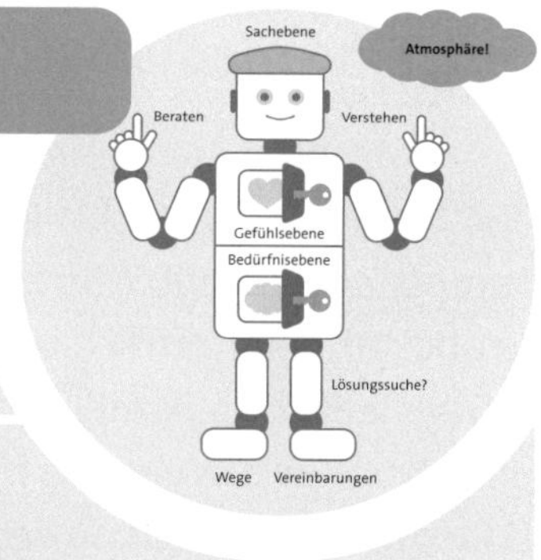

Grundübung „Aktives Zuhören"

Ziel: Zugewandtheit, Konzentration, echtes Interesse, Nachfragen, keine Bewertung, eigene Zurückhaltung

Demonstration auf nichtmediative und mediative Art
z. B. zu folgender Themen-/Fragestellung: Was gefällt dir an deiner Schule besonders gut? Was würdest du gerne verändern, wenn du könntest?

a) **nichtmediativ:** mit schlechtem Zuhören etwa eine Minute reagieren (kein Blickkontakt, dauernde Nebenbeschäftigung, abwertende Kommentare, Unterbrechungen, eigene Erlebnisse einstreuen ...)

b) **mediativ:** gleiches Thema mit aktivem Zuhören unter Beachtung von Zugewandtheit, Konzentration usw. (siehe Ziele)

Auswertung mit der Klasse: Welche Unterschiede habt ihr zwischen den beiden Versionen festgestellt? Mit welchen Auswirkungen für die Beteiligten?
Erarbeitung der Kriterien für aktives Zuhören: ggf. Schüler*in, der/die demonstriert hat, nach Wirkung befragen und visualisieren (siehe Ziele)

Übung: In einer Partnerübung wird zuerst kurz schlechtes, dann ausführlicher aktives Zuhören zu einem abgestimmten Thema ausprobiert.

Reflexion und ggf. Input: Die Lehrkraft ergänzt den grundlegenden Wert des aktiven Zuhörens für die Kommunikations- und Lernkultur in der Klasse.

Spiegeln

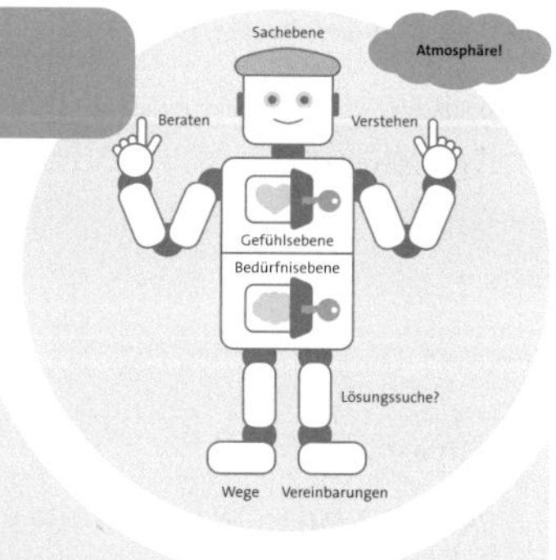

Grundübung „Spiegeln"

Ziel: die Kernaussagen des Gesagten ohne eigene Meinung oder eigene Kommentare zusammenfassen, ggf. (Hintergrund-)Fragen stellen, damit Verständnis und Interesse für das Gegenüber signalisieren, über gemeinsame Reflexion ggf. für beide Seiten vertiefende Klärung ermöglichen

Demonstration zu einem Konfliktfall (selbst erlebt oder mitangesehen, der sich außerhalb der Lerngruppe ereignet hat): Schildere uns den Konfliktfall, den du erlebt bzw. mitangesehen hast.

Gleich mediativ spiegeln: Die Lehrkraft spiegelt die Kernaussagen des Schülers bzw. der Schülerin ggf. mit passenden Rückfragen. Achtung, nicht die Technik verraten! Die Schüler*innen sollen sie selbst erkennen und analysieren!

Auswertung mit der Klasse: Welche Technik wurde außer dem aktiven Zuhören angewendet? Welche Funktion hat diese Technik? Wofür ist sie hilfreich? Erarbeitung der Kriterien und der Funktion des Spiegelns und Visualisierung (siehe Ziele)

Übung: Partnerübung Aktives Zuhören / Spiegeln mit gegenseitiger Schilderung einer Problemsituation (Konfliktfall) mit anschließender Reflexion der Partner zu folgender Fragestellung: Was ist gut gelungen, was war schwierig?

Reflexion und ggf. Input: Die Lehrkraft hebt die Bedeutung des Spiegelns in der Kommunikation über komplexere Problem-/Konfliktsituationen und bei höherer Betroffenheit hervor und macht deutlich, dass es weniger relevant bei einfachen, profanen Inhalten ist. Es ermöglicht tiefes Erfassen und Verstehen der Zusammenhänge für beide Seiten, teilweise werden damit sogar erste Lösungsansätze sichtbar.

3.3 Entschärft und deeskalierend spiegeln

Während das Spiegeln vor allem die sachlichen Kernaussagen wiedergibt, werden die in emotionalen Zusammenhängen oft geäußerten Übertreibungen oder sogar Beschuldigungen beim entschärften Spiegeln sprachlich abgemildert. Um die Eskalation in der direkten Konfrontation abzuschwächen und einen konstruktiven Austausch der Hintergründe zu ermöglichen, werden hierbei die „Reizwörter“ in möglichst wertfreie Formulierungen übersetzt.

Gerade für eine Schülerklientel, die viel im Netz unterwegs ist und/oder von ihrer Sozialisation her wenig differenzierende Sprachmuster kennt, ist nach unserer Erfahrung diese Übung des entschärften Spiegelns besonders wertvoll. Hier erproben und spüren die Übenden die oft wenig reflektierten Sprachgewohnheiten ihrer Umgangssprache und sammeln demgegenüber mediativ-wertschätzende Erfahrungen im Dialog, die für sie nicht selten ungewohnte Aha-Erlebnisse beinhalten und sie beeindrucken können. Für uns Ausbilderinnen sind gerade diese unmittelbaren Erkenntnisse der Schüler*innen dieses Umfeldes wertvoll. Deshalb empfehlen wir besonders dort die mediative Kommunikation als geeignetes Lernfeld. Folgende „Reizwörter” stellen wir Ihnen für entsprechende Umformulierungen vor:

Generalisierungen/Übertreibungen:
immer = häufig
nur = in (folgenden) ... Situationen
niemals = sehr selten
keinesfalls = gelegentlich
gar nicht = zum Teil

Abwertungen/Beleidigungen:
Macho/brutal = wenig empathisch, nicht rücksichtsvoll genug
typisch Mimose = gelegentlich etwas empfindlich
doofe Ziege = reagiert manchmal unangemessen

Behauptungen/Beschuldigungen:
Der lügt! = Für dich ist es oft nicht richtig, was er/sie sagt!
Das funktioniert nie! = Du hast Bedenken, dass es so gehen könnte!

Verharmlosungen:
Es war doch nur Spaß! = Du wolltest die Situation entspannen und bist überrascht, wie er/sie darauf reagiert!
Das war nicht so gemeint! = Du wolltest ihn/sie nicht verletzen, es war dir nicht klar, wie er/sie es aufnimmt!

Entschärft spiegeln

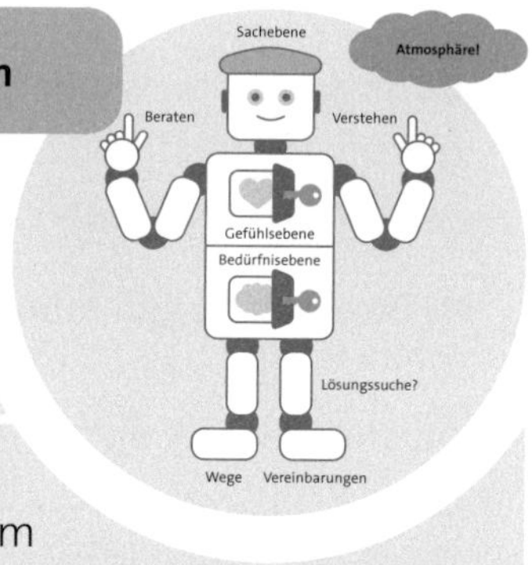

Grundübung „Entschärftes Spiegeln“

Ziel: Spiegeln der Kernaussagen unter Abschwächung der Reizwörter (siehe oben)

Demonstration:

- **Schüler*in A** erhält eine übertriebene Aussage (z. B.: Glauben Sie dem bloß nicht, der lügt immer!)
- **Schüler*in B** erhält nichtmediative Antwort (z. B.: Der Idiot versucht immer, alle zu manipulieren, wo es nur geht!)
- **Schüler*in C** erhält die entschärfte mediative Antwort (z. B.: Du hast den Eindruck, dass er/sie gelegentlich nicht die Wahrheit sagt!)

Auswertung mit der Klasse: Wie fandet ihr die Antwort von Schüler*in B im Gegensatz zur Antwort von Schüler*in C? Worin genau bestand der Unterschied? Welche Kriterien sind nötig, um eine emotionale Aussage wertfrei zu spiegeln?

Übung: Jede Kleingruppe erhält einen Umschlag mit scharf formulierten Sätzen, die sich die Teilnehmenden nacheinander vorlesen und miteinander oder abwechselnd entschärft spiegeln, die Lehrkraft begleitet und unterstützt ggf.

Reflexion und ggf. Input: Die Lehrkraft macht bei der Auswertung der Übung deutlich, dass eine entschärfte Sprache viel eher ein Gespräch auf Augenhöhe mit offener Klärung der Hintergründe ermöglicht. Diese Form der Kommunikation schafft ein wertschätzendes und vertrauensvolles Klassenklima, in dem alle Schüler*innen mit ihrer individuellen Persönlichkeit Akzeptanz finden.

Unterrichten Sie in einer Klasse, in der es schnell zu aufgeregten oder emotional gefärbten Äußerungen kommt, auf die Sie mäßigend und nachhaltig einwirken möchten, dann empfehlen wir Ihnen die mediative Deeskalationstechnik LIBEN. Die Abkürzung beinhaltet dabei jeweils einen bestimmten möglichen Sprachimpuls, der sich über dieses Kürzel besser merken lässt (siehe unten). Die Bezeichnung LIBEN erinnert dabei an das Verb lieben und soll ausdrücken, dass wir ein sehr aufgeregtes Gegenüber in dem Begegnungsmoment nicht unbedingt lieben (deshalb fehlt das „e“), aber doch mit unserer mediativen Sprache wertschätzen. Diese Technik, die nur angewendet werden sollte, wenn der Sprecher es tatsächlich ehrlich meint und sich emotional dazu in der Lage fühlt, respektiert die aufwallenden Gefühle des Gegenübers, indem er die Betroffenheit aufgreift und entsprechend spiegelt. Denn gerade das Erkennen und Ausdrücken der Gefühle signalisiert das Verstehen des Gegenübers (was keine Zustimmung bedeutet) und bewirkt damit ein spürbares Absinken der Gefühlserregung, sodass anschließend ein Dialog auf Augenhöhe möglich wird, um den es in der Mediation schließlich geht.

Während der Fokus beim entschärften Spiegeln auf dem Umformulieren der Reizwörter liegt, ermöglicht die Technik LIBEN neben einem Abfedern der Aufregung das Formulieren des dahinterstehenden Wunsches, um ein sachliches Gespräch anschließen zu können.

Grundübung „LIBEN“

Ziel: Grundsätzliche Annahme einer Aussage mit Interesse, deeskalierendes Spiegeln durch Aufnahme von Gefühlen und Bedürfnissen, anschließendes Nachfragen zur weiteren Vorgehensweise

Demonstration: Schüler*in A äußert sehr aufgeregt eine Beschwerde nach Rollenkarte (z. B.: Nimm doch mal deinen Müll hier vom Tisch, sonst schmeiße ich alles runter!)
Schüler*in B (wird von Lehrkraft übernommen) antwortet mit **LIBEN.**
L oben: OK, es ist gut, dass du mir das sagst.
I nteresse: Ich finde es wichtig, dass du äußerst, was dich stört.
B etroffenheit: Du bist verärgert, weil du Ordnung auf deiner Tischseite haben möchtest.
E inräumen: Ich weiß, dass ich mich manchmal zu sehr ausbreite.
N achfragen: Ist es ok, wenn ich meine Sachen jetzt wegräume und zukünftig versuche, besser darauf zu achten?

Auswertung mit der Klasse: Wie gefällt euch diese Möglichkeit, auf Aufregungen zu reagieren? Meint ihr, dass man Aufregungen so abfangen bzw. dämpfen kann und dadurch ein konstruktives Miteinander einleitet? Welche Impulse habt ihr wahrgenommen?

Übung: Partnerübung wechselweise mit verschiedenen Beschwerden/Anlässen nach Wahl, anschließend kurze Reflexion miteinander

Reflexion und ggf. Input: Die Lehrkraft weist darauf hin, dass das Aufnehmen der Gefühle des Gegenübers eine stark deeskalierende Wirkung hat. Bei starken Aufregungen im Gespräch ist es sinnvoll, einen positiven Anfangsimpuls zu setzen, um eine Gesprächsbasis herzustellen. Das abschließende Lösungsangebot zeigt, dass der Sprecher ein konstruktives Miteinander anstrebt. Das vorgeschaltete Einräumen von Schwierigkeiten ist optional anzuwenden, da es zusätzlich deeskalierend wirken kann.

3.4 Fremde Perspektiven akzeptieren, würdigen, spiegeln

Legen Sie in Ihrer Klasse viel Wert auf ein demokratisches Miteinander mit auch kontrovers geführten Diskussionen sowie auf schülerorientierte Arbeitsweisen, dann empfehlen wir Ihnen unbedingt die Schulung dieser Grundübung. Denn gerade erst die Wertschätzung anderer Denk- und Lösungsansätze ermöglicht eine fruchtbare Teamarbeit mit einer differenzierten Auswertung. Wir erleben es häufiger, dass diese Übung leicht unterschätzt wird, klingt es doch logisch, dass auch eine andere Meinung ihre Berechtigung hat. Im täglichen Umgang miteinander sind jedoch schnelle Bewertungen recht häufig unüberlegt zur Hand. Deshalb halten wir eine bewusste Schulung und Reflexion besonders auch der nichtmediativen Reaktionsweise als Einleitungsimpuls für sehr bedeutsam.

Neben dem aktiven Zuhören und Spiegeln ist deshalb für eine mediative Klassenkultur grundlegend, dass Wahrnehmungen aus verschiedenen Perspektiven erfolgen können. Mit dem bewussten Würdigen und Akzeptieren der Wahrnehmung des anderen eröffnet sich gleichzeitig die wertvolle Chance, die eigene Perspektive zu hinterfragen bzw. zu ergänzen.

Wie das aktive Zuhören und das Spiegeln wird diese Kompetenz in allen mediativen Kommunikationsweisen als grundlegende Denkhaltung vorausgesetzt. Deshalb taucht sie als Element in den verschiedenen Übungen immer wieder auf, ohne explizit benannt zu werden und offensichtlich zu sein. Dabei ist zu beachten, dass der möglicherweise aufkommende emotional gefärbte Impuls des Dagegenhaltens bewusst zurückgehalten wird.

Fremde Perspektiven würdigen

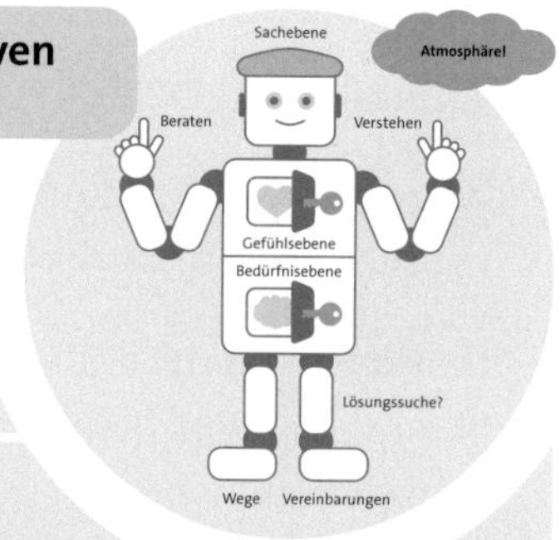

Grundübung „Fremde Perspektiven würdigen"

Ziel: Die Sichtweise des anderen anzunehmen, sie als berechtigt zu akzeptieren und sie in den Kernaussagen wiederzugeben.

Demonstration z. B. zu folgendem Thema: „Wie soll der anstehende Klassenausflug gestaltet werden?" Die Lehrkraft übernimmt die Rolle des Schülers B mit einer anderen Perspektive. Schülerin A: Am besten gehen wir in den nahegelegenen Freizeitpark mit den verschiedenen Fun-Aktivitäten für jeden Geschmack!

- **Schüler B – nichtmediativ:** Typisch, du schon wieder, denkst nur an dein Vergnügen! Wir sind hier doch schließlich in der Schule, da sollte man was Anspruchsvolles machen!
- **Schüler B – mediativ:** Du wünschst dir also eher etwas Aktives und Lustiges für uns alle, wobei wir mal nicht lernen müssen. Das ist auch eine gute Idee. Ich hätte mehr Interesse daran, in ein Technikmuseum zu gehen. Dort können wir auch gemeinsam etwas ausprobieren, Spaß haben und gleichzeitig noch zu Themen aus verschiedenen Fächern lernen.
- **Schülerin A – antwortet mediativ:** Das klingt ja auch interessant, etwas gemeinsam ausprobieren, lernen und dabei Spaß haben. Lass uns das mal mit allen zusammen diskutieren.

Auswertung mit der Klasse: Wie hat Schüler B die Meinung von Schülerin A aufgenommen? Mit welcher Technik und mit welcher Haltung? Wie hat er seine eigene Meinung dargelegt? Wie war das Ergebnis des Austausches?

Übung: Partnerübung zu kontroversen Themen (z. B. Lautstärke in der Klasse, Pausengestaltung, Klassenchat, Aufteilung bei Gruppenarbeiten usw.). Partner A und B stimmen vor der Übung die Rollen ab (Wer ist wofür?).

Reflexion und ggf. Input: Auswertung der Übung mit dem Ziel der Erkenntnis, dass die Würdigung der unterschiedlichen Perspektiven als wertschätzend empfunden wird und sich positiv auf den weiteren Dialog und die Beziehung auswirkt. Zusätzlicher Input: Die Perspektiven unterschiedlicher Menschen sind niemals gleich. Differierende Sichtweisen sind Normalität und sollten erwartet und wertgeschätzt und nicht impulsiv (emotional) abgewehrt werden.

Die Fortsetzung des Dialogs über das Ausflugsziel bis zur Lösungsfindung können Sie mit Hilfe von Punkt 3.8 nachvollziehen.

3.5 Gefühle und Bedürfnisse erkennen und ausdrücken

Möchten Sie, dass die mediative Kommunikation im Unterricht, aber auch im täglichen Miteinander in Ihrer Klasse bei Gruppenaktivitäten und in den Pausen bestimmend wird, ist eine gründlichere Auseinandersetzung mit den der Kommunikation zugrundeliegenden Gefühlen und Bedürfnissen unbedingt erforderlich. Dabei sollten die Schüler*innen durch den Übungsprozess eine besondere Sensibilität für das Erkennen von Gefühlsregungen in Gestik, Mimik, aber auch über den Tonfall erlangen sowie einen jeweiligen Bezug zu den möglichen Auslösern/Bedürfnissen herstellen können (vgl. Rosenberg 2005, S. 43ff.). Auch wenn diese Grundschulungen einige Zeit beanspruchen, zahlt sich diese Investition in jedem Falle aus. Denn sie legen nicht nur die Grundlage für eine mediative Umgangsweise im Klassenraum, sondern verhindern im Konfliktfall eine vorschnelle, verletzende Schuldzuschreibung und fördern damit gegenseitiges Verständnis und Lösungsorientierung.

Weich spiegeln

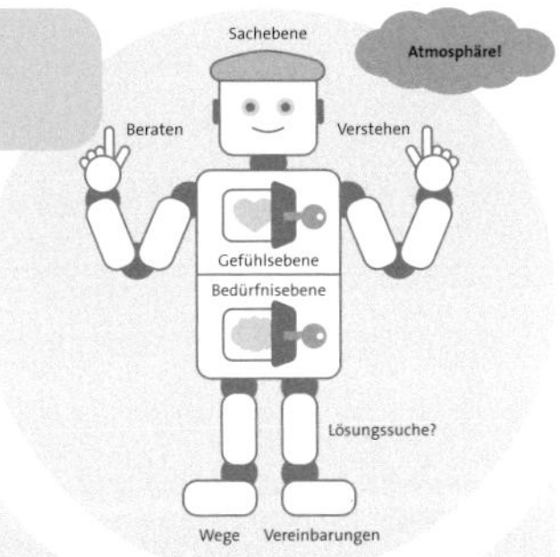

Grundübung „Gefühle und Bedürfnisse erkennen und ausdrücken“

Ziel: Alltägliche Aussagen und Beschwerden von Mitschüler*innen in Gefühle und Bedürfnisse übersetzen

Gruppenübung und -erarbeitung: Schüler*innen sitzen im Stuhlkreis (bei größeren Gruppen Fishbowl oder kleinere Gruppen bilden).

- **Erste Aufgabe:** Die Lehrkraft demonstriert ein selbst gewähltes Gefühl pantomimisch, welches die Gruppe erraten soll. Reihum erfolgt eine weitere Pantomime eines anderen Gefühls durch die Schüler*innen.
- **Zweite Aufgabe:** Die Lehrkraft fordert die Schüler*innen nacheinander auf, den gleichen Satz (z. B. Das ist ja super!) in unterschiedlichen Gefühlen auszusprechen. Die Gruppe errät das Gefühl dahinter.
- **Kurze Zwischenauswertung:** Woran habt ihr die Gefühle jeweils erkennen können?
- **Kurzer Input:** Nonverbale und paraverbale Signale sind sehr aussagekräftig für das Erkennen der Gefühls- und Bedürfnislage des Senders in der Kommunikation.
- **Dritte Aufgabe:** Lehrkraft verteilt Zettel mit Impulssätzen unter den Schüler*innen (z. B. Die spielen nie mit mir! – Keiner hilft mir! – Die lenkt mich ständig ab!). Auf dem Boden liegen Zettel in unterschiedlichen Farben mit verletzten Gefühlen (z. B. frustriert, traurig, enttäuscht, wütend, ärgerlich) und möglicherweise verletzten Bedürfnissen (z. B. Rücksichtnahme, Verlässlichkeit, Achtung, Mitgefühl, Kontakt, Hilfe). Die Schüler*innen haben nun die Aufgabe, die Impulssätze nacheinander mit individueller Betonung vorzulesen, die Gruppe übersetzt im Anschluss in möglicherweise passende Gefühle und dahinterstehende Bedürfnisse. Wer vorliest, gibt danach Rückmeldung, ob beides in etwa zutreffend eingeschätzt wurde (vgl. Kap. 8.2.4).

Reflexion und ggf. Input: Gesamtauswertung der Übung
Wie empfand der Problemgeber die jeweilige mediative Annahme? Welche Möglichkeiten eröffnen sich dadurch und was bedeutet das für die Beziehung der beiden untereinander?
Dabei sollte das Ziel die Erkenntnis sein, dass das tiefe Verstehen und die Akzeptanz untereinander das Erkennen der Gefühle und der dahinterstehenden Bedürfnisse voraussetzen. Wenn diese Form der gegenseitigen Annahme im Schulalltag selbstverständlich umgesetzt würde, hätte dies eine stark deeskalierende Wirkung und führte letztlich zu einer friedlichen Klassenkultur.

3.6 Feedback (Dank, Wertschätzung, differenziertes Feedback) geben

Bewusstes, auf die jeweilige Erleichterung für das Gegenüber bezogenes Danken (DANK, siehe unten) – ggf. noch mit dem Angebot einer möglichen Gegenleistung – prägt das Miteinander im Klassenzimmer besonders positiv. Es löst einfach sichtbare Freude und Motivation bei Ihren Schüler*innen aus, kommt dieses Dankeschön untereinander situativ wirklich von Herzen und geht nicht nur von der Lehrkraft aus bzw. wird von ihr initiiert. Oft genug konnten wir bei der Anregung gerade dieser Übungen erfahren, wie wohltuend die bewusste, kommunikativ formulierte Wertschätzung innerhalb einer Gemeinschaft von den einzelnen empfunden wird (siehe WERT). Allzu häufig wird Dank und Wertschätzung im täglichen Umgang nur empfunden, still gedacht, aber sprachlich nicht extra ausgedrückt, was schade ist für eine positive Beziehungsgestaltung im Alltag.

Wenn Sie Ihre Schüler*innen zudem viel selbstständig und in Gruppen arbeiten lassen, empfehlen wir Ihnen darüber hinaus, miteinander ein strukturiertes, differenziertes Feedback zu üben. Hier können sich die Schüler*innen nicht nur positiv geprägt untereinander Rückmeldungen geben, sondern über gezielte Nachfragen und Tipps zu weiteren Verbesserungen anregen. Kritische Äußerungen von Gleichaltrigen stoßen schnell auf vordergründige Ablehnung, daher bietet sich diese mediative Form des Feedbacks an, um wichtige Anregungen für Veränderungen zu geben, ggf. auch hinsichtlich der gemeinsamen Arbeitsweise. So können mögliche Arbeitsstörungen und Missverständnisse niederschwellig untereinander bereits gelöst werden, ehe sie den Schulalltag belasten.

Zusammenfassend bleibt festzuhalten: Erst durch tatsächlich ausgedrückte und fundierte Wertschätzung im Alltag sowohl zwischen Schüler*innen untereinander, als auch zwischen Pädagog*innen und Schüler*innen, kann eine tragende mediative Klassenkultur entstehen und erhalten werden. Sie sollte sich in allen schulischen Aktivitäten (Gruppenarbeiten, Diskussionen, Bewertungssituationen, Klassenchats) in und außerhalb des Unterrichts zeigen. Dabei geht es uns nicht um ein oberflächliches Anwenden von „Dankesformeln“, sondern um ehrliche und fundierte Schätzung des erhaltenen Wertes.

Wir stellen Ihnen jetzt drei Grundübungen für mediative Wertschätzung im Klassenverband vor.

Feedback

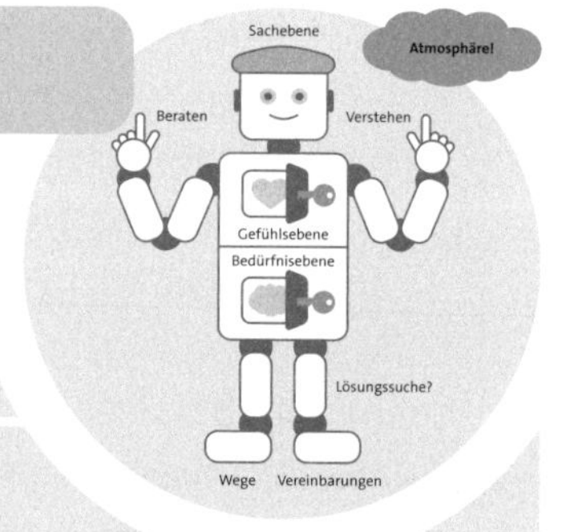

Grundübung „DANK“

Ziel: fundiertes Danken für eine wertvolle Leistung von Mitschüler*innen oder Lehrkräften.

Demonstration: Schüler*in A leiht Schüler*in B (diese Rolle wird von Lehrer*in übernommen) wichtige Unterlagen aus.

- **Schüler*in B – nichtmediativ:** Nicht schlecht deine Unterlagen, aber so ganz vollständig sind die ja wohl auch nicht. Von DEINEN Unterlagen hätte ich echt mehr erwartet.
- **Schüler*in B – mediativ:**
  D ank: Danke, dass du ...
  A uslöser: ... mir deine Unterlagen so großzügig zur Verfügung gestellt hast, als ich krank war.
  N otwendigkeit: So konnte ich den Stoff gut nachholen und wieder den Anschluss bekommen.
  K ooperation: Wenn du mal was von mir brauchst, kannst du mich gerne ansprechen.

Auswertung mit der Klasse: Welche Unterschiede habt ihr zwischen der ersten und der zweiten Version festgestellt? Was genau braucht es, damit Dank auch wirklich ehrlich und authentisch rüberkommt? Was macht ein Gegenangebot so wertvoll für die Beziehung?

Übung: Partnerübung zu unterschiedlichen Anlässen zuerst nichtmediativ mit kurzer Reflexion und danach gleich mediativ mit entsprechender Auswertung

Reflexion und Input: Auswertung mit dem Ziel der Erkenntnis, dass Danken grundlegend sein sollte für eine gute Beziehung und eine angenehme Klassenatmosphäre

Grundübung „WERT“

Ziel: Fundierte Wertschätzung für kooperative Eigenschaften von Mitschüler*innen bzw. Pädagog*innen

Demonstration: Schüler*in A verhält sich teamunterstützend bei einer Projektarbeit. Schüler*in B (diese Rolle wird von Lehrkraft übernommen) wertschätzt Schüler*in A deswegen.
Schüler*in B – mediativ:
Was: Was ich dir unbedingt sagen möchte: ...
E igenschaft: ... Du hast uns bei der Gruppenarbeit echt super weitergeholfen mit deinem tollen 3D-Drucker von zu Hause.
R ückschluss: So ist unser Projekt bei allen gut angekommen.
T eamwirkung: Ich finde, das war dadurch eine tolle Teamarbeit.

Auswertung mit der Klasse: Was macht die gezeigte Wertschätzung so gehaltvoll? Was gefällt euch besonders daran?

Übung: Partnerübung mit Tischnachbar*in (ggf. mit freier Partnerwahl) zu selbstgewähltem Anlass (z. B. hilfsbereit, umsichtig ...)

Reflexion und Input: Auswertung mit dem Ziel der Erkenntnis, dass die Benennung der positiven Eigenschaften besonders stärkend ist. Dies wirkt sich nachhaltig positiv auf die einzelnen Persönlichkeiten, die Beziehungen untereinander und damit letztlich auf die gesamte Klassengemeinschaft aus.

Grundübung „WERRT mit differenziertem Feedback“

Ziel: wertschätzende Rückmeldung zu erbrachter Leistung oder einem Verhalten mit gezielter Reflexion und ergänzenden Tipps

Demonstration: Schüler*in A präsentiert ein Thema vor der Klasse/Gruppe, Schüler*in B (diese Rolle wird von Lehrer*in übernommen) wertschätzt und gibt Feedback mit anschließendem Tipp zu erbrachter Präsentation an Schüler*in A.
Schüler*in B – mediativ:
Was: Was ich dir zu deiner Präsentation rückmelden möchte: ...
E igenschaft: Du hast das Thema schlüssig und interessant dargeboten ...
R ückschluss: So konnten alle schnell den Einstieg in unser Thema finden ...
R eflexionsfrage: Wie schätzt du selbst deine Präsentation ein?
T ipp: Möchtest du noch einen Hinweis von meiner Seite dazu hören? Könntest du dir vorstellen, beim nächsten Mal ... Ich könnte mir vorstellen, dass ... hilfreich wäre.

Auswertung mit der Klasse: Findet ihr diese Form des Feedbacks wertschätzend und hilfreich? Worauf sollte man bei diesem Feedback achten, damit das Positive nicht abgemildert wird? Was könnte ansonsten passieren?

Übung: Dreierübung mit Tischnachbar*in und Beobachter*in zu einem selbstgewählten Anlass (z. B. Teilergebnisse in Gruppenarbeit vorstellen, Organisation eines Klassenevents)

Reflexion und Input: Auswertung mit dem Ziel der Erkenntnis, dass das Feedback mit zusätzlicher Reflexionsmöglichkeit besonders konstruktiv und effektiv für die aktive Person und ihr Output ist. Dies wirkt sich nachhaltig positiv auf das Selbstbewusstsein der einzelnen Persönlichkeiten aus, trainiert Kritik- und Reflexionsfähigkeit und fördert damit die Kooperation und den Zusammenhalt in der Klassengemeinschaft.

3.7 Positiv umformulieren und lösungsorientiert annehmen

Wenn Sie bereits mit dem entschärften Spiegeln in Kap. 3.3 gearbeitet haben, ist es nur ein kleiner Schritt zum vollständigen positiven Umformulieren. Sie erreichen damit nicht nur eine deeskalierende Wirkung über die Abmilderung der Reizworte oder Übertreibungen, sondern zeigen Ihren Schüler*innen einen konstruktiven, mitfühlenden Weg, Probleme untereinander empathisch anzunehmen und ggf. schon einen eigenen Lösungsweg zu erarbeiten. Unserer Meinung nach ist gerade bei einer oft recht rauen und manchmal vielleicht frotzelnden Umgangsweise unter Jugendlichen heute eine derartige Kompetenz von hohem mitmenschlichem Wert. Dabei fehlt es bei vielen gar nicht an der Bereitschaft, mitfühlend miteinander umzugehen, sondern eher an der sprachlichen Kompetenz. So beobachten wir häufig, dass viele Schüler*innen geradezu dankbar sind – ein geschütztes Übungssetting vorausgesetzt –, mit diesen verstehenden Impulsen von PLUS (siehe unten) zu arbeiten und Lösungen anzuregen. Und wie öffnend wirkt sich das auf Ihre Klassenatmosphäre aus, wenn Probleme unter Mitschüler*innen ohne Bedenken ausgesprochen und vertrauensvoll behandelt werden können. Nutzen Sie diese Chancen für Ihre Klassengemeinschaft und probieren es einfach aus.

Zusammenfassend sei festgehalten: Für eine mediative Klassenkultur ist es von entscheidender Bedeutung, dass jeder/jede Schüler*in die eigene Meinung sowie seine Gefühle und Bedürfnisse vorbehaltlos äußern kann und dass dies von den Mitschüler*innen wohlwollend akzeptiert wird. Darüber hinaus zielen wir bei der mediativen Grundhaltung darauf ab, sich füreinander verantwortlich zu fühlen und gemeinsam nach Lösungen zu suchen.

Positiv umformulieren

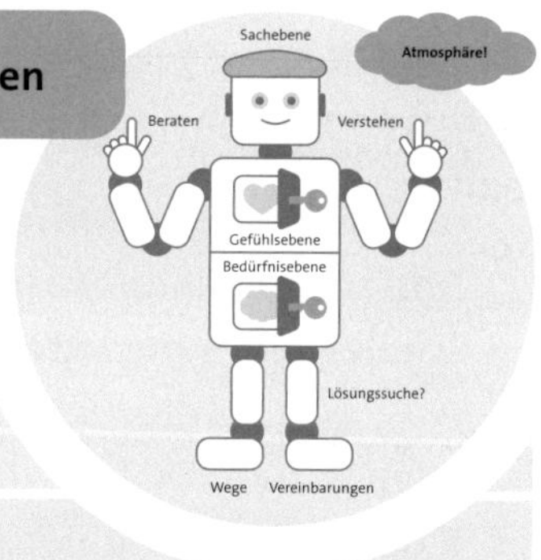

Übung: Positiv umformulieren (PLUS)

Ziel: wertfreie und ggf. entschärfende Annahme und Wiedergabe von Meinungen, Gefühlen und Bedürfnissen von Mitschüler*innen mit Unterstützungsangebot

Demonstration: Schüler*in A teilt Schüler*in B (diese Rolle wird von Lehrkraft übernommen) mit, dass er/sie von Mitschüler*innen immer ausgelacht wird, was nervt.

- **Schüler*in A beschwert sich:** Immer werde ich ausgelacht, wenn ich was sage. Langsam nervt mich das total. Ich habe schon gar keine Lust mehr auf die Klasse.
- **Schüler*in B – nichtmediativ:** Ach, lass mich in Ruhe mit dem Mist. Du bist doch selbst schuld, so wie du dich immer verhältst.
- **Schüler*in B – mediativ:**
  P roblem entschärft spiegeln: Ich höre, du hast den Eindruck, dass häufig über dich gelacht wird.
  L aune, Gefühl, Emotion: Das ärgert dich und macht dich auch traurig?
  U nterschwelliger Wunsch/Bedürfnis: Du wünschst dir, dass es aufhört und du respektvoll behandelt wirst.
  S tützungsangebot: Möchtest du, dass ich dich dabei unterstütze?

Auswertung mit der Klasse: Welche Impulse wendet Schüler*in B an? Wie geht es Schüler*in A mit dieser Form der Annahme?

Übung in Kleingruppen: Jede Gruppe erhält einen Umschlag mit scharf formulierten Sätzen, die sie sich nacheinander vorlesen und miteinander oder abwechselnd in folgender Weise positiv umformulieren: entschärft spiegeln, übersetzen in Gefühle und Bedürfnisse und in ein mögliches Hilfsangebot (PLUS). Die Lehrkraft begleitet und unterstützt ggf.

Reflexion und ggf. Input: Auswertung der Übung mit dem Ziel der Erkenntnis, dass positives Umformulieren in dieser ausführlichen Weise tiefes gemeinsames Reflektieren der Situation auf Augenhöhe ermöglicht und befördert. Diese Form der Kommunikation führt zu einem vertrauensvollen Klassenklima, in dem durch die Unterstützung jedes Einzelnen in der Summe die Selbstbestimmung und das demokratische Miteinander insgesamt gestärkt werden.

3.8 Nichtfordernd um Hilfe bitten und verständnisvoll Nein sagen

Gegenseitige Hilfestellungen unter Mitschüler*innen können die Klassengemeinschaft ohne Frage stärken und die Pädagog*innen dadurch merklich entlasten. Werden sie jedoch für den Befragten mit der Zeit zu Störungen oder zu schwer zurückzuweisenden Forderungen, dann beeinträchtigen sie die Atmosphäre. Wir haben gute Erfahrungen damit gemacht, diese möglichen Wirkungen und Chancen auf der Grundlage der beiden gleich beschriebenen Übungsformen gemeinsam zu reflektieren.

Da gerade eine Bitte um Hilfe ein häufiger Gesprächsanlass im Schulalltag ist, sollte man dies in mediativer Form tun, um das Gegenüber nicht unnötig unter Druck zu setzen. Das beinhaltet auch die Fähigkeit, im gemeinschaftlichen Umgang mit unvermeidlichen Enttäuschungen umgehen zu lernen, wenn Bitten nicht erfüllt werden. Dabei ist es aus mediativer Sicht angezeigt, eine solche Absage einfühlsam und begründet auszusprechen (vgl. Rosenberg 2001, S. 79ff.). Zudem ist es pädagogisch wertvoll, wenn die Schüler*innen gelernt haben, sich gegenseitig zu unterstützen, aber auch andere Vorgehensweisen und Prioritäten zu akzeptieren. Davon profitieren nicht nur die Schüler*innen untereinander, sondern dies entlastet merklich die Lehrkräfte als Hauptansprechpartner*innen für fachliche sowie zwischenmenschliche Aspekte.

Um Hilfe bitten

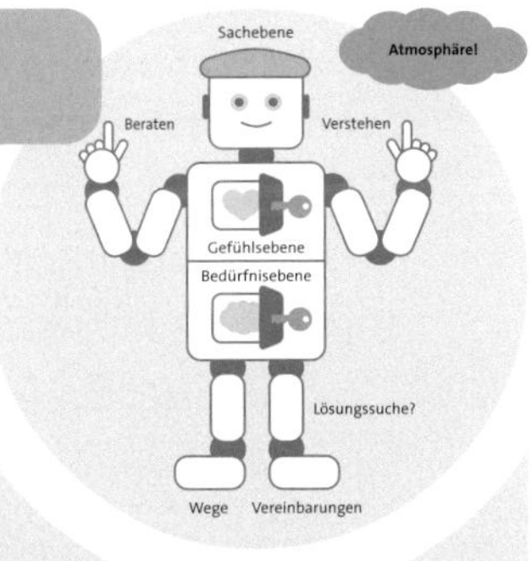

Grundübung „Um Hilfe bitten (KANN)“

Ziel: Mitschüler*innen um Unterstützung/Hilfeleistung bitten, ohne das Gegenüber unter Druck zu setzen. Dabei soll dem Gesprächspartner signalisiert werden, dass seine Entscheidung in jede Richtung grundsätzlich ohne Beeinträchtigung der Beziehung akzeptiert wird.

Demonstration: Schüler*in A bittet Schüler*in B (diese Rolle wird von Lehrkraft übernommen) um das Erklären einer Matheaufgabe.

- **Schüler*in B – nichtmediativ:** Lass' mich doch bloß in Ruhe mit deinen ständigen Fragen. Das nervt total! Hör doch selbst mal hin!

- **Schüler*in B – mediativ:**
  (**KANN,** muss aber nicht!)
  K lima schaffen: Hast du mal einen Moment Zeit?
  A nlass: ... Ich bräuchte deine Hilfe für diese Matheaufgabe.
  N ähere Erläuterung: ... ich weiß, dass du das verstanden hast und mir gut erklären kannst.
  N achfragen: Geht das gerade für dich? (Das wäre super, das wäre sehr hilfreich für mich.)

Auswertung mit der Klasse: Welche Unterschiede habt ihr zwischen der ersten und der zweiten Version festgestellt? Wie wirkt diese Form der Bitte um Hilfe/Unterstützung auf euch? Ist es für den Gefragten ohne Konsequenzen möglich, die Bitte abzulehnen bzw. zu verschieben? Auf dieser Grundlage entfaltet sich ein offenes Miteinander des Gebens und Nehmens.

Übung: Partnerübung zu unterschiedlichen Anlässen zuerst nichtmediativ mit kurzer Reflexion und danach gleich mediativ mit entsprechender Auswertung.

Reflexion und Input: Auswertung mit dem Ziel der Erkenntnis, dass die Bitte um Hilfe immer eine Offenheit für die Entscheidung beinhalten muss, weil die unterschiedlichen Bedürfnisse von Menschen dies bedingen und grundsätzlich beachtet werden sollten.

Verständnisvoll Nein sagen

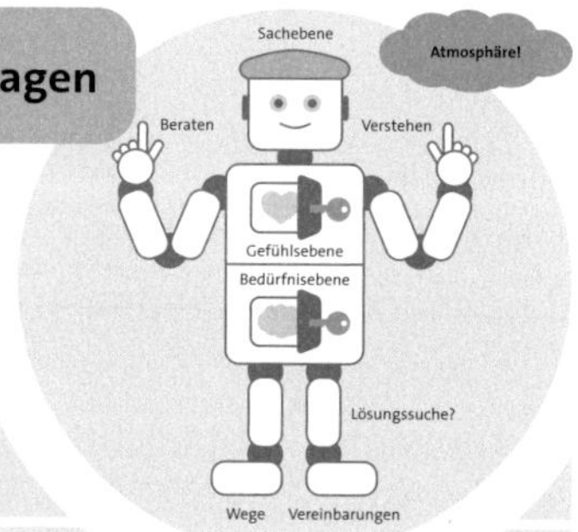

Übung: Verständnisvoll Nein sagen (NEE)

Ziel: Anliegen oder Bitten verständnisvoll abzulehnen, dies entsprechend zu begründen und eine mögliche Alternative anzubieten, ohne Beziehungen zu beeinträchtigen

Demonstration: Schüler*in A lehnt vorausgegangene Bitte von Schüler*in B (diese Rolle wird von Lehrkraft übernommen), ihm eine Matheaufgabe zu erklären, ab.

- **Schüler*in B – nichtmediativ:** Lass mich doch bloß in Ruhe mit deinen ständigen Fragen. Das nervt total! Hör doch selbst mal hin!
- **Schüler*in B – mediativ: (NEE)**
  N otwendigkeit, den anderen zu spiegeln: Du wünscht dir von mir, dass ich dir die Matheaufgabe noch einmal erkläre.
  E igenes Bedürfnis ausdrücken: Im Moment möchte ich erst einmal selber probieren, die Aufgabe zu lösen.
  E inräumen einer Alternative: Wenn ich damit fertig bin, kann ich sie dir dann gerne erklären. Ist das in Ordnung für dich?

Auswertung mit der Klasse: Welche Unterschiede habt ihr zwischen der ersten und der zweiten Version der Ablehnung festgestellt? Wie wirkt diese Form des Nein-Sagens auf euch? Was braucht es, damit ein Nein-Sagen angenommen werden kann, ohne die Beziehung zu beeinträchtigen?

Übung: Partnerübung zu unterschiedlichen Anlässen zuerst nichtmediativ mit kurzer Reflexion und danach gleich mediativ mit entsprechender Auswertung

Reflexion und Input: Auswertung mit dem Ziel der Erkenntnis, dass das Nein-Sagen akzeptiert werden sollte (einen angemessenen Tonfall vorausgesetzt), weil die unterschiedlichen Bedürfnisse von Menschen dies bedingen und grundsätzlich beachtet werden sollten

3.9 Übergriffe stoppen (beistehen und stützen – doppeln)

In nahezu jeder Klassengemeinschaft gibt es verabredete Signale, die dem Gegenüber verdeutlichen, dass die aktuelle Aktion oder Äußerung eines Mitschülers vom Angesprochenen als unangenehm bzw. übergriffig erlebt wird. Nur wenn Sicherheit für den Einzelnen besteht, dass diese Regelungen auch eingehalten werden, kann eine Gemeinschaft gut funktionieren. Wir halten diese nonverbalen Signale gepaart z. B. mit einem energischen „Stopp!" für sehr sinnvoll. Erweiternd dazu möchten wir Ihnen hier eine kommunikativ-mediative Form des Stoppens von Übergriffen vorschlagen, genannt SOS, die ohne einen Gegenvorwurf zu äußern die eigenen Bedürfnisse in den Vordergrund rückt, indem diese klar benannt werden. (Wir bezeichnen diese Sprachimpulse mit SOS, weil es eine Notsituation für den Angesprochenen darstellt und er sich möglicherweise dann an diese Abfolge noch erinnert.) Das hat den Vorteil, dass eine weitere Eskalation vermieden wird und der Angegriffene seine Selbstachtung über die Aussprache von Grundregeln des Zusammenlebens klar benennt, nämlich den gegenseitigen Respekt.

Uns ist dabei bewusst – und unsere Erfahrungen in den Seminaren aller Altersstufen bestätigen es –, dass es sehr schwer ist, bei einem derartigen Angriff an die Person unter die Gürtellinie so beherrscht die eigenen Grundwerte zu vertreten und daraus eine entsprechende Konsequenz bzw. Bedingung abzuleiten. Dennoch halten wir zumindest ein Demonstrationsbeispiel mit anschließender Reflexion für sehr sinnvoll, um die Teilnehmer*innen zu sensibilisieren und zu animieren, im „Notfall" für ihre Grundrechte bzw. die ihrer Mitschüler*innen in einer eskalierten Situation einzutreten (vgl. Übung „Doppeln").

Zusammenfassend lässt sich festhalten: Gerade im Schulalltag ist es von grundlegender Bedeutung, dass Schüler*innen die Grenzen persönlicher Verletzbarkeit akzeptieren, wahren und diese auch zu verbalisieren lernen. Das ist der Garant dafür, dass die gemeinsam verhandelten Klassenregeln weitestgehend eingehalten werden. Dabei ist es besonders wichtig, dass sie die verletzten Gefühle und Bedürfnisse ausdrücken und sich nicht verleiten lassen, dem anderen auf der gleichen Ebene verbale Verletzungen zuzufügen. Wenn Schüler*innen es sich zutrauen und für Mitschüler*innen stellvertretend solche Grenzverletzungen ansprechen, bedarf es hoher Verantwortlichkeit und Selbstkontrolle, sich dem entgegenzustellen. Das stärkt Persönlichkeit und soziales Engagement der Schüler*innen und trägt so zu einem eigenverantwortlichen, demokratisch geprägten schulischen Zusammenleben bei.

Übergriffe abstoppen

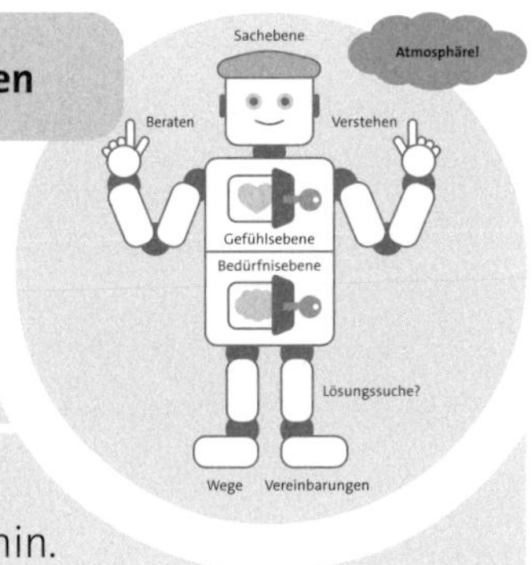

Übung: Übergriffe abstoppen

Ziel: Mitschüler*innen massive Grenzverletzungen deutlich machen und diese stoppen

Demonstration: Schüler*in A beleidigt Schüler*in B (diese Rolle wird von Lehrkraft übernommen). Schüler*in A unterbricht ihn daraufhin.

- **Schüler*in A beleidigt B:** Hey, du Streber! Du hast doch deine Ausarbeitung für unsere gemeinsame Präsentation bestimmt schon fertig! Reich mal rüber, dein Zeug!
- **Schüler*in B – mediativ:** SOS-Impuls mit lauter, fester Stimme, unterstützt durch eine abwehrende Handbewegung und Nennung des Namens
  S topp: Stopp, Leo! So nicht!
  O ffenheit: Ich möchte respektvoll von dir behandelt werden.
  S chlussfolgerung: Entweder du redest vernünftig mit mir, dann können wir weiter zusammenarbeiten, oder wir beenden das jetzt hier.

Auswertung mit der Klasse: Wie gefällt euch diese Form des Unterbrechens von Beleidigungen? Welche Impulse helfen dabei?

Achtung! Da Beleidigungen selbst im Übungskontext stark verletzend sein können, empfehlen wir, die Übung nicht im Grundschulalter durchzuführen. Selbst bei Jugendlichen ist darauf zu achten, dass Beleidigungen nicht zu extrem ausfallen und ggf. vorgegeben werden sollten.

Übung: Dreierübung mit Beobachter zu unterschiedlichen Anlässen mit kurzer Reflexion in der Übungsgruppe, danach erst Rollentausch

Reflexion und Input: Auswertung mit dem Ziel der Erkenntnis, dass Übergriffe nicht hingenommen, sondern nach eigenem Ermessen der Grenzverletzung unterbrochen werden sollten. Dieser Effekt wird durch die Namensnennung und eine in Richtung des Verursachers abwehrende Handbewegung verstärkt.

Beistehen und stützen

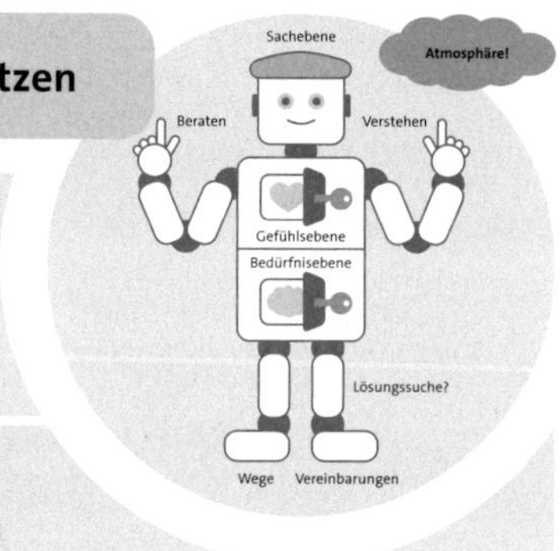

Übung: Beistehen und stützen / Doppeln (SEIN)

Ziel: Mitschüler*innen bei verbalen Angriffen unterstützen, verbunden mit dem Wunsch respektvoller Behandlung

Demonstration: Schüler*in A behandelt Schüler*in B in respektloser Weise. Schüler*in C (diese Rolle wird von der Lehrkraft übernommen) spricht stellvertretend für Schüler*in B in unterstützender Weise.

- **Schüler*in A behandelt B in respektloser Weise:** Wie läufst du denn schon wieder rum. Hast wohl alles von der Altkleidersammlung abgestaubt, oder?
- **Schüler*in C – mediativ beistehend: SEIN** – so sein lassen, wie jemand ist
  S topp: Stopp, Lisa, ich möchte nicht, dass du so mit Clara redest.
  E motion und Bedürfnis: Deine Äußerungen verletzen sie und sie braucht deshalb mehr Achtung von dir.
  I ntensiver Wunsch nach Veränderung: Sie wünscht sich, dass du sie respektvoll behandelst, so wie wir alle behandelt werden wollen.
  N achfragen: Ist das so in Ordnung für dich?

Auswertung mit der Klasse: Fandet ihr diese Form der verbalen Intervention zielführend? Denkt ihr, dass damit die angreifende Person motiviert wird, ihr Verhalten zu überdenken bzw. zu verändern? Hättet ihr den Mut, einem Mitschüler in dieser Form beizustehen? Worauf ist dabei zu achten?

Achtung! Schüler*innen sollten darauf hingewiesen werden, dass sich bei starker Überlegenheit der angreifenden Person möglicherweise nicht die erwartete positive Wirkung einstellt. Außerdem könnte die Möglichkeit bestehen, dass sie sich selbst dabei in Gefahr bringen, indem sie attackiert werden.

Übung: Dreierübung mit der angreifenden Person, ihrem Gegenüber und dem Unterstützer zu unterschiedlichen Anlässen (z. B.: Lästern, Ausgrenzen, Bedrängen ...) mit kurzer Reflexion in der Übungsgruppe, danach erst Rollentausch

Reflexion und Input: Auswertung mit dem Ziel der Erkenntnis, dass diese Form des verbalen Beistandes schwächere Mitschüler*innen unterstützen und letztlich beschützen kann. Damit wird eine Kultur des gegenseitigen Respekts untereinander gestärkt, ohne dass Lehrkräfte ermahnend und sanktionierend eingreifen müssen.

3.10 Gefühle nichtverletzend mitteilen

Viele von uns haben erfahren, dass aufkommender Ärger sich schnell bei demjenigen entlädt, der in dem Moment scheinbar der Auslöser/Schuldige dafür ist. So verwundert es nicht, dass Ärgersituationen im Klassenraum schnell zu Eskalationen führen, an denen oft im weiteren Verlauf nicht nur die anfangs unmittelbar Beteiligten mitmischen. Um diese möglichen Unruhespiralen zu durchbrechen, bieten wir Ihnen hier eine mediative Form der Ärgermitteilung an, die eine vermittelnde Reaktion beinhaltet, die wir entsprechend der einzelnen Impulse (V)-ABER nennen. Bei dieser mediativen Antwort stehen die tatsächlichen Ursachen von entstandenem Ärger (und nicht die scheinbaren Auslöser) im Fokus, nämlich die verletzten Bedürfnisse des Gegenübers verbunden mit einer konkreten Bitte, um diese Situation für die Zukunft konstruktiv miteinander verändern zu können.

Zusammenfassend bleibt festzuhalten: Es ist ganz natürlich, dass es im schulischen Zusammenleben aufgrund unterschiedlicher Bedürfnislagen zu Ärgernissen untereinander kommt. Wichtig ist es, diese Anlässe in angemessener Form bedürfnisorientiert zu formulieren und nicht der spontanen Versuchung zu unterliegen, Schuldzuweisungen in emotionaler Weise vorzunehmen.

Gefühle nichtverletztend mitteilen

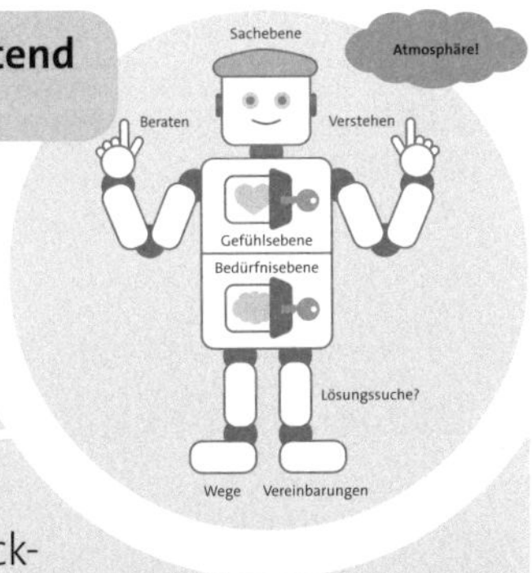

Übung: Ärgermitteilung (V-ABER)

Ziel: Mitschüler*innen empfundenen Ärger mitteilen und eine konstruktive Problemlösung anschließen

Demonstration: Schüler*in A vergisst, ein geliehenes Geschichtsbuch an Schüler*in B (diese Rolle wird von der Lehrkraft übernommen) zurückzugeben.

- **Schüler*in B nichtmediativ:** Jetzt bring mir doch endlich mal mein Geschichtsbuch wieder, sonst leihe ich dir nie wieder etwas. Das ist schon mal klar!

- **Schüler*in B – mediativ: V-ABER**
  V erständnis: Ich verstehe ja, dass es bei allem schwierig ist, auch noch an mein Buch zu denken.
  A uslöser: Wenn ich das Geschichtsbuch nicht zur Verfügung habe ...
  B etroffenheit: ... kann ich mich nicht gut auf den Test nächste Woche vorbereiten.
  E rwartung: Ich bitte dich deshalb, mir das Buch morgen mitzubringen.
  R ückmeldung: Geht das so?

Auswertung mit der Klasse: Wie fandet ihr diese Form, Ärger mitzuteilen, gegenüber der ersten Version? Könntet ihr das so annehmen? Welche Impulse sind dafür zielführend?

Übung: Dreierübung mit Beobachter. Schüler*in A gibt den Ärger-Anlass, den Schüler*in B zuerst nichtmediativ, dann mediativ mit V-ABER beantwortet. Kurze Reflexion in der Gruppe, danach erfolgt zweimaliger Rollentausch.

Reflexion und Input: Auswertung mit dem Ziel der Erkenntnis, dass diese Form der Ärgermitteilung konstruktiv die wirkliche Ursache benennt und die Möglichkeit einer konkreten Veränderung einleitet. Sie ermöglicht eine persönliche Rückmeldung des Ärger-Auslösenden und ist ergebnisoffen.

3.11 Mediativ miteinander verhandeln

Erarbeiten Sie gern Unterrichtsinhalte in Partner- oder Gruppenarbeiten, die viel Selbstverantwortung verlangen? Dann können Sie sicher von der hier dargestellten mediativen Form der selbstständigen Verhandlung profitieren. Sie ermöglicht eine einvernehmliche Regelung über Vorgehensweisen der gemeinsamen Erarbeitung, dem differenzierten Einbringen Einzelner und auch der Präsentation von Ergebnissen. Nicht selten finden Teams nämlich nicht zu einem produktiven Vorgehen, sondern Uneinigkeiten führen zu unerquicklichen Auseinandersetzungen und damit zu unnötigen Verzögerungen und Motivationseinbußen.

Um zu einem Konsens zu finden, ist es also wichtig, dass sich alle Seiten gleichberechtigt mit ihren Vorstellungen und Zielen einbringen können. Es ist besonders darauf zu achten, dass dieser Prozess fair und ergebnisoffen verläuft und die Lösungen von wirklich allen Beteiligten erarbeitet und getragen werden.

Mediativ verhandeln

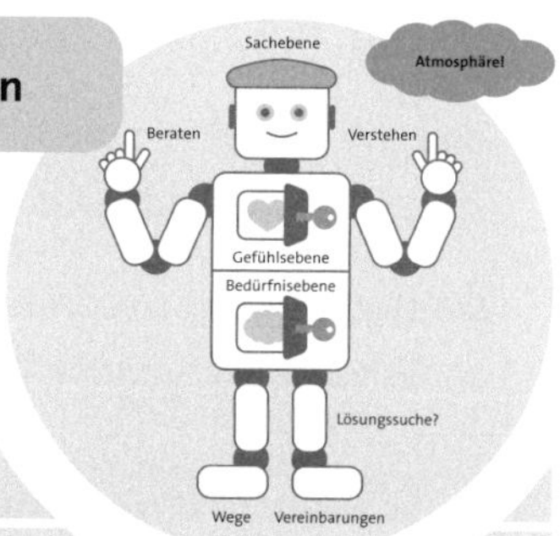

Übung: Mediativ miteinander verhandeln

Ziel: gemeinsame und einvernehmliche Arbeitsweisen und Lösungen unter Berücksichtigung der möglicherweise unterschiedlichen Hintergründe finden

Demonstration: Schüler*in A und Schüler*in B (diese Rolle wird von der Lehrkraft übernommen) sollen ein gemeinsames Referat zum Thema „Knochenbau des Menschen" ausarbeiten. Beide haben unterschiedliche Vorstellungen über die Erarbeitungsweise, sollen letztlich aber einen einvernehmlichen Weg finden.

- **Schüler*in A nichtmediativ:** Ach, ich weiß schon, wie wir das machen. Ist ganz easy. Das machen wir mit meiner Mutter zusammen, die ist ja Ärztin. Die hat alles Notwendige, dann geht das ruckzuck.
- **Schüler*in A und B – mediativ im Wechsel** (Schüler*in A bekommt eine Rollenkarte mit den entsprechenden Antworten):

jeweilige Vorgehensweisen verdeutlichen (lt. Rollenkarten):
- **Schüler*in A:** Ich habe den Vorschlag, dass wir bei mir arbeiten und das Wissen und die Materialien meiner Mutter nutzen, die Ärztin ist.
- **Schüler*in B:** Ich hätte den Vorschlag, dass wir es zusammen nach dem Unterricht hier im Computerraum im Internet recherchieren. Dort finden wir alles, was wir benötigen, und ich spare mir den Fahrweg zu euch.

Hintergründe klären:
- **Schüler*in B:** Was verbindest du mit deinem Vorschlag?
- **Schüler*in A:** Das ist doch viel einfacher für uns, mit meiner Mutter zusammenzuarbeiten, und die Infos sind sicher richtig. Was ist dir wichtig an deinem Vorschlag?
- **Schüler*in B:** Ich spare den langen Fahrweg zu euch und ich finde es besser, mit dir alleine daran zu arbeiten.

Einleitung zum Konsens:
- **Schüler*in B:** Und wie kommen wir jetzt zusammen?

Lösungsoptionen:
- **Schüler*in A:** Stimmt, es ist vielleicht viel cooler, wenn nur wir beide das Referat erarbeiten.
- **Schüler*in B:** Ok, dann lernen wir vielleicht auch noch mehr dabei!

Vereinbarung:
- **Schüler*in A:** Super, dass wir uns einig geworden sind. Wollen wir morgen nach dem Unterricht gleich anfangen?
- **Schüler*in B:** Ja, das können wir so machen. Prima, ich freu' mich.

Auswertung mit der Klasse: Wie fandet ihr diese Form des Verhandelns? Konnte sich jede Seite gleichberechtigt einbringen? Was braucht es, dass jeder seine Vorstellungen ohne Bedenken äußern kann? Wie wäre wohl die nichtmediative Version ausgegangen?

Übung: Dreierübung mit Beobachter*in und anschließender Reflexion ggf. Rollentausch. Übungskarte vorbereiten:
- Verhandlungsanlässe vorschlagen, z. B. unterschiedliche Projektorganisationen, Rollenübernahme bei Partner- und Gruppenarbeiten
- Leitfaden zur mediativen Verhandlung: jeweilige Vorgehensweisen verdeutlichen – Hintergründe klären – Einleitung zum Konsens – Lösungsoptionen – Vereinbarung

Reflexion und ggf. Input: Auswertung mit dem Ziel der Erkenntnis, dass diese Form der gleichberechtigten Verhandlung zu einer einvernehmlichen und produktiven Arbeitsweise führt. Zurückhaltende Schüler*innen haben hier die Möglichkeit, sich ohne Bedenken einzubringen und ihre Fähigkeiten zu entfalten.

4 MEDIATIVES KLASSENMANAGEMENT ETABLIEREN

Schulhaus mit Bausteinen zur mediativen Schulkultur

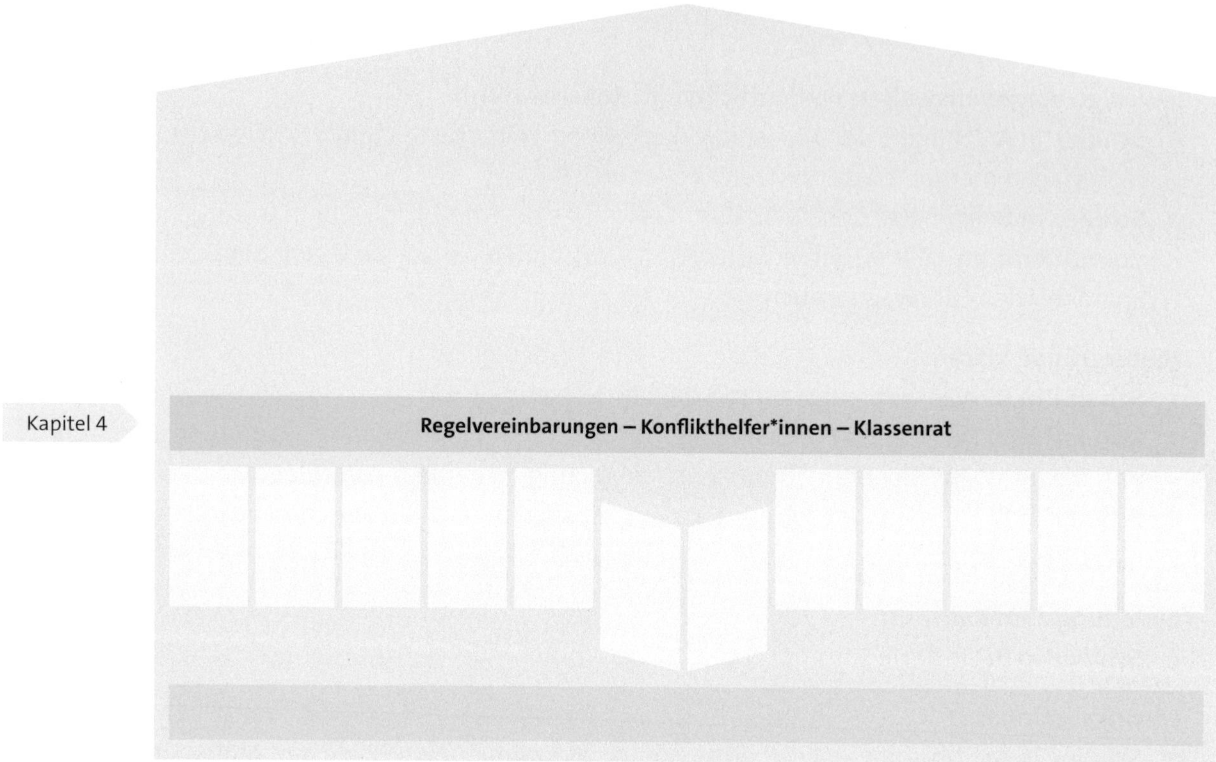

4.1 Regelvereinbarungen und Konsequenzen gemeinsam treffen und verabreden

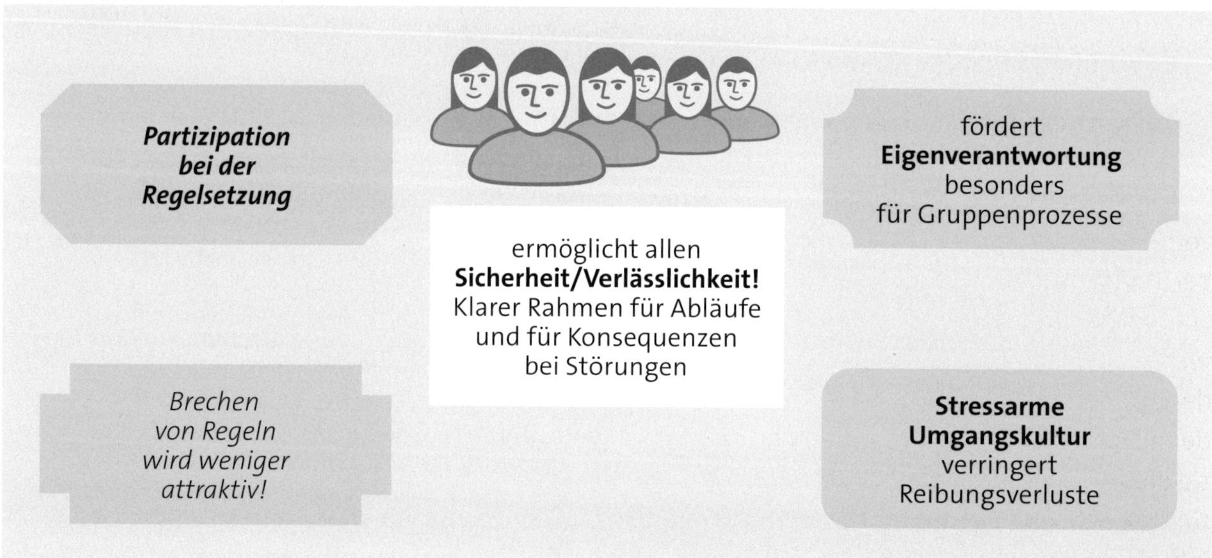

Neben der Einübung mediativer Kommunikationshaltungen für den Alltag (wie in Kapitel 3 beschrieben) gehören zu einer mediativen Klassenkultur von Anfang an klare, gemeinsam getroffene Regelvereinbarungen. Sie sind und bleiben die Grundlage für ein erfolgreiches Klassenmanagement (vgl. Haag/Streber 2012, Eichhorn 2008). Diese Regeln verstehen wir nicht als Einengungen oder vorgegebene unverrückbare Regularien, sondern als im Konsens gefundene Orientierungen, die allen zusammen Verlässlichkeit und Sicherheit im täglichen Umgang vermitteln. Voraussetzung dafür ist allerdings eine altersgerechte Beteiligung an der Regelfindung und eine gemeinsame Bindung daran, die die verantwortlichen Lehrer*innen immer wieder konsequent und zugleich wertschätzend durchsetzen sollten.

Eine gemeinsame Regelvereinbarung empfehlen wir in einer mediativen, also partizipativen Struktur gleich zu Beginn einer Klassenübernahme. Unsere Erfahrung hat gezeigt, dass es zwar anfangs zeitaufwändig und manchmal auch etwas zäh ist, diesen Prozess durchzuhalten und auszudiskutieren. Werden aber alle mit hineingenommen und stimmen schließlich dem ausverhandelten Ergebnis zu, tragen diese Regelungen oft wie selbstverständlich über einen langen Zeitraum und erlauben ein sehr produktives Miteinander. Folgende Ablaufstruktur hat sich dabei bewährt:

Regelvereinbarungen mit der Klasse treffen

1. Befragen der Schüler*innen nach Wünschen für eine gute Klassengemeinschaft
Kartenabfrage in Kleingruppen unter folgenden Fragestellungen, Sammeln und Vorstellen der zentralen Wünsche jeder Gruppe:

- Welche Regeln sollen für alle gelten?
- Welche Prinzipien, welche Werte sind euch besonders wichtig?
- Was sollte auf keinen Fall bei uns passieren?
- Welche Konsequenzen könnten auf einen Regelverstoß folgen?

2. Ordnen und Diskutieren der genannten Wünsche
Clustern nach Gruppen mit Austausch über wichtigste Prinzipien und Regeln

3. Entscheiden – Konsens finden
Abstimmen (melden, Klebepunkte) und Ausformulieren der wichtigsten Grundprinzipien, Formulieren verbindlicher Hauptregeln für ein zukünftiges Miteinander, mögliche Sanktionen oder Wiedergutmachungen festlegen, mögliche Belohnungen besprechen und vereinbaren

4. Besiegeln – Laufzeit – Änderungen
Unterschreiben, aushängen, vervielfältigen, u. U. die Eltern informieren, würdigen, über Laufzeit einigen, Überprüfung im Klassenrat? Änderungsanträge?

Dieser partizipativ-demokratische Prozess der Regelfindung macht Ihren Schüler*innen von vornherein deutlich, dass sie ein aktiver Teil ihrer Klassengemeinschaft sind, der mitwirken kann, aber bei Missachtungen auch zur Verantwortung gezogen wird. Nach unseren Erfahrungen bindet ein solcher Prozess der Mitgestaltung die Kinder und Jugendlichen viel stärker an ihre eigenen Regeln, als wenn diese von oben gesetzt und normativ vorgegeben sind, was eine gewisse Lust an Rebellion fördert. Mit dem mediativen Prozess der Regelvereinbarung erhöht sich dagegen die Wahrscheinlichkeit der allgemeinen Akzeptanz und Identifikation mit dem Regelwerk, sodass sie sich im Alltag gegenseitig daran erinnern und sich Ihre Interventionen reduzieren. Das verhindert unnötige Reibungsverluste für Ihre Schüler*innen und für Sie selbst, reduziert also Stressbelastungen über das gesamte Schuljahr hinweg.

4.2 Mit Regeln konsequent umgehen

Dieser mediative Prozess der gemeinsamen Regelfindung ist allerdings für sich allein noch kein Garant für ein funktionierendes Klassen- bzw. Beziehungsmanagement. Beide stehen und fallen mit dem Vorbild und der Konsequenz der Lehrkraft, die für diese Regeln einsteht und sie konsequent einfordert. Sie definiert sich dabei darüber, wie sie handelt, nicht wie sie redet. Wenn das „Nein" einer Lehrkraft unterwandert werden kann, wird dieses schwach und verliert somit enorm an Bedeutung (vgl. Eichhorn 2008).

Konsequentes Einfordern:
- Überprüfen der Regeleinhaltung
- Bei Übertreten sofort Konsequenz
- Akzeptanz der Person
- Chance zur Umkehr

Vorbild für Regelung entscheidend:
- Dezent, individuell, unmittelbar
- Diskussionen vermeidend
- Bei Provokation Regelung einzeln danach

Regelübertretungen aussprechen:

Schüler ruft bei Wortmeldung rein:
„Der Depp schon wieder!"

SEPA

S = Stoppen
„Stopp, Erik, das ist nicht in Ordnung!"

E = Erwartung
„Ich erwarte von dir, dass du die Regeln einhältst!"

P = Prinzipien
„Mir ist wichtig, dass du die Regeln einhältst!"

A = Absprachen umsetzen
„Wir haben abgesprochen, dass ..."

So steht und fällt das Regelsystem mit:
- dem konsequenten Einfordern bzw. Überprüfen des gewünschten Verhaltens,
- der grundsätzlichen Akzeptanz der Person des Schülers (Sanktionieren nur eines spezifischen Verhaltens in einer speziellen Situation),
- der tatsächlichen Umsetzung und Überprüfung der verabredeten Konsequenz,
- mit der Chance zur Umkehr für den Schüler und dem Bedanken für kooperatives Verhalten.

In einer mediativen Schulkultur unterstützt die Lehrkraft diese Form der Regulierung, indem sie:
- dezent, leise, direkt und unmittelbar reagiert in Bezug auf die spezielle Person (möglichst wenig tangierend für Unbeteiligte),
- sich nicht in Diskussionen verwickeln lässt,
- bei provokanten Äußerungen den entsprechenden Schüler nach der Stunde zum Gespräch bittet.

Unsere Erfahrungen aus Gesprächen mit Schüler*innen im Rahmen von Klassenmediationen machen immer wieder deutlich, dass Schüler*innen ein vorher angekündigtes, konsequentes Verhalten von Lehrer*innen erwarten und ausdrücklich wünschen, weil es klare, sozial regulierende Impulse setzt und zu einem lernförderlichen Klima führt. Zaghaftes und widersprüchliches Verhalten einer Lehrkraft in Verbindung mit Klassenregeln wird nicht nur als schwach angesehen, sondern stürzt die Klasse nicht selten in ein schwieriges, ungeordnetes Miteinander. Ein derartiges Verhalten ruft leicht viele unnötige Störungen und Konflikte hervor, was in der Regel für alle Beteiligten als enorm beeinträchtigend und belastend erlebt wird.

4.3 Regelübertretungen verabredungsgemäß aussprechen

Wie könnte eine mediative sprachliche Reaktion auf eine Unterrichtsstörung gestaltet sein, um diese Konsequenz der Lehrkraft für alle zu verdeutlichen? Und wie könnte das Kind oder der Jugendliche am wahrscheinlichsten zu einer Verhaltensänderung aufgrund von Einsicht bewegt werden, ohne dabei die Beziehung zwischen Lehrkraft und Schüler*in unnötig zu belasten? Hier folgt unser sprachliches Angebot einer **mediativen Reaktionsmöglichkeit (SEPA):**

Schüler Erik ruft bei einer falschen Antwort eines Mitschülers laut in die Klasse: „Der Depp schon wieder!" Mögliche Straßensperren als Antwort für Negativ-Demonstration: „Dir fällt aber auch nur Blödsinn ein!" „Machst du nie Fehler!" – „Du hast es gerade nötig!" – Halt` die Klappe!"

Regelerwartung aussprechen (SEPA)

Ein Mitschüler ruft in die Klasse: „Der Depp schon wieder!"

Stoppen: Stopp, Erik! Das ist nicht in Ordnung! Das klären wir nach der Stunde in einem Gespräch!

Erwartung ausdrücken: Ich erwarte von dir, dass du die Regeln einhältst.

Prinzipien/Werte verdeutlichen: Mir ist wichtig, dass hier Fehler möglich sind / ... dass hier jeder respektvoll behandelt wird.

Absprachen umsetzen: Wir haben abgesprochen/vereinbart, dass ... (Konsequenz benennen)

Nicht immer wird es angemessen sein, alle Impulse in der angebotenen Abfolge und Länge auszusprechen. Die Erfahrungen aus der Praxis zeigen uns, dass gerade zu Beginn das Aufrufen des Namens in Verbindung mit einem klaren Stopp ausgesprochen wirkungsvoll zur schnellen Unterbrechung führt. Einen Verstoß in eine Erwartung umzuformulieren, ist ein eher positiver Impuls zur Veränderung. Daneben halten wir es von Zeit zu Zeit für wichtig, die Werte bzw. Prinzipien gleich mit zu benennen, für die die Lehrkraft und über die abgestimmten Vereinbarungen auch die Klassengemeinschaft steht. Regeln entspringen so einem gemeinschaftlichen Interesse und werden nicht etwa willkürlich von oben gesetzt, also ganz im Sinne der Mediation bzw. demokratischer Wege.

4.4 Konflikthelfer für die Klasse ausbilden

Um die mediative Klassen- und damit spätere Schulkultur von der Basis her zu unterstützen und zu stabilisieren, empfehlen wir, geeignete Konflikthelfer*innen für die Klasse auszubilden. Im Unterschied zu den Schulkonfliktlots*innen agieren diese Konflikthelfer*innen zeitnah und unmittelbar deeskalierend. Allerdings kann ihre Intervention nicht so tiefgreifend und somit eventuell weniger nachhaltig erfolgen, da sie Teil der Klassengemeinschaft sind und damit wahrscheinlich nicht die notwendige allparteiliche Distanz halten können. Wir haben die Erfahrung gemacht, dass ein Team von zwei Konflikthelfer*innen effektiv agieren kann. Bei der Auswahl ist es sinnvoll, je nach Alter und Struktur der Klasse, zu entscheiden, ob sie von den Mitschüler*innen gewählt werden können oder von der Lehrkraft ausgesucht werden sollten. Trotz der Beschränkungen hinsichtlich der Allparteilichkeit wird uns von den Klassenlehrerkräften vor Ort vielfach gespiegelt, dass gerade im Grundschulbereich diese internen Konflikthelfer*innen eine erhebliche Entlastung im Hinblick auf die kleineren Streitereien untereinander sind, und zwar besonders in den nicht so eng beaufsichtigten Zwischenzeiten wie Pausen, Mensazeiten oder Wege in unterschiedliche Fachräume. Das verringert die vielen so nervenden und die Beziehungen unnötig belastenden Ermahnungen in wohltuender Weise.

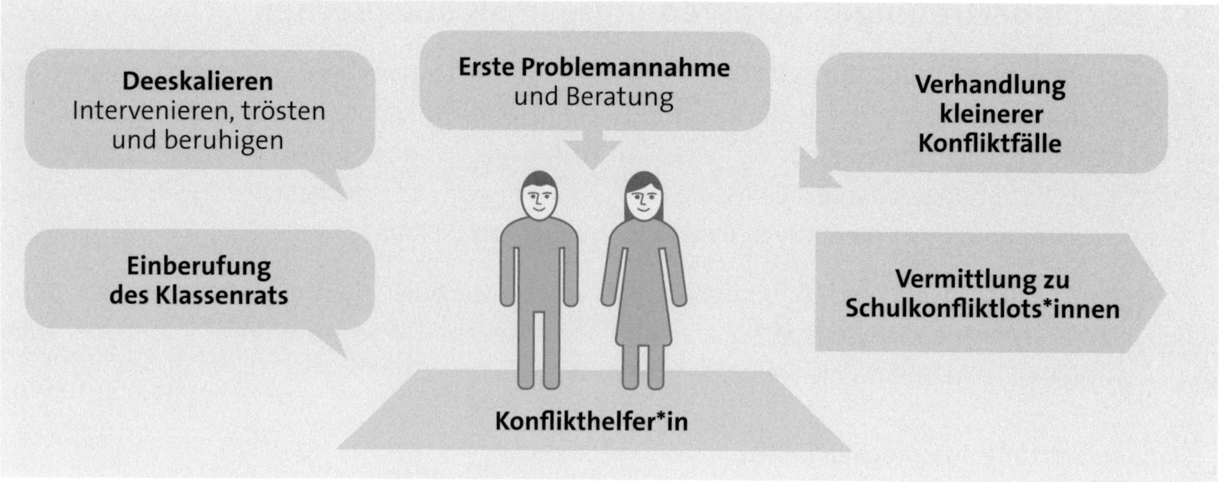

In folgenden Situationen können sie unterstützend eingreifen:

1. Deeskalation (emotionale, verbale Auseinandersetzungen / Beleidigungen stoppen / Beistehen und Stützen)
2. Intervention (leichte körperliche Übergriffe, bei denen sie nicht selber in Gefahr geraten können)
3. Trösten und Beruhigen in Problemsituationen (Dableiben, Trost zusprechen)
4. Verständnis zeigen und unterstützen, ggf. Beratung (ANNA, vgl. Kap. 9.5)
5. Verhandlung kleinerer Konfliktfälle in mediativer Struktur (Achtung! Nur nach vorheriger Nachfrage und beiderseitigem Einverständnis der Konfliktbeteiligten. Wahrung der Allparteilichkeit ist Voraussetzung für den Klärungsprozess.)
6. Vermittlung zu Schulkonfliktlots*innen (wenn Intervention durch ausgebildete Schulkonfliktlots*innen nötig oder gewünscht wird)
7. Einberufung des Klassenrats (z.B. Sammlung der Problempunkte, vgl. Kap. 4.4)

Je nach Gegebenheiten in der Schule besteht die Möglichkeit, die Konflikthelfer*innen von der Lehrkraft selbst, älteren erfahrenen Konfliktlots*innen oder den Schulmediator*innen auszubilden. Der Schulungsumfang sollte etwa vier bis sechs Schulstunden umfassen. Die Kapitelverweise für die Schulungstechniken sind jeweils auf das entsprechende Altersniveau anzupassen.

Das Basisprogramm sollte folgende Schulungselemente enthalten:

- Aktives Zuhören und Spiegeln sowie entschärft spiegeln (siehe Kap. 3.2 und 3.3)
- Deeskalieren, Trösten und Beruhigen, LIBEN (siehe Kap. 3.3)
- mediative Phasenstruktur der Verhandlung (siehe Kap. 8.2)

4.5 Klassenrat regelmäßig strukturiert installieren

Ein wichtiges Element (mancherorts auch ein möglicher Einstieg) der mediativen Klassenkultur ist neben den Basics, Regelvereinbarungen und der Ausbildung von Konflikthelfer*innen die Einrichtung eines Klassenrats. Unsere Erfahrung an den verschiedenen Schultypen ist, dass er das mediative Konfliktmanagementsystem einer Schule gut absichert, wenn er in allen Klassenstufen regelmäßig eingesetzt wird. Hier können nämlich die geübten mediativen Kompetenzen im Gruppenkontext praktisch angewendet werden. Der Klassenrat ist ein wichtiges Lernfeld für demokratisches Handeln, in dem Selbstverantwortung für Klassenangelegenheiten übernommen wird. Dies fördert nicht nur die kommunikative, sondern zugleich auch die soziale Kompetenz und Konfliktlösungsfähigkeit im Team, was das Klassenklima nachhaltig mediativ prägt.

Die Lehrkraft leitet den zu ritualisierenden Prozess zunächst nur an, nimmt sich mit zunehmender Übung und abhängig vom Alter der Schüler*innen zurück und wird zum/zur Teilnehmer*in. Die Lehrkraft hilft nur bei Problemen, die von Schüler*innenseite nicht zu klären sind, und schreitet mit ihrem Vetorecht erst bei Ungerechtigkeiten, bei Regelverstößen und Prozessablaufschwierigkeiten ein. Viele Kolleg*innen empfinden gerade diese Rolle als überwiegend gleichberechtigtes Gruppenmitglied, und mal nicht in der Hauptverantwortung, als recht erholsam. Sie können zudem aus dieser Position ihre Schüler*innen in ihren Aktionen einmal ganz anders und vielfach intensiver beobachten.

Der Klassenrat sollte verlässlich etwa wöchentlich für die Dauer von etwa 20 bis 45 Minuten je nach Alter stattfinden, wobei alle Schüler*innen mit wechselnden Aufgaben beteiligt sein sollten. Neben Konfliktklärungen können auch allgemeine Themen verhandelt werden wie Klassenfeste oder Unterrichtsprojekte. Wichtig und an erster Stelle des Klassenrats sollte eine Ermutigungsrunde stehen, in der Fortschritte und positive Ereignisse miteinander geteilt werden.

Konzeptioneller Ablauf des Klassenrats

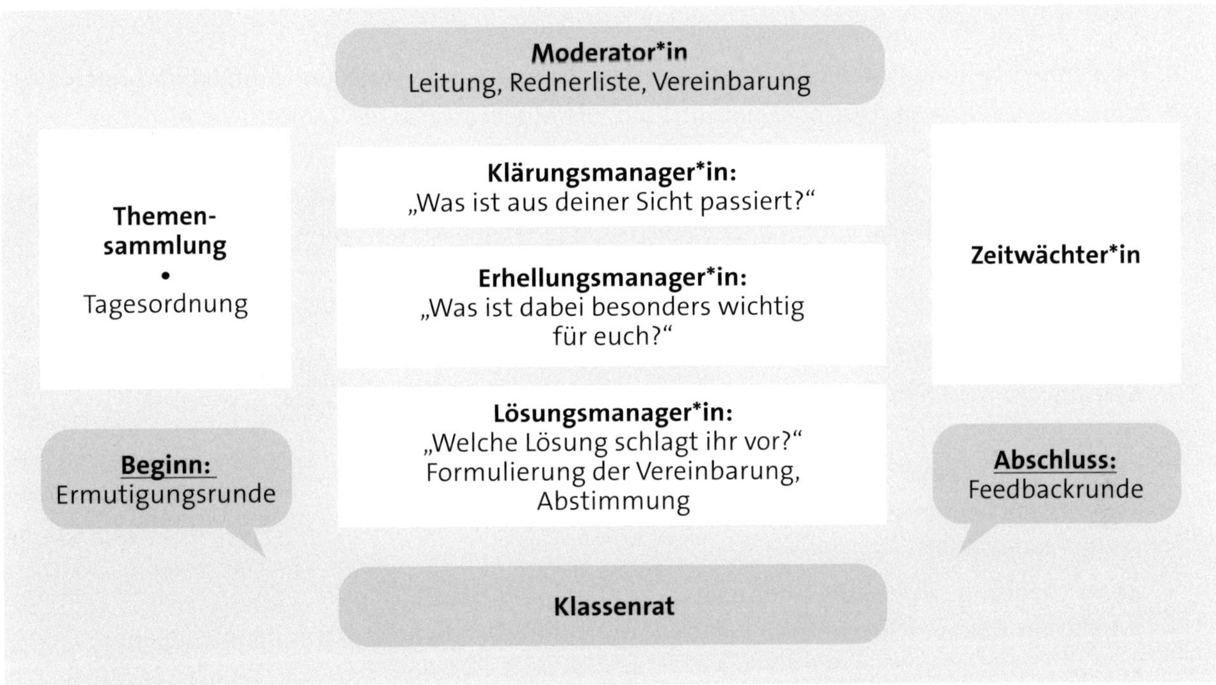

Zur Durchführung eines Klassenrats gehören unseres Erachtens folgende unterstützende Ämter (idealerweise sollten alle Schüler*innen der Klasse daran beteiligt werden), die in regelmäßigen Abständen neu besetzt werden sollten:

- Moderator*in
- Zeitwächter*in
- Klärungsmanager*in
- Erhellungsmanager*in
- Lösungsmanager*in

Es empfiehlt sich, diese Ämter am Ende des jeweiligen Klassenrats für die kommende Sitzung neu zu bestimmen (ggf. wählen oder auslosen). So kann **der/die Moderator*in** in der Zwischenzeit Themen sammeln (z. B. spezielle Box, Klassenratsbuch, persönliches Einreichen), die grundsätzlich respektvoll und nicht anonym formuliert werden sollten. Auf dieser Grundlage erstellt er die mögliche Tagesordnung für die nächste Sitzung. Folgenden **Ablauf** schlagen wir Ihnen vor:

Vorbereitung:
Das Klassenratsteam erstellt abgesprochene Sitzordnung und legt notwendige Materialien bereit (Flipchart, Rednerliste, Schreibutensilien, Sprechstein, Uhr/Wecker, Themenbox bzw. Klassenratsbuch).

1. Einleitung:
- mit Vorstellung der Ämter

2. Ermutigungsrunde:
- Sprechstein wird in der Runde herumgereicht.
- Sprecher*in benennt positives Ereignis bzw. Beobachtung aus der letzten Zeit (nur kurzer Impuls, z. B. ein Satz).

3. Themenvorstellung und Entscheidung über Tagesordnung:
- **Moderator*in** verliest die anliegenden Themen und ermittelt Prioritäten per Abstimmung (ggf. visualisieren), beim Patt entscheidet **der/die Moderator*in** über die Reihenfolge.
- Die Besprechung eines Themas in diesem Gremium kann durch Votum der Beteiligten („rote Karte") ausgesetzt und zunächst auf ein gewünschtes anderes Setting verschoben werden.

4. Themenbearbeitung (Unterscheidung zwischen allgemeinen Themen und Konfliktklärungen):
- Während der Themenbearbeitung führt **der/die Moderator*in** die Rednerliste, erteilt jeweils das Wort (ggf. auch Beiträge aus dem Plenum) und sucht bei Gruppenproblemen ggf. Sprecher*in für die Parteien.
- **Der/die Zeitwächter*in** kontrolliert die Redezeit (z. B. eine Minute pro Sprecher*in).
- **Klärungsmanager***in liest Anliegen im Original vor:
  allgemeine Themen: „Welche Vorschläge (Vorstellungen) habt ihr dazu?"
  Konfliktklärung: „Was ist das Problem?", „Was ist aus eurer Sicht passiert?"
- **Klärungsmanager*in** sammelt Antworten, strukturiert (visualisiert), fasst zusammen und spiegelt die Kernpunkte.
- **Erhellungsmanager*in** übernimmt weitere Diskussion:
  allgemeine Themen: „Was ist dabei besonders wichtig für euch?", „Welchen Wunsch verbindet ihr damit?"
  Konfliktklärung: „Wie sehr hat es euch betroffen?", „Wie habt ihr euch gefühlt?"
- **Erhellungsmanager*in** sammelt Antworten, strukturiert, fasst zusammen und spiegelt die Kernpunkte weich.
- **Lösungsmanager*in** leitet Lösungssuche ein:
  allgemeine Themen: „Was schlagt ihr auf dieser Grundlage für Lösungen vor?"
  Konfliktklärung: „Was wünscht ihr euch, was bietet ihr an?"
- **Lösungsmanager*in** sammelt Lösungsvorschläge und Angebote (ggf. auch aus dem Plenum), visualisiert und leitet abschließende Diskussion an.
- **Lösungsmanager*in** formuliert Vereinbarung und leitet abschließende Abstimmung ein („Seid ihr damit einverstanden?").
- **Moderator*in** hält die Formulierung der Vereinbarung ggf. mit Laufzeit schriftlich fest und verliest sie zum Abschluss (Aufbewahrung im Klassenratsbuch o. ä.).
- **Moderator*in** bedankt sich bei allen und wünscht den Beteiligten viel Erfolg.
  Eröffnet ggf. eine neue Runde mit dem nächsten Thema.

5. Feedbackrunde:
Abschlussrunde mit Sprechstein und kurzem Feedback aller Schüler*innen zur Sitzung.

5 ELTERNGESPRÄCHE KOOPERATIV FÜHREN

Schulhaus mit Bausteinen zur mediativen Schulkultur

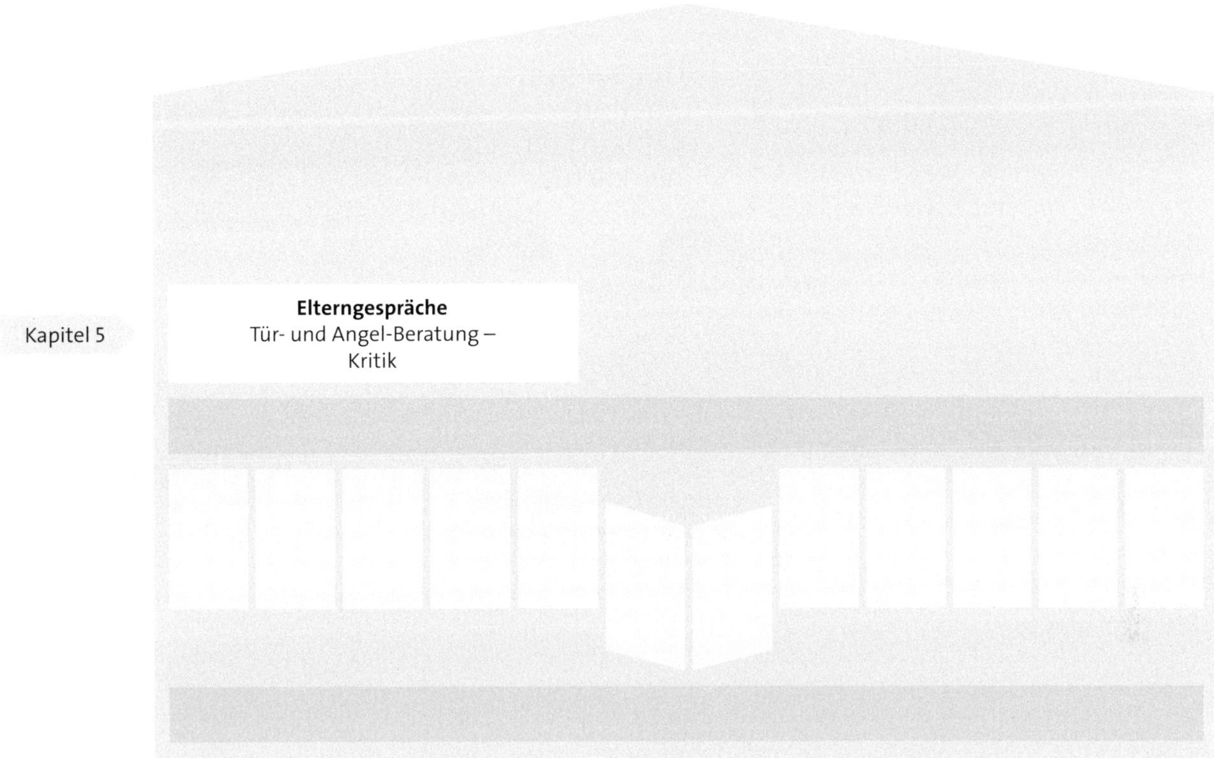

In den vorigen Kapiteln haben Sie möglicherweise über mediative Beratungen in Schülereinzelgesprächen (Kap. 2), über die Durchführung der kommunikativ-mediativen Übungen für Ihre Klasse (Kap. 3) sowie weitere unterstützende Elemente in Ihrer Klassenstruktur wie den Klassenrat oder Konflikthelfer (Kap. 4) schon interessante Erfahrungen sammeln können.

Wir möchten im folgenden Kapitel nun Ihr persönliches mediatives Repertoire für weitere anspruchsvolle und nicht immer unproblematische Gespräche Ihres pädagogischen Umfeldes mit Erwachsenen erweitern, und zwar für Elternberatungen (Kap. 5) und Kollegengespräche (Kap. 6). Dabei haben wir uns an den praktischen Gesprächsanforderungen Ihres Alltags orientiert, diese beispielhaft vorformuliert, um Ihnen eine Orientierung und die nötige Sicherheit für Ihre Praxis mitzugeben. Denn im Rahmen unserer Seminare konnten wir immer wieder die Erfahrung machen, dass die meisten Teilnehmenden in ihren Studien- bzw. Referendarausbildungen auf derartige, besonders ihre Lehrkraft herausfordernde Gesprächssituationen nur unzureichend vorbereitet waren. Deshalb möchten wir Ihnen nach einer kurzen Beschreibung der Ausgangssituation (Kap. 5.1) zuerst mediativ-wertschätzende Hilfen für Zwischendurch-Regelungen anbieten (Kap. 5.2), danach Gesprächsleitfäden für umfangreichere Beratungsanlässe (Kap. 5.3) und zum Abschluss die mediative Selbstvertretung für den Umgang mit Elternkritik (Kap. 5.4 und 5.5).

5.1 Vorbehalte und Entlastungen im Dialog mit Eltern bedenken

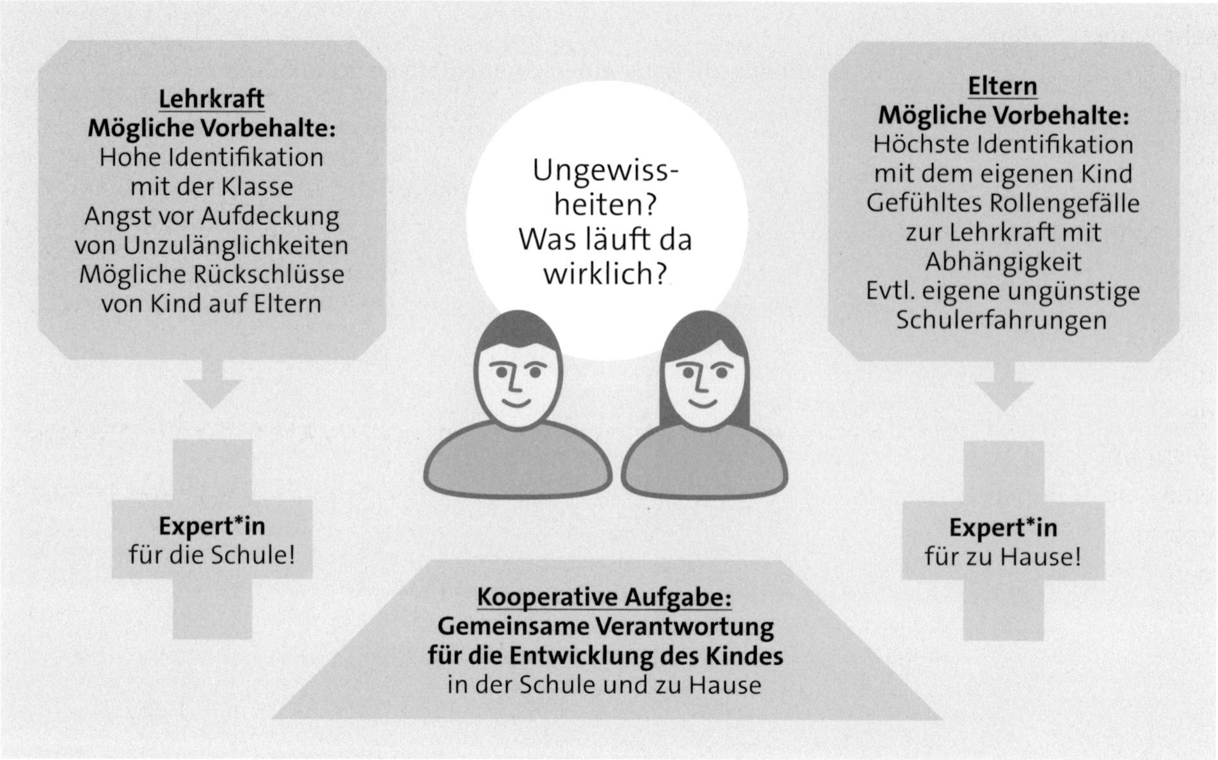

Heute stehen wir einer engagierten Elterngeneration gegenüber, die ihre Kinder individuell und möglichst optimal fördern möchte und damit hohe Ansprüche an Schule und Erziehung stellt. Das wirkt sich vielfach positiv auf die gemeinsam getragene Bildung der Kinder und auf Schulprojekte aus, die ohne Unterstützung der Eltern gar nicht möglich wären. Die heutigen Lebensumstände der Familie führen dazu, dass Erziehung stärker als früher mit recht hohen Erwartungen an die Schule delegiert wird. So haben gerade in dieser Zeit gut vorbereitete, offene und lösungsorientierte Dialoge zwischen Pädagog*innen und Eltern eine große Bedeutung für die Bildung der Kinder.

Deshalb ist es so wichtig, die möglichen Vorbehalte von vornherein im Auge zu behalten, aber auch die Chancen über eine angenehme Gesprächskultur, passende Abläufe und die Verabredung von voranbringenden Lösungen voll zu nutzen.

Zu den Vorbehalten auf beiden Seiten zählt unbedingt, dass sie mit den Gesprächsinhalten und -zielen jeweils hoch identifiziert sind (die Eltern mit ihrem Kind, die Lehrkräfte mit ihrer Klasse und ihrem Unterricht), sodass die Angst vor Aufdeckung von Unzulänglichkeiten in den Dialogen mitschwingen kann („Angst vor der Wahrheit"). Werden die Gespräche also nicht auf Augenhöhe geführt, kann es schnell zu Empfindlichkeiten und Projektionen kommen (z. B. unangemessene Kritik, Rechtfertigungen). Hinzu kommen gegenseitige Ungewissheiten einerseits gegenüber der tatsächlich bestehenden Familiensituation, andererseits gegenüber den realen Bedingungen und Möglichkeiten von Schule/Unterricht/Leistungsnachweisen, die schnell zu Fehlinterpretationen führen können. Hier braucht es sicher eine vertrauensvolle Atmosphäre und einen kontinuierlichen und rechtzeitigen Austausch, um diese gegenseitigen Unsicherheiten zu klären und jeweils auszuräumen.

Aber nicht nur Ungewissheiten können diese Gespräche belasten, sondern auch das manchmal von Elternseite empfundene Rollengefälle mit entsprechender Abhängigkeit (Kind ist von Beurteilung des Lehrers abhängig, Lehrer = Besserwisser) könnte ein Problem sein, das einen offenen Austausch und damit die pädagogisch wichtige Arbeit am Kind behindern könnte. Nicht selten spielen auch ungünstige Erfahrungen der Eltern aus der eigenen Schulzeit mit in die Gespräche hinein, die oft tief verankert und nicht immer bewusst sind. Häufig ergeben sich weitere Vorbehalte von Elternseite bei sehr jungen Pädagog*innen. Hier wird ggf. vorschnell die pädagogische Kompetenz mangels beruflicher Erfahrung bzw. wegen der fehlenden eigenen Elternschaft angezweifelt, was wiederum zu Verunsicherung und Selbstkritik bei jungen Pädagog*innen führen könnte. Aber auch von der Seite der Lehrkräfte her ist es möglich, dass die Eltern auf Vorurteile treffen, wenn von den Schwierigkeiten mit dem betreffenden Kind auf die Unzulänglichkeiten der Eltern rückgeschlossen wird (nach dem Motto: Der Apfel fällt nicht weit vom Stamm!).

Um den möglicherweise unbewusst wirkenden Vorbehalten vorzubeugen, braucht es zu einem gelungenen Dialog die grundsätzliche Achtung beider Seiten als Experten für ihren Bereich, die Eltern für die häusliche, die Pädagog*innen für die schulische Erziehungsverantwortung. Zudem sollten beide Seiten ihre Zusammenarbeit als eine kooperative Aufgabe am Kind betrachten mit individuell abgestimmten Zielen und Verhaltensweisen, die das Kind jeweils voranbringen. Dabei geht es nicht um eine Problembehebung oder gar Störungsanalyse, sondern um kleinschrittige Förder- oder Lernaufgaben, an denen beide Seiten gemeinsam arbeiten und wobei sie sich gegenseitig unterstützen. So können in den an vielen Schulen oft regelmäßig vereinbarten Entwicklungsgesprächen (siehe 5.3.3) wieder neue Ziele verabredet und gemeinsame Fortschritte mit entsprechenden Ausblicken ausgetauscht werden.

Folgende weitere Ideen zu Elternkontakten können das Verhältnis von vornherein unterstützen und dies entspannt und konstruktiv gestalten:

- Vorstellungsbrief vor Klassenübernahme mit Prinzipien: gemeinsame Aufgabe betonen (Offenheit, Transparenz), Interesse an jedem Kind bekunden, Ziele für die Klasse nennen, gegenseitiges Positives mitteilen und rechtzeitig über Probleme mit den entsprechenden Lösungsmöglichkeiten (Sprechstunde, Mailkontakt) austauschen
- Regelmäßiger Elternbrief über Ereignisse der Klasse per Mail
- Mitteilungsheft einführen (oder Mail): besondere Fortschritte (Lob) eintragen oder mitteilen, z. B. für soziale Einsätze für die Klasse
- (Halb-)Jährliche Grundlagengespräche mit Eltern und Kind gemeinsam: konkrete Bildungs- und Erziehungsziele vereinbaren
- Informationsblöcke zu Erziehungsthemen im Rahmen von Elternabenden mit Diskussionsmöglichkeit anbieten

5.2 Tür-und-Angel-Situationen mit Eltern souverän meistern

In der oft dicht getakteten Zeit in der Schule, in der aktuelle Ereignisse und Überraschungen an der Tagesordnung sind (Konflikte unter Schülern, kleine Unfälle, Veränderungen durch Vertretungsstunden), sind Elternkontakte zwischen Tür und Angel nicht gerade einfach zu handhaben. Neben dem Zeitdruck verläuft der Kontakt selten störungsfrei und ist dazu manchmal noch emotionsgeladen. Das sind äußerst ungünstige Bedingungen für ein zielführendes und befriedigendes Gespräch. Deshalb empfehlen wir Ihnen bei wichtigen Themen die wertschätzende Kurzannahme WWM, die die Aussprache auf ein ungestörtes, größeres Zeitfenster für beide Seiten vertagt (5.2.1). Bei emotional besonders eingefärbten kommunikativen Äußerungen von Elternseite empfiehlt sich u. U. die einleitende Deeskalationstechnik LIBEN vorzuschalten, um das Gespräch überhaupt konstruktiv beginnen zu können (vgl. Kap. 3.3 entsprechend für Schüler*innen). Um beleidigende Übergriffe abzuwehren, empfehlen wir die Technik SOS, die in Kapitel 5.2.2 beschrieben wird (vgl. entsprechend für Schüler*innen in Kap. 3.9).

„Ich muss Sie unbedingt mal kurz sprechen. Das geht so nicht mehr weiter ...“	*„Was läuft hier eigentlich schief bei Ihnen? Sie geben zu viele Hausaufgaben auf!“*	*„Typisch Lehrerin! Sie haben wohl Ihr Examen im Lotto gewonnen!“*
WWM **Kurze Problemannahme** **W** eiches Spiegeln von Betroffenheit und Wunsch **W** erte benennen **M** öglichkeiten anbieten „Danke für Ihr Verständnis!“	**LIBEN** **Deeskalieren bei Gefühlsausbrüchen** **L** oben des Mittlers **I** nteresse zeigen **B** edürfnisse und Gefühle aufnehmen **E** inräumen von Problemen **N** achfragen und spezifizieren	**SOS** **Abstoppen von Übergriffen** **S** topp! Metaebene aufsuchen! Namen aussprechen! **O** ffen Betroffenheit und Bedürfnis benennen! **S** chlussfolgerung anschließen!

5.2.1 Wertschätzend kurze Problemannahme gestalten

Lassen Sie uns mit einem typischen, konkreten Beispiel aus dem Schulalltag einsteigen. Ein aufgeregtes, beunruhigtes Elternteil fängt Sie direkt vor der Klassentür ab, hinter der bereits Ihre Klasse auf Sie wartet (die ggf. sogar schon unruhig wird), und zwar mit folgendem Anliegen: „Ich muss Sie unbedingt mal kurz sprechen. Mein Sohn wird ständig geärgert und immer wieder ausgegrenzt. Das geht so nicht mehr weiter.“

Wenn Sie **nichtmediativ** antworten, sagen Sie vielleicht: „Jetzt nicht, Sie sehen doch, dass ich keine Zeit habe. Und überhaupt ist das Problem mit Ihrem Sohn nur halb so schlimm. Jetzt beruhigen Sie sich erst mal, ich muss jetzt in die Klasse!“

Wir empfehlen Ihnen als mögliche Antwort folgende **mediative** Formulierung:

Wertschätzende kurze Problemannahme (WWM)

Elternproblem: „Mein Sohn wird ständig geärgert und ausgegrenzt.“

W eiches Spiegeln von Betroffenheit und Wunsch: Gut, dass Sie damit zu mir kommen. Sie sind beunruhigt, wünschen sich Klärung.

W erte benennen: Mir ist wichtig, dass Ihr Sohn in der Klasse respektvoll behandelt wird, sich wohlfühlt und gut lernen kann.

M öglichkeit anbieten: Da ich Unterricht habe, kann ich das jetzt leider nicht in Ruhe mit Ihnen besprechen, was ich jedoch sehr gern möchte. Heute nach der Mittagspause hätte ich Zeit. Ist das okay für Sie? – Danke für Ihr Verständnis.

Mit dieser mediativen Kurzannahme, die die Betroffenheit und Wünsche der Elternseite wertschätzend annimmt, schaffen Sie mit Ihrem Angebot des Vertagens die gute Möglichkeit, in der verabredeten, ruhigeren Gesprächssituation gemeinsam tragfähige Lösungen für das anstehende pädagogische Thema zu erarbeiten. Das ist zwischen Tür und Angel unter Druck sehr viel schwieriger. Sie ersparen sich also über das Vertagen mögliche Stresspotenziale bzw. sogar Fehlentscheidungen und können so noch rechtzeitig Ihrer eigentlichen Unterrichtsaufgabe nachkommen.

Es bleibt natürlich jeweils vor dem Hintergrund Ihrer konkreten Situation und der Dimension des Problems abzuwägen, ob das angesprochene Thema möglicherweise doch kurz zu regeln oder ob eine gründlichere Aussprache nötig ist. Aber gerade hier bestätigen unsere Seminarteilnehmer*innen unsere häufige Erfahrung, dass sich oft der Aufwand eines längeren Gesprächs lohnt, da scheinbar vordergründige Anlässe vielfach tiefere Ursachen haben, die in der Kürze der Zeit nicht komplett erfassbar und damit nachhaltig zu regeln sind.

5.2.2 Mit emotionalen Angriffen professionell-distanziert umgehen

Mit der kurzen Problemannahme (WWM) ist es bereits über das Aufnehmen der Gefühle möglich, Ihr Eltern-Gegenüber ein Stück weit zu beruhigen. Aber gar nicht so selten gibt es problematische Anlässe im pädagogischen Alltag, die für Eltern zumindest im ersten Moment aus deren Perspektive emotional sehr aufregend sind, weil ihr Fürsorge- oder Beschützerinstinkt anspringt. Da kann es schon mal zu stärkeren Gefühlsausbrüchen kommen, die zunächst ein konstruktives Gespräch über die Situation nicht gleich zulassen. Hier empfehlen wir Ihnen unsere Deeskalationstechnik **LIBEN.**

Verbinden wir es mit folgendem Beispiel: Am Elternsprechtag überfällt Sie eine sehr erregte Mutter mit folgendem Vorwurf: „Sie geben viel zu viele Hausaufgaben auf. Wenn ich abends nach Hause komme, sitzt mein Sohn noch immer verzweifelt an Ihren Aufgaben. So kann das keinesfalls weitergehen."

Deeskalieren bei Gefühlsausbrüchen (LIBEN)

Elternvorwurf: „Sie geben viel zu viele Hausaufgaben auf!"

L oben des Mitteilers: Gut, dass Sie mit Ihrem Anliegen zu mir kommen.
I nteresse zeigen: Es ist wichtig für mich zu wissen, dass Ihr Sohn mit den Hausaufgaben zurzeit Schwierigkeiten hat.
B edürfnisse und Gefühle aufnehmen (Betroffenheit): Sie sind beunruhigt, weil Sie beobachten, dass Ihr Sohn mit den Aufgaben überfordert ist. Sie wünschen sich eine Klärung und dass sich schnell etwas ändert, sodass ihr Sohn entlastet wird.
E inräumen von Schwierigkeiten: Wir hatten tatsächlich in der letzten Zeit viel Unterrichtsstoff nachzuholen, was sich teilweise auf die Hausaufgaben ausgewirkt hat.
N achfragen und Spezifizieren: Wie genau äußert sich Ihr Sohn dazu?

Mögliche differenzierte ergänzende Auskunft: Mir ist es auch wichtig, dass Ihr Sohn die Hausaufgaben gut bewältigen kann und sich nicht überfordert fühlt. Den Stoff haben wir jetzt aufgeholt, sodass sich die Hausaufgabenmenge wieder normalisieren wird. Sollten Sie in der nächsten Zeit dennoch beobachten, dass Ihr Sohn weiterhin Probleme beim Bewältigen der Aufgaben hat, dann bitte ich Sie, mich zu kontaktieren. Können wir so verbleiben?

Mit Hilfe dieser Deeskalationstechnik haben Sie eine sehr gute professionelle kommunikative Möglichkeit, die emotionale Betroffenheit des Elternteils respektvoll aufzunehmen und die Aufregung sofort zu reduzieren. Damit schaffen Sie von Anfang an eine sinnvolle Basis für ein konstruktives Gespräch. Denn hochemotionale Gegenüber sind vornehmlich in ihren negativen Gefühlen gefangen und können wegen ihres aktuellen Stresspegels (Tunnelblick) ohne anfängliche Deeskalation Argumente der anderen Partei nicht ungefärbt aufnehmen. Das ist jedoch nötig, möchten Sie die Situation mit dem Elternteil aktuell klären, die Beziehung nicht beeinträchtigen und den Schüler optimal fördern.

Sollten in Ausnahmefällen zu der starken emotionalen Erregung des Elternteils noch ein respektloser Ton und vielleicht sogar beleidigende Äußerungen hinzukommen, halten wir es für angebracht, das Gespräch über unsere **Stopptechnik (SOS)** an dieser Stelle sofort und bestimmt zu unterbrechen. Denn unabhängig davon, wie die Situation sich gestaltet, steht es keinem Gesprächspartner zu, Sie in unhöflich beleidigender Weise anzusprechen. Die Mediation, die die grundlegende Würde eines jeden Menschen in den Mittelpunkt stellt, tritt in diesen Fällen dafür ein, dass Sie diesen Grundrespekt einfordern, gerade auch vor dem Hintergrund Ihrer eigenen Selbstachtung und Professionalität.

Folgende Äußerung eines Elternteils Ihnen gegenüber legt für uns die Stopptechnik nahe: „Typisch Lehrer! Unmöglich, wie das bei Ihnen läuft! Sie haben wohl Ihr Examen im Lotto gewonnen!"

Stoppen von Übergriffen (SOS)

Elternangriff: „Sie haben wohl Ihr Examen im Lotto gewonnen!"

S topp! Metaebene aufsuchen! Namen aussprechen: Stopp, Herr Müller! Auf dieser Ebene spreche ich mit Ihnen nicht weiter, weil es so keine sachliche Klärung geben kann.

O ffen Betroffenheit und Bedürfnis benennen: Ich brauche Höflichkeit und Respekt von Ihnen.

S chlussfolgerung anschließen: Ich bitte Sie, auf eine höfliche und respektvolle Ebene zurückzukehren. Dann bin ich gern bereit, weiter an einer Klärung des Problems zu arbeiten. Ansonsten würde ich das Gespräch hier unter den Bedingungen beenden.

Da Ihnen aufgeregte Menschen meist in einem sehr lauten und aggressiven Tonfall entgegentreten, ist es von Ihrer Seite her legitim und nötig, ebenfalls sehr bestimmt, relativ laut und körpersprachlich mit einer unterbrechenden und Distanz schaffenden Handbewegung in Richtung Ihres Gegenübers mit SOS zu reagieren. Nennen Sie beim ersten Impuls unbedingt den Namen, falls Sie ihn kennen, da das die Aufmerksamkeit Ihrer im Stress befindlichen Gegenpartei erst wachruft. Nach dem Benennen Ihrer Voraussetzungen für ein konstruktives Gespräch können Sie je nach Ihrer momentanen eigenen Betroffenheit entscheiden, ob Sie es überhaupt und unter welchen Bedingungen noch fortsetzen möchten.

Je nach Ihrer Verfassung und den speziellen Umständen der Situation ist es Ihnen natürlich jeweils selbst vorbehalten, ob Sie mit der Deeskalationstechnik LIBEN reagieren möchten oder lieber gleich mit der Stopptechnik SOS. Da hat jeder Mensch sicher seine berechtigten Grenzen, wann bestimmte Begegnungen bzw. Äußerungen für ihn selbst zu stark unter die Gürtellinie gehen.

In den Diskussionen in unseren Seminaren äußern Kollegen manchmal Vorbehalte, derart klar durch eine Unterbrechung des Gegenübers mit SOS bei Übergriffen zu antworten. Wir glauben, dass die Werte der Mediation, also ein respektvolles Miteinander auf Augenhöhe, nur dann gewährleistet ist, wenn jede Seite dies klar und deutlich einfordert, ohne den anderen zu beschuldigen oder zu beleidigen. Höflichen Respekt für sich selbst zu verlangen ist für uns damit eine gesunde Form der Selbstachtung, die Sie sich selbst Wert sein sollten.

5.2.3 Metaebene mit Selbstinstruktionen aufsuchen

Vielleicht haben Sie sich bei der Schilderung der ausgeführten Kurzannahme (WWM) und der Deeskalation mit LIBEN bzw. SOS bereits gefragt, ob Sie in so einer emotionalen Situation, in der Sie als Person angegriffen werden, überhaupt in der Lage gewesen wären, diese Techniken entsprechend einzusetzen. Wäre der innere Druck bzw. der Impuls, sich ebenso aufgebracht zu wehren, nicht zu stark gewesen? Sicher wäre es menschlich verständlich, wenn Sie impulsiv auf diese Art antworten würden. Aber wäre das professionell zielführend, langfristig voranbringend oder befriedigend für Sie selbst? Wahrscheinlich eher nicht. Denn eine ebenso aggressive Reaktionsweise befördert nicht selten eine noch emotionalere Antwort und bewirkt damit eine weitere Eskalation mit möglichen Spannungen für die Beziehungen untereinander. Brächte eine Gegenwehr auch kurzzeitige Erleichterung, könnten Sie diese im Nachhinein bedauern, weil das nachträgliche Geraderücken unnötige, zusätzliche Energien kosten würde. Deshalb empfehlen wir gleich eine professionelle Reaktionsweise der Deeskalation (WWM, LIBEN, SOS) und bieten Ihnen zur Stärkung dafür Schritte der Selbstberuhigung/ Selbstempathie (die 4 Is) an, die eine innere Distanz über eine eingeübte Metaebene herstellt.

Um der anderen Seite in so angespannten Gesprächssituationen überhaupt Empathie vermitteln zu können, ist es angebracht und vielfach auch geradezu notwendig, sich erst einmal selbst Empathie zu geben. Dazu verhelfen Ihnen bestimmt diese vier Is, die Sie innerlich schnell durchlaufen können, wenn verbale Angriffe Sie aktuell treffen.

Die 4 Is der Selbstempathie

1. **I**nnehalten – Atmen: zunächst nichts sagen, Ruhe bewahren, durchatmen (oder im Geist bis zehn zählen), Faust in der Tasche ballen
2. **I**dentifizieren eigener Gedanken und Bedürfnisse: Was denke und fühle ich gerade? Inwieweit fühle ich mich betroffen? Was brauche ich, was wünsche ich mir?
3. **I**ch-Stärkung: innerlich beruhigende Sätze sagen, z. B.: Ich sage kontrolliert, was ich fühle! Ich beherrsche mich und die Situation!
4. **I**ch-Botschaft eigener Gefühle und Bedürfnisse (siehe Kap. 6.2.3): „Wenn deine Sachen hier auf meinem Tisch herumliegen, bin ich verunsichert, weil ich dann selbst meine Sachen nicht finde. Ich bitte dich, ...“

Den Punkt 3 (Ich-Stärkung) könnten Sie über eine weitere, sehr effektive Hilfe unterstützen, mit der wir in der Praxis gute Erfahrungen gemacht haben. Wir möchten Ihnen dafür eine gedachte Figur mit Namen **„Medi“** vorschlagen, einen **inneren Coach,** der wie ein vermittelnder gedachter Mediator fungiert. Denken Sie dabei an einen angenehmen, gutmütigen, Ihnen stets wohlgesonnenen Gesellen, der bei Ihnen quasi gedacht auf der Schulter sitzt und Ihnen beruhigende, unterstützende Sätze/ Formeln zuspricht, wenn es brenzlig wird. Bevor Medi in schwierigen Situationen effektiv unterstützend für Sie wirksam werden kann, sollten Sie ihn im Vorfeld mit für Sie geeigneten Unterstützungssätzen „füttern“. Wir nennen Ihnen hier ein paar Vorschläge, aus denen Sie für sich selbst auf einem Merkzettel ein oder zwei „Formeln“ notieren können, die Sie für schwierige Gesprächssituationen immer bereithalten!

5.3 Eltern mediativ beraten

Eine gründliche Vorbereitung eines Elterngesprächs, angefangen von der für beide Seiten passenden Uhrzeit, einem störungsfreien, angenehm gestalteten Raum, einem ausreichenden Zeitfenster und einer betont freundlichen, offenen Begrüßung ist in jedem Fall für einen gelungenen Austausch hilfreich. Je nachdem, ob Eltern Sie wegen Sorgen selbst ansprechen (siehe Kap. 5.2.1), ob Sie Anlass haben, Eltern wegen bestimmter Vorkommnisse oder Entwicklungen des Schülers einzuladen (siehe Kap. 5.2.2) oder ein Jahres- bzw. Entwicklungsgespräch ggf. zusammen mit dem Schüler führen (siehe Kap. 5.2.3), sind unterschiedliche Gesprächsansätze und Strukturen empfehlenswert, die wir Ihnen mit entsprechenden Beispielen in drei folgenden Unterkapiteln darstellen wollen.

5.3.1 Eltern bei Schulsorgen in gemeinsamer Verantwortung beraten

Nehmen wir folgenden konkreten Fall als Ausgangspunkt der Beratung an: Die Eltern eines Ihrer Kinder signalisieren Ihnen, ihr Kind hätte leistungsmäßig so nachgelassen, sie machten sich Sorgen und wünschten sich ein Gespräch.

Wir möchten Ihnen auf diesen Impuls bezogen einen möglichen Leitfaden vorstellen, der an den Anfang positive, öffnende Signale setzt, das Hinterfragen des Problems aus Elternsicht zunächst in den Vordergrund stellt und erst im Anschluss die Beobachtungen, Beratungsimpulse und Vorschläge des/der Pädagog*in für die zukünftige Arbeit darstellt. Auch an das Formulieren möglicher schulischer Grenzen im Hinblick auf die Förderung des Kindes ist gedacht. Erst nach diesem intensiven Austausch mit entsprechenden Rückfragen kommt es zu Verabredungen für die Zukunft. Verstehen Sie diese gewählten Formulierungen und die einzelnen Impulse als Vorschläge, die Sie auf die konkrete Situation und auf Ihren persönlichen Kommunikationsstil anpassen sollten, mit dem Sie dann aktuell auch übereinstimmen. Sicher werden Sie nicht immer alle möglichen Impulse brauchen. Allerdings halten wir die hier dargestellte Struktur für ein Gespräch auf Augenhöhe für grundlegend wichtig. Denn erst diese entsprechende Abfolge der Hauptphasen, erkennbar an den Nummerierungen und Überschriften, ermöglicht eine offene und vor allem kooperative Arbeitsweise miteinander im Sinne des Kindes und führt damit in den meisten Fällen zu einvernehmlichen Zukunftslösungen.

Elternsorge: „Mein Kind hat leistungsmäßig so nachgelassen."

Atmosphäre gestalten:
„Gut, dass Sie mit dem Problem zu mir kommen.
Mir liegt viel an der Entwicklung Ihres Kindes."

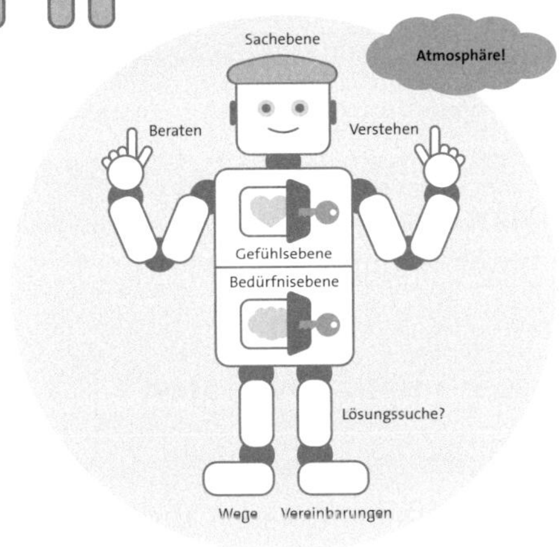

1. Elternperspektive einnehmen:
„Was genau erzählt Ihr Kind?
Wie erleben Sie es zu Hause?"

2. Mögliche Beratungsimpulse:
Wertschätzung: „Ich schätze an Ihrem Kind ..."
Unsere Beobachtungen:
„Ihrem Kind gelingt schon gut ... Ihr Kind braucht Hilfe."
Unsere Möglichkeiten:
„Wir können anbieten ... Ich stelle mir Folgendes vor ...

3. Lösungen abstimmen
„Wie stehen Sie zu den Vorschlägen?"

4. Vereinbarungen dokumentieren
„Wir vereinbaren heute ..."

Rückmeldung erbitten:
„War das Gespräch so hilfreich für Sie?"

Elternsorge: „Mein Kind hat leistungsmäßig so nachgelassen!"

0. Gesprächsatmosphäre gestalten
Lob/Bestärkung: Gut, dass Sie mit dem Problem zu mir kommen.
Ziel/Prinzipien: Mir liegt sehr viel an der Entwicklung Ihres Kindes.
Persönlicher Wunsch: Ich wünsche mir, dass wir einen gemeinsamen Weg finden.
Zusicherung: Ich nehme mich der Sache an. Ich kümmere mich.

1. Elternperspektive aufnehmen
Spiegeln: Das Problem mit Ihrem Kind beschäftigt und beunruhigt Sie. Erzählen Sie!
Spezifizieren: Was genau erzählt Ihr Kind? Was beobachten Sie?
Betroffenheit: Wie erleben Sie es zu Hause?

2. Mögliche Beratungsimpulse
Wertschätzung: Ich schätze an Ihrem Kind... (engagiert/hilfsbereit)
Pädagogische Schwerpunkte: Wir stehen für ... Uns ist wichtig ...
Unsere Beobachtungen: Ihrem Kind gelingt schon gut ... Ihr Kind braucht Hilfe bei ...
Unsere Möglichkeiten: Wir können anbieten ... Ich stelle mir Folgendes vor ...
Unsere Grenzen: Leider enden unsere schulischen Möglichkeiten an dieser Stelle.
Unsere Wünsche: Bitte achten Sie zu Hause mit auf ...

3. Lösungen abstimmen
Ihre Vorstellungen/Möglichkeiten: Welche Wege wären für Sie vorstellbar/umsetzbar?
Lösungsfindung: Wie stehen Sie zu den Vorstellungen/Möglichkeiten?

4. **Vereinbarungen dokumentieren**
   Verantwortungsvereinbarung: Kernbeobachtung, Hauptziel, Wir ..., Ihr Kind ..., Eltern ...

5. **Rückmeldung erbitten**
   War das Gespräch so hilfreich für Sie?

Dokumentation in Form einer Verantwortungsvereinbarung
Das Ergebnis eines verabredeten Elterngesprächs sollte unbedingt in Form einer Verantwortungsvereinbarung dokumentiert werden, um auf einer fundierten Grundlage weiter pädagogisch arbeiten zu können. Es beinhaltet die Kernbeobachtungen jeder Seite, das Hauptziel für die Zukunft (Lernaufgaben – nächste Schritte) und die Aufgaben für alle Seiten (Pädagog*in, Schüler*in, Eltern), d.h. ausdrücklich die Verantwortlichkeiten aller Beteiligten. Am Ende wird ein Folgetermin vereinbart, um die weitere Entwicklung miteinander zu beraten.

5.3.2 Eltern bei Auffälligkeiten ihres Kindes pädagogisch-mediativ beraten

Die zuvor in 5.3.1 geschilderte Gesprächssituation ist dadurch gekennzeichnet, dass sich Eltern bei Schulsorgen fachliche bzw. pädagogische Unterstützung Ihres Kindes von der Lehrkraft wünschen und damit von vornherein eine gewisse Offenheit mitbringen. Im folgenden Beispiel stehen Vorkommnisse bzw. eine Besorgnis erregende Entwicklung im Fokus, die die Lehrkraft mit den Eltern besprechen möchte. Hier geht es vor allem darum, im Gespräch Hintergründe und Zusammenhänge für das Verhalten des Kindes aufzudecken, um gemeinsam Wege zu finden; eine ganz andere Ausgangsposition für beide Seiten, bei der mögliche Vorbehalte (siehe 5.1) und Ängste durchaus eine wichtige Rolle spielen könnten. Deshalb braucht es gerade für diese Gesprächsführung von der Lehrkraft her eine sensible Einleitung mit einer möglichst wertfreien Wortwahl. Der hier dargestellte Gesprächsablauf könnte ein roter Faden dafür sein.

0. **Gesprächsatmosphäre gestalten**
   Dank: Danke, dass Sie meinem Gesprächswunsch nachkommen.
   Grund: Ich habe sie eingeladen, um mich mit Ihnen über Beobachtungen zu Ihrem Kind auszutauschen.
   Ziel: Ziel unseres Gesprächs ist es, gemeinsam einen Weg / eine Lösung für Ihr Kind zu finden.
   Wertschätzung: Ich schätze an Ihrem Kind ... (engagiert, hilfsbereit)

1. **Meine Beobachtungen**
   Ihr Kind verhält sich **positiv** bei ... Mit folgenden Situationen hat es **Schwierigkeiten** ...

2. **Elternperspektive aufnehmen**
   Hinterfragen: Wie erleben Sie es zu Hause?

3. **Gemeinsame Lösungsfindung**
   Elternvorschläge erfragen: Welche Wege wären für Sie vorstellbar/umsetzbar?
   Angebot: Mein Weg/Angebot wäre Folgendes ...
   (**Grenzen:** Leider enden meine Möglichkeiten an dieser Stelle.)
   Lösungsfindung: Wie stehen Sie dazu? Welche Wege wären für Sie vorstellbar?

4. Vereinbarungen dokumentieren
Verantwortungsvereinbarung: Kernbeobachtung, Hauptziel, Wir ..., Ihr Kind ..., Eltern ..., Folgetreffen

5. Rückmeldung einholen
War das Gespräch so für Sie hilfreich?

5.3.3 Entwicklungsgespräche mediativ gestalten

Der folgende Leitfaden empfiehlt Ihnen einen möglichen Gesprächsverlauf für ein turnusmäßiges Entwicklungsgespräch (halbjährlich oder jährlich), das vor allem das schon Erreichte in den Blick nimmt, aber auch mögliche Schwierigkeiten aufgreift, um zielführende Weiterentwicklungen zu verabreden. Hier bietet es sich je nach Ihrer pädagogischen Konzeption bzw. dem Alter der Schüler*innen an, diese aktiv mit in das Gespräch einzubeziehen.

0. Gesprächsatmosphäre gestalten
Bestärkung: Gut, dass wir uns heute in Ruhe über die schulische Weiterentwicklung von .... austauschen können.
Wunsch/Ziel: Ich wünsche mir, dass wir einen gemeinsamen, rundum förderlichen Weg finden (fortsetzen) können.
Wertschätzung des Kindes: Ich schätze besonders ... Ich erlebe Ihr Kind besonders positiv bei ...

1. Das Erreichte einschätzen und würdigen
1a. Elternperspektive erfragen und aufnehmen
Hinterfragen und Spezifizieren: Welche wesentlichen positiven Entwicklungsschritte haben Sie aus Ihrer Perspektive von zu Hause aus beobachtet? Wie haben Sie diese persönlich erlebt?
Zusammenfassendes Spiegeln: Sie haben wahrgenommen, dass ... sich ... in dieser und jener Hinsicht deutlich weiterentwickelt hat.
1b. Schülerperspektive erfragen und aufnehmen
Hinterfragen und Spezifizieren: Worin konntest du dich besonders verbessern? Hat dir etwas besonders gut gefallen?
Zusammenfassendes Spiegeln: Das ... hast du nach deinem Eindruck besonders entwickeln können.
1c. Eigene Einschätzungen der Fortschritte
Ich sehe besonders in folgenden Kompetenzen Fortschritte, die ich an diesen Punkten (ähnlich wie die Eltern oder der Schüler selbst, in folgenden Punkten anders) ... festmache ...
1d. Gemeinsames Würdigen des Erreichten
In den genannten Kompetenzen ist es also insgesamt gut vorangegangen, woran alle Seiten ihren Anteil haben, was für uns alle sehr erfreulich ist.

2. Schwierigkeiten analysieren und aufarbeiten
2a./b. Eltern- und Schülerperspektive zu Schwierigkeiten aufnehmen
Hinterfragen: Was genau hat noch nicht so gut funktioniert? Mit welchen Kompetenzen sind Sie / bist du noch nicht ganz zufrieden gewesen? Was war ausschlaggebend dafür?

Was haben Sie / hast du für dich selbst als besonders schwierig zu Hause erlebt?
Empathisches Spiegeln: Ich höre, für Sie war besonders schwierig, dass ...

2c. Eigene Einschätzungen der Schwierigkeiten
Ihrem Kind gelingt es schon gut ... Bei komplexeren Anforderungen allerdings ...

3. Gemeinsame Lösungsfindung
Eltern-/Schülerbeobachtungen und -vorschläge erfragen: Wie sehen und erleben Sie/du diese genannten Schwierigkeiten? Welche Hilfen/Unterstützungen wären für Sie/dich hilfreich? Welche Wege wären für Sie/dich vorstellbar? Was ist Ihnen/dir für die nähere Zukunft noch besonders wichtig?
Angebot: Mein Weg/Angebot wäre Folgendes (unter Einbeziehung Ihrer/deiner Vorschläge und Wünsche ... Einen Erfolg würde ich an folgendem Ergebnis/Verhalten festmachen.
(**Grenzen:** Leider enden meine Möglichkeiten an dieser Stelle. Hier empfehle ich ggf. zusätzlich eine außerschulische Hilfe wie z. B. Ergotherapie ...)
Lösungsfindung: Wie stehen Sie / stehst du zu diesem vorgeschlagenen Weg? Fallen Ihnen/dir noch Ergänzungen ein?

4. Vereinbarungen dokumentieren
Verantwortungsvereinbarung: Kernbeobachtung, Hauptziel, Wir ..., Ihr Kind ..., Eltern ..., Folgetreffen

5. Rückmeldung einholen
War das Gespräch so für Sie/dich hilfreich?

5.4 Elternkritik mit mediativer Selbstvertretung beantworten

Trotz aller Informationen im Vorfeld kann es immer mal wieder zu unterschiedlichen Einschätzungen von Eltern- und Lehrerseite hinsichtlich der Unterrichtsanforderungen, der Bewertungen oder einfach des Umgangs miteinander kommen. Da Eltern mit ihren eigenen Kindern hochidentifiziert sind, reagieren sie oft ausgesprochen sensibel und damit emotional auf schulische Unstimmigkeiten. Nicht selten werden dabei Ängste bzw. Sorgen um das Kind als Kritik an die Gegenseite weitergegeben bzw. verschoben, was nicht immer voll bewusst ist (vgl. 5.1). Es erfordert deshalb eine hohe kommunikative Kompetenz von Ihrer Seite, sich mit den entstandenen Differenzen vor diesem Hintergrund so konstruktiv wie möglich auseinanderzusetzen, damit langfristig eine vertrauensvolle Beziehung bestehen bleibt, die letztlich dem Kind zugutekommt.

Um diesem Anspruch gerecht zu werden, benötigt es nicht nur die Fähigkeit der Lehrkraft, das Gegenüber mit ihren Eindrücken und Bedenken mediativ aufzuschließen und damit Verständnis auszudrücken (vgl. Funktionen des KOMMUNI in Kap. 2), sondern sie benötigt selbst mediative Schlüssel, um ihre professionellen Überzeugungen aufzuschließen und klar zu vertreten. Um Ihnen diese in einer menschlichen Begegnung letztlich so verbindenden und überzeugenden Ebenen zu verdeutlichen, sehen Sie hier die Figur KOMM-MEDI, die die Lehrkraft als mediativen KOMMUNI und gleichzeitig als Vertreter Ihrer eigenen Überzeugungen zeigt. KOMMI-MEDI agiert mit seinem Gegenüber zunächst gewohnt mediativ, indem er versucht, eine offene Atmosphäre herzustellen und das Gegenüber anzunehmen und gezielt zu hinterfragen. Damit die Eltern aber neben den rein sachlichen Gegebenheiten (z. B. Testergebnisse, Bewertungen von Präsentationen) die professionellen Hintergrundebenen der Lehrkraft auch erfassen können, besitzt unser KOMM-MEDI seine Herzensebene der eigenen professionellen Prioritäten, aber auch seine Wunsch-/Bedürfnisebene mit seinen Erwartungen und Werten mit entsprechenden kommunikativen Schlüsseln im Bauchraum (siehe Kap. 5.5). Ist er nun in der Lage, seine eigenen tiefen Hintergrundebenen mediativ zu verdeutlichen, und fühlen sich die Eltern auf ihren Hintergrundebenen ebenso abgeholt und verstanden, können beide Seiten, Lehrkraft wie Eltern, ähnliche Motivationen und Ziele für das Kind finden, um es in seinen Kompetenzen umfassend zu fördern. Gelingt diese Verständigung auf den tieferen Ebenen, können beide Seiten viel leichter zu gemeinsamen Absprachen zu kommen. KOMM-MEDI kommuniziert also mediativ hinterfragend beim Gegenüber, agiert selbst mediativ, indem er seine Hintergründe entsprechend erläutert und agiert als verhandelnder Mediator, um für das Gegenüber und für die pädagogische Seite voranbringende Lösungen zu ermöglichen. Diese Doppelfunktion in sich zu vereinen ist sehr anspruchsvoll, erfordert ein hohes Maß an Abstraktion und empathischer Kompetenz. Sie wirkt aber sehr effektiv und menschlich sehr befriedigend, weil es statt des Gegeneinanders in Kritiksituationen das Miteinander betont und ermöglicht.

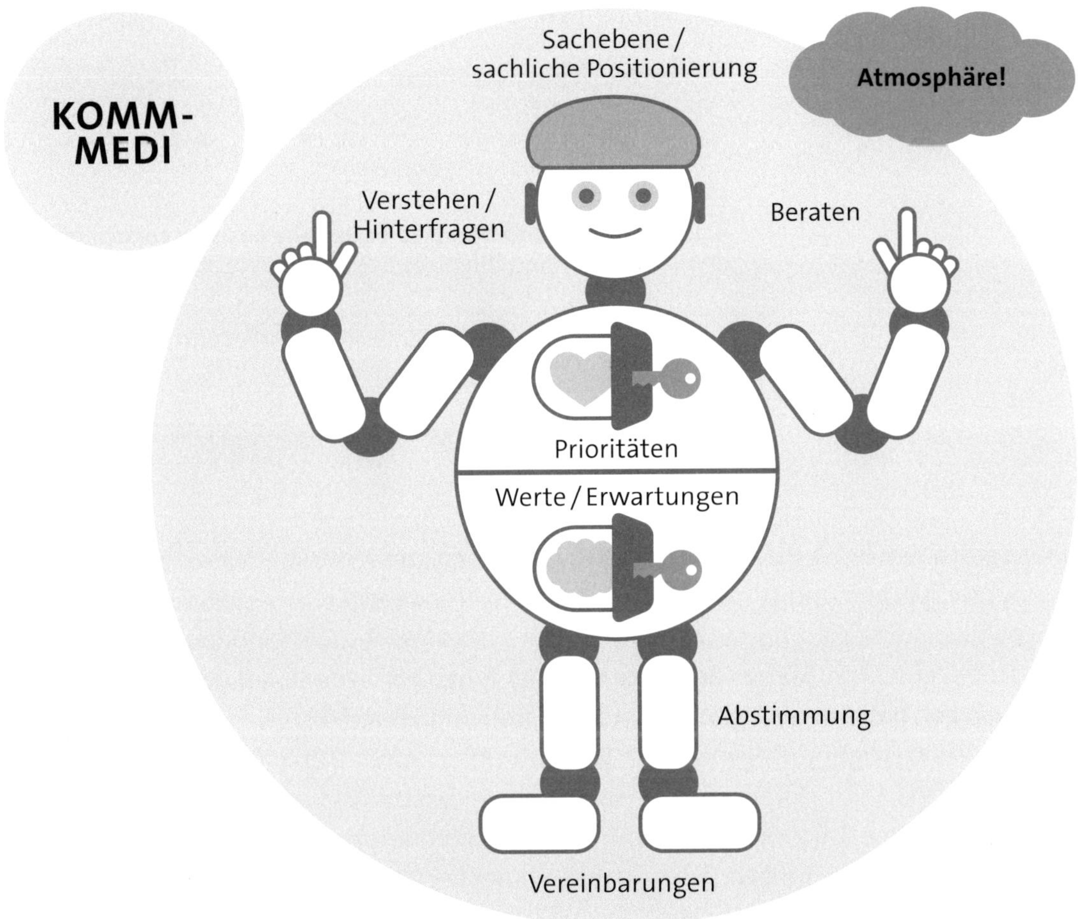

Aus diesen Vorüberlegungen heraus und auf der Basis der Möglichkeiten des KOMM-MEDI empfehlen wir Ihnen die folgende Gesprächsstruktur, die sich in vielen heiklen Konfliktsituationen im Schulumfeld vielfach bewährt hat. Sie ermöglicht Ihnen, die eigene notwendige Sicherheit und Distanz im Gespräch zu behalten, aber auch die Elternseite entsprechend zu verstehen und anzunehmen.

Als Beispiel dient diese Situation: Sie sind Mathelehrerin einer 9. Klasse und haben sich mit einer Kritik eines Elternteils bezüglich Ihrer Zensurengebung auseinanderzusetzen.

Elternkritik: „Sie verlangen zu viel. Der Junge wird von Ihnen überfordert."

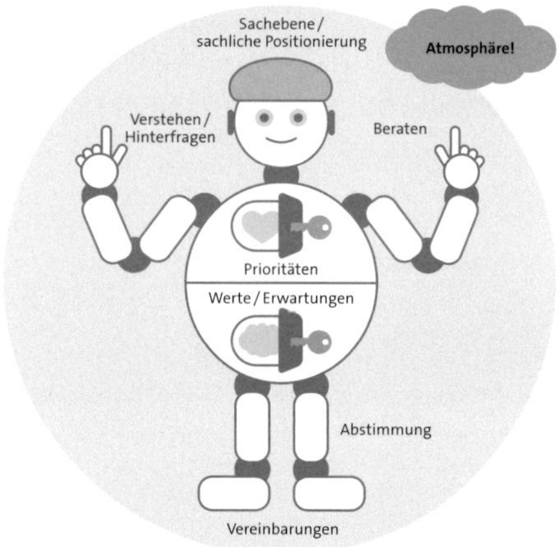

Atmosphäre gestalten: „Ich freue mich, dass wir heute Zeit haben, uns in Ruhe über die Situation Ihres Sohnes auszutauschen und gemeinsam nach Lösungen zu suchen."

1. Verstehen und Hinterfragen der Elternperspektive:
„Ich höre, Sie machen sich Sorgen, dass ...
Was genau beobachten Sie zu Hause?"

2. Sachliche Positionierung / Erläuterung:
„Besonders das geometrische Thema fiel Ihrem Sohn bei der Stofffülle dieses Jahrgangs schwer."

3. Professionelle mediative Selbstvertretung:
Prioritäten: „Mir ist sehr wichtig, dass er motiviert bleibt ... / ..., dass er für das Abitur präpariert ist."
Päd. Einschätzungen: „Ich beobachte gerade in letzter Zeit ... / ... und bin sicher, dass ..."
Päd. Prinzipien: „Ich trete ein für ..., weil ..., deshalb erwarte ich ..."

4. Lösungen abstimmen (Professionelle Lösungsvorschläge):
„Ich empfehle Ihnen folgende Schritte ... Wie stehen Sie dazu?"

5. Vereinbarungen dokumentieren:
„Wir vereinbaren also heute, dass ..."

Rückmeldung erbitten: „War das Gespräch so hilfreich für Sie?"

0. Atmosphäre gestalten: Es ist gut, dass wir heute Zeit haben, uns in Ruhe über die Situation Ihres Sohnes auszutauschen und gemeinsam nach Lösungen zu suchen.
Trotz dieses positiven Anfangsimpulses wird Ihnen gegenüber gleich zu Beginn folgende Kritik von einem Elternteil geäußert: **Sie verlangen zu viel. Der Junge wird von Ihnen überfordert. Beim vorigen Kollegen hatte er eine glatte 2 und nun steht er fast auf 4!**
(**nichtmediativ** – Rechtfertigung/Gegenangriff: Wenn Ihr Junge mehr tun würde, wäre er längst nicht überfordert. Er ist ja mehr mit seiner Nachbarin beschäftigt als mit dem Stoff, der genau im Soll dieser Klasse liegt. Vielleicht stimmt ja auch irgendetwas zu Hause bei Ihnen nicht, dass er so abgefallen ist. Fangen Sie doch erst einmal bei sich an und nicht bei mir! (vgl. Rohnstock/Roller 2013, S. 5ff.)
Sollten Sie von der Kritik ziemlich getroffen sein und sich bei Ihnen unmittelbar Gefühle von Ärger oder Wut entwickeln, empfehlen wir Ihnen die selbstempathischen Formeln Ihres Medis (vgl. Kap. 5.2.3): Dreimal tief durchatmen! Der hat ein Problem, nicht du! Erst hinhören, dann alles spiegeln und nachfragen!

1. Verstehen und Hinterfragen der Elternperspektive
Spiegeln ggf. Hinterfragen der Kernpunkte: Ich höre, Sie machen sich Sorgen, dass der Lerndruck Ihrem Kind zu sehr zusetzt und er dadurch an Motivation verlieren könnte. Sie wünschen sich Veränderung bzw. Unterstützung. Was genau beobachten Sie zu Hause? Was erzählt Ihr Kind?

Mit dem Spiegeln der Sorgen und dem Wunsch nach Unterstützung (Bedürfnis) der Elternseite deeskalieren Sie die anfängliche Aufregung und signalisieren Ihr Verständnis für die Situation. Zudem erfahren Sie über die Rückfrage zur häuslichen Situation möglicherweise wichtige Aspekte und Hintergründe, die Ihre Eindrücke aus Schulsicht ergänzen und bereits Hinweise zur nachhaltigen Förderung des Schülers geben. So wird eine respektvolle Begegnung auf Augenhöhe im Hinblick auf das anstehende Problem von Anfang an möglich. Das schafft gute Voraussetzungen für eine tiefe Klärung, ermöglicht von Anfang an breitere Lösungsoptionen und öffnet die Elternseite direkt für Ihre nun folgenden Ausführungen.

2. Sachliche Positionierung/Erläuterung
Die Stofffülle für diesen Jahrgang ist laut Lehrplan sehr hoch, sodass ich schneller als in den unteren Klassen vorangehen muss. Besonders das letzte geometrische Thema fiel Ihrem Sohn schwer, sodass da größere Probleme aufkamen, die auch bei den Hausaufgaben ersichtlich wurden und zu der aktuellen Zensierung im schriftlichen Bereich führten, nicht jedoch im mündlichen.

3. Professionelle mediative Selbstvertretung
Denn Ihr Sohn zeigt über das ganze Schuljahr hinweg eine rege, qualitativ gute mündliche Mitarbeit, die sein Fachinteresse deutlich macht und über die ich mich freue. Mir ist sehr wichtig, dass er auch dieses aktuelle Grundlagenthema ganz versteht, um seine hohe Motivation zu behalten. Für mich als Fachlehrerin steht zurzeit im Vordergrund, dass meine Schüler für die darauf aufbauenden Abituraufgaben gut vorbereitet sind. Denn gerade in dieser Klassenstufe sind die behandelten Grundlagen so wichtig, um später die schwierigen Transferaufgaben zu bewältigen, die eine gute Note erst rechtfertigen würden. Ich beobachte gerade in letzter Zeit bei Ihrem Sohn, dass er anfängt, davon zu profitieren und damit wichtige Fortschritte macht, die ihm später sehr nutzen werden. Da mir eine optimale Förderung Ihres Sohnes in Kooperation mit Mitschüler*innen sehr am Herzen liegt (eine Einzelförderung ist mir aus Zeitgründen leider nicht möglich), möchte ich Ihnen nun folgende Vorschläge machen und erhoffe Ihrer beider Unterstützung.

4. Lösungen abstimmen
Mein Vorschlag ist, ihm Andreas an die Seite zu geben, der diese Aufgaben sehr gut beherrscht. Dieser soll in den nächsten drei Wochen spezielle Übungen während der Freiarbeit mit ihm durchgehen, die ich durchsehen werde. Wie stehen Sie / Ihr Sohn dazu? Gibt es noch Vorschläge von Ihrer Seite oder der Seite Ihres Sohnes? ... Können wir uns auf diese Vorgehensweise einigen?

5. Vereinbarungen treffen und dokumentieren
Wir vereinbaren also heute, dass Sie / Ihr Sohn folgende Extraarbeiten (...) in den nächsten drei Wochen begleitet leistet. Ich schlage vor, dass wir uns nach diesem Zeitraum über die Entwicklung wieder austauschen?

6. Rückmeldung erbitten: War das Gespräch so hilfreich für Sie?

Eine fundierte Antwort beinhaltet sachgerechte, teilweise klar belegbare Informationen wie hier zum Leistungsstand des Schülers, aber auch zu Anforderungen (Erwartungshorizont) hinsichtlich des Lehrplans (sachliche Positionierung/Erläuterung). Gerade besorgte Eltern wird aber die rein sachliche Information allein nicht beruhigen oder zufriedenstellen, geht es ihnen doch häufig viel mehr um die professionell wahrgenommene Einstellung zum Fach, die Leistungsbereitschaft oder auch soziale Stellung Ihres Kindes insgesamt. Denn durch die hohe Identifikation mit ihrem Kind und die starke emotionale Beteiligung sind gerade die genannten Hintergründe – auf einer verständnisvollen Ebene dargestellt – für sie so wichtig, um diese Sorgen zu bearbeiten (vgl. 5.1). Dabei halten wir es für außerordentlich zielführend, dass die Lehrkraft den Eltern gerade bei Meinungsverschiedenheiten auf Augenhöhe mit ihren Zielen und Prioritäten gegenübertritt, um eine authentische menschliche Begegnung zu ermöglichen, die beiden Seiten dient. Indem sie diese deutlich macht und klar formuliert, können Eltern und ihre Kinder professionelle Zusammenhänge besser verstehen. Somit kann es nach unseren praktischen Erfahrungen über eine respektvolle Ebene von Anfang an zu einem konstruktiv-kooperativen Miteinander kommen, das letztlich zu einvernehmlichen und tragenden Absprachen im Sinne der optimalen Förderung des Kindes führt. Fehlt diese professionell mediative Selbstvertretung in dem hier dargestellten Sinne ganz, dann könnte in etwas überzeichneter Weise der „Oberlehrer" zum Vorschein kommen, der wenig empathisch nur seine Zensuren im Kopf hat und scheinbar Vieles aus seiner Rolle heraus besser weiß. Diesen „Oberlehrer" würden die Eltern wohl kaum als wegweisend für ihr Kind empfinden und somit deutlich unwilliger mit ihm kooperieren wollen.

5.5 Ihre Lehrpersönlichkeit über eine mediative Haltung zum Ausdruck bringen

Wir haben Ihnen im vorangegangenen Kapitel im Rahmen eines Kritikgesprächs bereits nahegelegt und sprachlich vorgestellt, wie Sie sich auf der Grundlage Ihrer Prioritäten mit Hilfe der mediativen Selbstvertretung fundiert und überzeugend äußern können. In diesem ergänzenden Abschnitt möchten wir Sie noch genauer auf die Bedeutung einer mediativen Haltung für Ihr Profil und Ihre Persönlichkeit als Pädagog*in aufmerksam machen. Dafür unterbreiten wir Ihnen konkrete sprachliche Vorschläge, wie Sie Ihre persönlichen Schwerpunkte kommunikativ klar ausdrücken können.

Als Lehrkraft haben Sie eine leitende Rolle, eine Vorbildfunktion für junge Menschen, aber auch für Eltern. Dabei ist es entscheidend, was für Sie selbst leitend ist, wie Sie es vorleben, aber auch klar und überzeugend kommunizieren. Wir haben in unserer Praxis öfter erfahren, dass sich Kolleg*innen gerade gegenüber Eltern teilweise unsicher verhalten, sich leicht angegriffen fühlen oder mit wenig überzeugenden Rechtfertigungen reagieren. Das wirkt nicht nur schwach, sondern ist aus unserer Sicht nicht angebracht, vertreten Sie doch als Pädagog*in auf der Grundlage Ihrer Ausbildung und Ihrer Erfahrungen wichtige Grundsätze und Werte, die für die junge Generation, aber auch für Eltern wegweisend sein können. Sie sind hier die Expert*innen! Diese Leitlinien können und sollten Sie durchaus überzeugend vertreten, denn eine Kommunikation auf Augenhöhe beinhaltet das respektvolle Klarstellen eigener Ziele, Erwartungen und Werte. Wir stellen Ihnen beispielhaft konkret vor, wie Sie Ihre individuell-pädagogischen Prinzipien und Einschätzungen kommunikativ klar zum Ausdruck bringen können.

Über das klare Formulieren Ihrer Leitlinien, pädagogischen Einschätzungen und Verantwortlichkeiten, wie es Ihnen unser KOMM-MEDI dringend ans Herz legt, zeigen Sie sich als Persönlichkeit, die mit Ihrem professionellen Tun identifiziert ist und darüber begeistern kann, aber auch notwendige professionelle Grenzen zieht. Das ist und bleibt die entscheidende Grundlage für erfolgreiches Lernen und Bildung schlechthin (vgl. Hattie 2014, S. 24ff.), dürfte aber auch das Fundament für Ihre eigene professionelle Identität und damit Zufriedenheit darstellen.

Zwischenfrage: Welche Personen waren in Ihrem Leben leitend? Für welche Lehrkräfte haben Sie gern gelernt und sich engagiert? Was haben Sie von diesen Persönlichkeiten mitgenommen? Si-

Kritik gegenüber Pädagogen

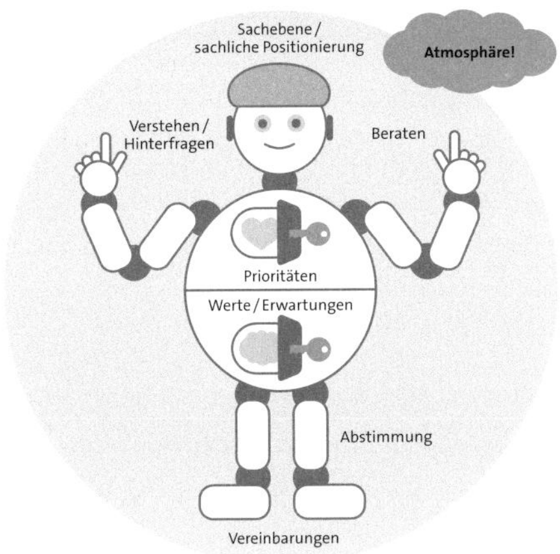

Selbstvertretung der Pädagogenpersönlichkeit über:
Pädagogische Prinzipien/Werte – Engagement – Professionelle Prioritäten – Erfahrungen – Identifikationen – Erwartungen – Grenzen der Verantwortung

Formulierungsmöglichkeiten:

- **Mir ist besonders wichtig ...** (Prinzip/Wert, z. B. Motivation der Schüler)
- **Mitarbeit, die ich sehr schätze ...** (professionelles Engagement)
- **Für mich steht zurzeit im Vordergrund ...** (professionelle Priorität, z.B. gründliche Vorbereitung auf das Abitur)
- **Ich beobachte gerade in letzter Zeit ...** (päd. Erfahrungen/Beobachtungen)
- **Ich stehe für ...** (Wert, z.B. Kooperation der Schüler)
- **Mir liegt am Herzen ...** (Identifikation, z.B. optimale fachliche Förderung)
- Für eine gute Leistung **erwarte ich** in dieser Klassenstufe ... (Erwartung)
- **Leider kann ich Ihnen mit unseren schulischen Möglichkeiten in diesem Punkt nicht weiterhelfen ..., empfehle Ihnen ggf. folgende Möglichkeit ...** (Grenzen der Verantwortung klären, an zuständige weitere Stellen verweisen)

cher deutlich mehr, als von den Lehrern, die wenig Engagement zeigten und nicht eindeutig zu ihren Werten standen.

Deshalb möchten wir Sie ermuntern, sich mit Ihren Zielen und Ideen Ihrer ganz eigenen Lehrerpersönlichkeit zu zeigen und Ihre individuellen fachlichen, sozialen oder auch wertemäßigen Schwerpunkte zu kommunizieren. Wichtig ist Ihre sich daraus ergebende Authentizität, die Ihnen Überzeugungskraft und Selbstsicherheit verleiht, aber auch das Miteinander bereichert. Das bedeutet nämlich auch, Mediation zu leben: Wertschätzung Ihrer selbst und das Kommunizieren dieser Werte und Überzeugungen! Denn es reicht nicht aus, nur die andere Seite bezüglich der Gefühle und Bedürfnisse zu öffnen und zu verstehen, wie das in diesem Buch schon an vielen Stellen angesprochen wurde.

Gerade bei kritischen Äußerungen sind Sie als Person mit Ihrer professionellen mediativen Haltung gefragt, Ihre tiefe Sicht der Dinge mit Ihren Fundamenten zu erläutern, um zu tragfähigen gemeinsamen Wegen zu finden. Denn letztlich sind es doch die gleichen Bedürfnisse, die Eltern und Pädagogen tief bewegen: Beide möchten die Kinder auf einer guten und erfolgreichen Bahn voranbringen. Dort können Sie sich jedoch nur dann treffen, wenn Sie Ihre Interessen genauso klar ausdrücken und dabei Ihre Hintergründe deutlich machen.

Hierfür möchten wir Sie mit vielfältigen Formulierungsvorschlägen inspirieren und damit Ihre pädagogischen Beziehungen befruchten. Denn nur über wirkliches Verstehen der Hintergründe jeder Seite können einvernehmliche Wege und manchmal auch notwendige persönliche Korrekturen miteinander gefunden werden, die professionell zielführend sind und auch menschlich befriedigen können. Mediative Haltung auch in Konfliktsituationen zu bewahren, ist sicher die Königsdisziplin. Der Weg dorthin ist anstrengend, komplex und herausfordernd, aber letztlich menschlich befriedigend und bereichernd, sodass sich die Anstrengungen unseres Erachtens unbedingt lohnen.

6 KOLLEGENGESPRÄCHE UNTERSTÜTZEND GESTALTEN

Schulhaus mit Bausteinen zur mediativen Schulkultur

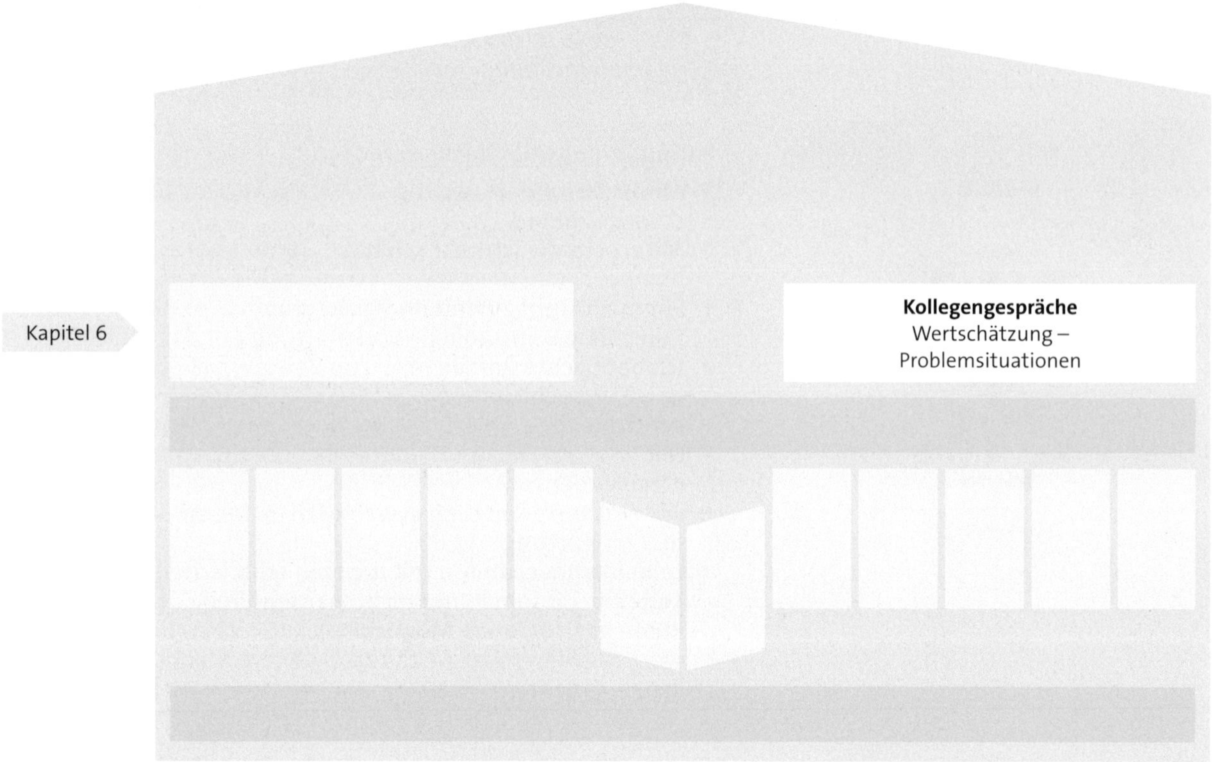

Nachdem Sie sich im vorigen Kapitel mit kritischen Äußerungen von Eltern und Ihrer mediativen Selbstvertretung kommunikativ auseinandergesetzt haben, geht es hier zunächst um Tipps für unterstützende wie stärkende Gespräche auf Kollegen-Basis (Kap. 6.1) und im Anschluss um Vorschläge für herausfordernde und kritische Kommunikations-Situationen (Kap. 6.2).

6.1 Kollegiale Kontakte wertschätzend und professionell stärkend pflegen

Gerade in einer komplexeren Schulwirklichkeit, die sich immer mehr dem kooperativ-vernetzten Lernen einerseits wie den sozialen Problemen der Gesellschaft andererseits zu stellen hat, wird kollegiale Unterstützung zu einer Notwendigkeit, aber auch zu einem wichtigen Wohlfühl- und Gesundheitsfaktor (vgl. Schaarschmidt 2005).

Diese wertvollen Kontakte gilt es tagtäglich kommunikativ zu gestalten und zu pflegen, um in Problemsituationen auf gegenseitiges Wohlwollen und Hilfeleistungen zurückgreifen zu können. Da Kontakte innerhalb des Kollegiums im pulsierenden Alltag oft nur zwischendurch und in Hektik möglich sind, möchten wir Ihnen zunächst kommunikative Impulse aufzeigen, die diese wichtigen Beziehungen auch unter solchen erschwerten Voraussetzungen unterstützen.

Konkreter Dank	Grundsätzliche Wertschätzung	Kurze wertschätzende Problemannahme
*Kolleg*in hilft mit wichtigen Materialien.*	*Kolleg*in unterstützt immer wieder durch Einspringen.*	*Kolleg*in sagt im Vorbeigehen: „Wie soll ich das nur alles schaffen!"*
DANK „**D** anke, dass ..." **A** uslöser: „... Sie mir die Arbeit abgenommen haben." **N** otwendig für: „Ich bin erleichtert, habe mit Ihren Unterlagen jetzt ein stimmiges Konzept." **K** ooperation: „Wenn ich Sie entsprechend entlasten kann, wenden Sie sich bitte gerne an mich."	**WERT** **W** as: „Was ich dir schon immer mal sagen wollte ..." **E** igenschaft: „Du bist so rücksichtsvoll, indem du ..." **R** ückschluss: „Das ist sehr hilfreich für mich." **T** eamwirkung: „Es stärkt das ganze Team."	**WVM** **W** eiches Spiegeln: „Du bist gerade ziemlich verzweifelt und wünschst dir Unterstützung." **V** erstehen: „Ich kann mir gut vorstellen, wie es dir geht." **M** öglichkeit und Mut machen: „Leider habe ich im Moment keine Zeit. Können wir nach der sechsten Stunde sprechen? Da passt es gut. Wir finden dann bestimmt einen Weg."

6.1.1 Mediative Wertschätzung (DANK, WERT)

Aufbauende Wertschätzungen untereinander sind gerade im pädagogischen Berufsalltag von essentiellem Wert. Denn viele Lehrkräfte empfinden ihr oft hohes Engagement nicht immer ausreichend wertgeschätzt von manchmal kritischen Schüler*innen, Eltern, aber auch von der Öffentlichkeit insgesamt. Wie wohltuend ist da ein herzliches (unerwartetes) Dankeschön von netten Kolleg*innen.

Fangen wir mit einem Beispiel an. Sie entdecken dankbar, dass Ihnen ein Kollege bereits wichtige Papiere für die nächste Unterrichtseinheit kopiert und ins Fach gelegt hat, nach denen Sie ihn neulich gefragt haben.

Mediativer Dank (DANK)
Situation: Kollege kopiert hilfreiche Materialien für Sie.
(**nichtmediativ:** Ach ja, danke schön. Ihre Papiere in meinem Fach sehen ja schon ganz gut aus, scheinen mir aber nicht das ganze Thema abzubilden. Haben Sie da was Wichtiges weggelassen?)

Mediativ:
D anke: Vielen Dank dafür, dass ...
A uslöser: ... Sie mir diese Arbeit abgenommen haben ...
N otwendig für: Ich bin sehr erleichtert, dass ich nun ein stimmiges Konzept habe und mich damit sogleich um andere wichtige Dinge in der Klasse kümmern kann.
K ooperation: Wenn ich Sie mal bei einer anderen Gelegenheit entlasten kann, sprechen Sie mich gerne an.

Beim mediativen Danken, welches durch eine entsprechende körpersprachliche Zuwendung begleitet ist, wird der Wert für den anderen über das empfundene Gefühl und die Effekte deutlich benannt. Da gute Beziehungen durch ein Geben und Nehmen gekennzeichnet sind, endet DANK mit einem offenen Kooperationsangebot.

Möchten Sie sich nicht nur für eine ganz konkrete Hilfeleistung herzlich bedanken, sondern eine grundsätzliche Wertschätzung für hilfreiche Eigenschaften eines Kollegen zum Ausdruck bringen, dann empfehlen wir Ihnen, das mit WERT zu formulieren.

Mediative Wertschätzung (WERT)
Grundsätzliche Wertschätzung für Kolleg*innen
Was: Was ich dir schon immer mal sagen wollte ...
E igenschaft: Du bist so rücksichtsvoll ..., indem du ...
R ückschluss: Das ist sehr hilfreich und entlastend für mich.
T eamwirkung: Das ist für das ganze Team unterstützend und stärkend.

Im mediativen Kontakt erfolgt die gegenseitige Wertschätzung nicht nur über die grundsätzliche Einfühlung in den Gesprächspartner über Aktives Zuhören und Spiegeln, sondern zeigt sich auch und gerade in einer ausformulierten direkten Wertschätzung. Dies sollte in einem ungestörten, privaten Moment, unterstützt durch eine stimmige Körpersprache der Zuwendung und des direkten Blickkontakts, ganz betont erfolgen. So werden diese kollegialen Kontakte zu Highlights des Schullebens!

6.1.2 Kurze kollegiale Problemannahme (WVM)

Eine Fülle von täglichen Kollegenkontakten erfolgt leider selten ungestört in abgeschirmten Räumen, sondern zwischendurch auf Fluren oder an der Lehrerzimmertür. Die Kollegen sind in diesen Situationen nicht selten in Eile, haben die gerade abgehaltene Unterrichtsstunde noch zu verarbeiten. Es sind also oft nur sehr kurze Kontakte unter spürbarem Stress, die nicht selten auch noch von flankierenden Schüleranfragen gestört werden. So fallen gerade in diesen recht hektischen Begegnungen manchmal unbedachte Äußerungen, in denen sich beide Seiten gerade so sehr Verständnis gewünscht hätten. Damit Sie auch in solchen Momenten kollegial wertschätzend reagieren können, schlagen wir Ihnen eine abgewandelte Form der kurzen Problemannahme von WWM (siehe Kap. 5.2.1) vor: WVM.

Nehmen wir folgendes Beispiel: Eine Kollegin trifft Sie auf dem Flur auf Ihrem Weg in die Klasse und ruft Ihnen folgenden Satz zu: „Wie soll ich das nur alles schaffen! Und ich bin wieder für alles allein zuständig." Sie ahnen, dass diese Äußerung mit dem nahenden Schulfest zusammenhängt, haben aber so gar keine Zeit für ein längeres Gespräch, da Sie in Ihrer Klasse gleich eine Klassenarbeit schreiben möchten.

(nichtmediativ: Es sind doch immer dieselben, die rumjammern. Das bringt doch gar nichts.)

Kurze kollegiale Problemannahme (WVM)
Kolleg*innen-Sorge: „Wie soll ich das nur alles schaffen?"
Weiches Spiegeln: Du bist gerade ziemlich verzweifelt, weil du nicht weißt, wie du alle Aufgaben zusammen bewältigen sollst und wünschst dir Unterstützung.
V erstehen: Das kann ich gut verstehen. Ich kann mir gut vorstellen, wie es dir geht.
Möglichkeit – Mut machen: Leider kann ich das jetzt nicht genauer mit dir bereden, ich schreibe in der 4a eine Arbeit, hätte aber gut nach der sechsten Stunde Zeit für dich. Magst du mich dann ansprechen? Wir finden in einem Austausch zusammen bestimmt einen Weg.

Trotz der Zeitnot konnten Sie Ihrer Kollegin über diesen Weg Verständnis, schnelle Gesprächsbereitschaft und eine mögliche Aussicht auf Unterstützung signalisieren. Wir halten gerade diese im Schulleben recht häufigen Kurzkontakte für eine wertvolle Gelegenheit, sich gegenseitig Verständnis und Hilfestellung zuzusprechen.

6.1.3 Kollegiales mediatives Beraten

Stellen Sie sich vor, Sie haben das von Ihnen angebotene ruhige Zeitfenster mit Ihrer Kollegin gefunden. Wie könnten Sie das Gespräch am besten gestalten, um sie zu bestärken und mögliche neue Wege zu diskutieren? Wir stellen Ihnen einen möglichen mediativen Leitfaden mit diesen Zielstellungen vor:

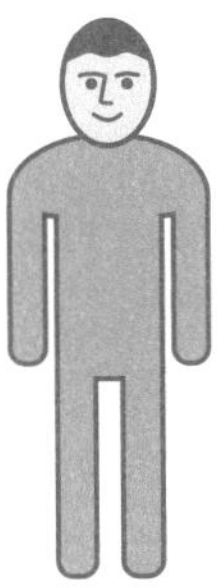

Kollegensorge: „Wie soll ich das nur alles schaffen! Und ich bin wieder alleine für alles zuständig."

Atmosphäre gestalten: „Ich freue mich, dass wir heute Zeit haben, uns in Ruhe über deine Sorgen auszutauschen."

Aktives Zuhören: „Gut, dass du offen aussprichst, was dich belastet."

Verstehen: „Das kann ich gut nachvollziehen."
Eigene Erfahrung: „Ich kann mir gut vorstellen, wie es dir geht."

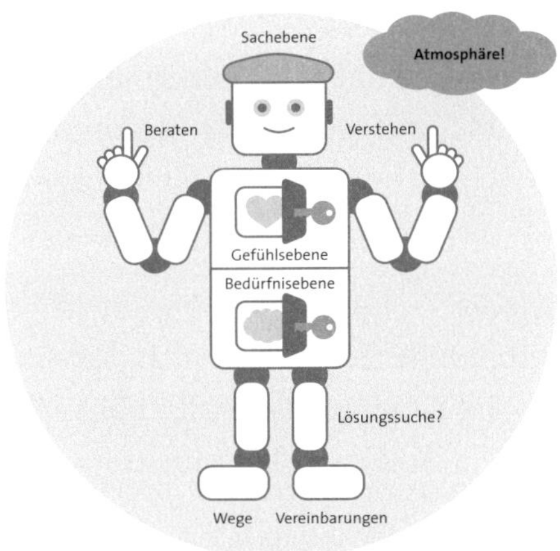

Weich spiegeln / Spezifizieren: „Du bist verunsichert, weil du nicht genau weißt, wie du die vielen Aufgaben bewältigen kannst. Was genau ist besonders schwierig für dich?"
Gefühle/Bedürfnisse erfragen: „Wie geht es dir damit? Was fehlt dir? Was vermisst du? Was brauchst du jetzt?"

Mut machen: „Wir haben hier schon vieles geschafft. Warum nicht auch das?"

Lösungen erfragen: „Hast du selbst Ideen, wie du etwas verändern könntest? Was könnte dir noch helfen?"

Mein Tipp / Erfahrung: „Lass uns zusammen schauen, wie man es bewältigen kann. Mir hat in ähnlicher Situation geholfen ..."

Kollegial beratend – nichtmediativ

Die Ihnen inzwischen schon geläufigen Impulse des mediativen Hinterfragens Ihres Gegenübers werden hier durch streng genommen nicht in vollem Umfang mediative Zusatzaussagen ergänzt (grau unterlegt), die besonders das kollegiale Verständnis bzw. Unterstützung signalisieren. Das stellt schon eine gewisse Einflussnahme dar, insbesondere die Tipps am Ende, die bei einer allparteilichen Vermittlung natürlich nicht angezeigt sind. In einem vertraulichen Gespräch zwischen Kolleg*innen haben sie aber nach unserer Auffassung unbedingt einen hohen Stellenwert, sofern die augenblickliche Lage ausreichend hinterfragt wurde, um eigene Lösungswege entwickeln zu können. Gerade der wichtige Zuspruch oder kollegiale Rat darf in einem derartigen Gespräch nicht fehlen, sofern er ausdrücklich als möglicher Weg angeführt und nicht als unbedingter alternativloser (Rat-)Schlag geäußert wird. Denn wo sonst, wenn nicht unter Kollegen, die die Situation vor Ort bestens kennen, können Sie geeignetere Hinweise für Ihre Problemsituation finden. Deshalb sind gerade diese kollegialen Beratungsgespräche, die entsprechend in Teams laufen könnten, enorm hilfreich und unterstützend in praktischer wie psychologischer Hinsicht!

6.2 Herausfordernde Situationen mit Kolleg*innen beziehungsorientiert und nichtverletzend gestalten

Die typische Zeitnot und die hohe Störungsrate kollegialer Kurzgespräche im pulsierenden Schulalltag haben wir bereits im vorigen Kapitel zur Grundlage unserer kommunikativen Angebote gemacht. Nach unserer Ansicht werden kollegiale Verständigungen weiterhin dadurch erschwert, dass es für regelmäßige Team- oder Supervisionssitzungen im Alltag kaum oder nur zu kleine Zeitfenster gibt, sodass auftauchende Problemfelder nicht zeitnah ausreichend besprochen und geklärt werden können. Dadurch erleben wir es als Schulmediatorinnen leider nicht selten, dass aus kleineren Missverständnissen oder Ärgernissen des Alltags größere, eskalierende Konfliktsituationen entstehen. Ruhige Gesprächsmöglichkeiten auf Augenhöhe zu einem früheren Zeitpunkt hätten oft viel Konfliktstress vermeiden können. Vor diesem Hintergrund möchten wir Ihnen deshalb alltagstaugliche mediative Vermittlungswege für herausfordernde Situationen vorstellen. Denn über eine rechtzeitige, betont wertschätzende Ansprache auch unangenehmer Themen sehen wir große Chancen der gründlichen Klärung, wenn Sie die Bedürfnisse des Gegenübers in mediativer Weise ansprechen. Auch wenn es vielleicht Mut erfordert, persönliche Anliegen und Probleme direkt zu benennen, sind wir davon überzeugt, dass Sie sich damit kraftraubende Folgeprobleme und -gespräche ersparen. Es eröffnet Ihnen darüber hinaus eine gute Möglichkeit, zu den vielleicht schwierigeren Menschen in Ihrem Kollegium ein funktionierendes Auskommen herzustellen.

In diesem Kapitel möchten wir Ihnen deshalb zunächst das Mediative Verhandeln über strittige Themen/Ressourcen mit dem Ziel einvernehmlicher Lösungen vorstellen (6.2.1) und danach das einfühlsame Nein-Sagen erläutern (6.2.2). Am Ende des Kapitels finden Sie einen Leitfaden für das nicht verletzende Ausdrücken von Ärger z. B. über Kollegenversäumnisse (6.2.3) sowie ergänzende Hinweise zum Umgang mit Kollegenkritik (6.2.4).

6.2.1 Mediatives Verhandeln

Gehen wir von folgendem Beispiel aus. Sie sind für eine Nachmittagsbetreuung im Schulhort eingetragen, haben aber genau für diesen Tag eine wichtige ärztliche Untersuchungsmöglichkeit angeboten bekommen, die nicht einfach zu verschieben wäre. Es ist Ihnen deshalb sehr wichtig, mit Ihrer Kollegin Sabine zu tauschen, um diesen Termin wahrnehmen zu können.

Mediatives Verhandeln

Anlass: Sie bitten Ihre Kollegin um Vertretung.
(**nichtmediativ:** Übrigens, ich muss am Dienstagnachmittag zum Arzt. Die Betreuung der Kinder musst du dann übernehmen. Das geht doch in Ordnung, oder? – Sabines Antwort: Dienstag kann ich schon gar nicht. Da muss ich mein Kind früh abholen, weil mein Ex da keinesfalls kann. Also Pech gehabt. So ist das Leben. Verschiebe es eben!)

Mediativ:
Zeitpunkt erfragen und Ziel ankündigen: Sabine, hast du gerade Zeit für mich? Ich möchte dich wegen eines wichtigen Anliegens fragen, ob du mir da helfen könntest.

Anlass – Anfrage mit Kooperationsangebot: Ich habe für Dienstagnachmittag den Termin für eine medizinische Untersuchung angeboten bekommen, deren Ergebnis für mich sehr wichtig ist. Könntest du mich in dieser Zeit vertreten, wobei ich das gern zu einem anderen Zeitpunkt ausgleichen möchte, der dir gelegen ist.

Sabine: Das geht leider ziemlich schlecht. Ich muss an diesem Tag meine Tochter selbst abholen, da mein Ex-Mann das dienstags nicht schafft.

Spiegeln des Gegenübers mit Verständnis: Ich merke, für dich ist es gerade an diesem Tag schwierig und du siehst handfeste organisatorische Probleme, um mir entgegenzukommen. Das kann ich gut verstehen.

Erläuterung des persönlichen Hintergrunds: Für mich ist der Termin deshalb so wichtig, damit ich bald eine Diagnose bekomme und so schnelle Behandlungen möglich sind. Ein unauffälliger Befund könnte mich sehr erleichtern bzw. eine gute Behandlung Schlimmeres verhindern. Leider lässt sich der Termin nicht so leicht verschieben.

Annehmen/Verstehen:
Sabine: Deine gesundheitliche Situation tut mir sehr leid und ich sehr hoffe, dass die Untersuchung ein positives Ergebnis bringt. Lass' mich nochmal überlegen.

Hinterfragen der Bedürfnisse des Gegenübers: Könnte ich dich vielleicht in irgendeiner anderen Situation entlasten? Wenn das nicht möglich ist, dann ist es auch okay.

Austausch von Lösungsalternativen:
Sabine: In zwei Wochen fahren die Großeltern für längere Zeit in Urlaub. Da könnte ich deine Hilfe gut gebrauchen. Ich kann die Großeltern fragen, ob sie den von dir angefragten Dienstag für mich übernehmen, sodass ich dich dann vertreten könnte.

Das würde ich gerne im Austausch machen und es stellt für mich überhaupt kein Problem dar.

Konkrete Vereinbarung und fundierter Dank: So können wir es gern verabreden. Ich möchte dir schon jetzt ausdrücklich für dein Entgegenkommen danken. Für mich ist es beruhigend, im Gegenzug auch für dich etwas Entlastendes tun zu können. Danke für deine Kollegialität.

Für eine befriedigende Arbeitsatmosphäre ist gerade die Unterstützung im Kollegenkreis, also ein gegenseitiges Geben und Nehmen, von entscheidender Bedeutung. Vor dem Hintergrund der knappen Ressourcen und hohen Belastungen im Unterrichtsalltag braucht es jedoch ein sensibles Umgehen im Team untereinander. Das kann nur gelingen, wenn ein Hinterfragen und Ernstnehmen der Möglichkeiten jedes Einzelnen aktiv in der täglichen Kommunikation angestrengt und letztlich kultiviert wird. Dabei bedarf es natürlich des Vertrauens untereinander, sich mit seinen eigenen Gefühlen und Bedürfnissen zu öffnen. In der gerade gezeigten Form des mediativen Verhandelns wird durch das Aussprechen der eigenen Notlage die Empathie des Gegenübers angesprochen, die damit alternative Lösungsoptionen ermöglicht, über die ohne diese Hintergründe wahrscheinlich gar nicht erst nachgedacht würde. Wir als Mediatorinnen konnten es immer wieder in beeindruckender Weise erfahren, dass das Ansprechen der dahinterstehenden Situation mit den entsprechenden Bedürfnissen geradezu die mitmenschliche Seite wachruft und zu wirklich befriedigenden kollegialen Bezügen führen kann. Insofern möchten wir Sie – immer abhängig von Ihrem Gegenüber und seinen Möglichkeiten – ermuntern, diesen mediativen Weg des Verhandelns zu gehen.

6.2.2 Einfühlsames Nein-Sagen (NEE)

Einfühlsames Neinsagen	Ärger-Mitteilung
*Kolleg*in wünscht sich gemeinsames Projekt.*	*Kolleg*in vergisst wiederholt, den Klassenraum aufzuräumen.*
NEE **N** otwendigkeit, anderen zuzuhören: „Ich höre, du möchtest ..." **E** igenes Bedürfnis ausdrücken: „Es wäre bestimmt spannend, aber leider ..." **E** inräumen einer Alternative: „Wenn sich etwas ändert, sage ich dir gleich Bescheid."	**(V)-ABER** **V** erständnis signalisieren: „Ich verstehe, dass es lästig ist, aufzuräumen." **A** uslöser beschreiben: „Wenn Materialien nicht an ihrem Platz liegen, ..." **B** etroffenheit ausdrücken: „... ärgert es mich, weil ich Sicherheit brauche, wo etwas ist." **E** rwartung ausdrücken: „Ich bitte dich deshalb, nach Gebrauch alles gleich wegzuräumen." **R** ückmeldung erbitten: „Ist das so okay für dich?"

Sicher sind Sie nicht immer in der Lage, einem kollegialen Wunsch nachzukommen. In diesem Falle ist es legitim, ein ehrliches Nein zu formulieren, statt den Wunsch halbherzig zu erfüllen.

Nehmen wir dazu folgendes Beispiel. Sie unterrichten gern überfachlich in Projekten und kooperieren ohnehin schon viel mit Ihrer Kollegin in der Parallelklasse, was für alle Seiten bisher sehr befriedigend war. Allerdings benötigen diese Aktionen umfangreiche Vorbereitungsphasen, die Sie zurzeit wegen der Pflegesituation Ihrer Mutter so nicht leisten können. Als Ihre Kollegin Sie wegen eines neuen Projekts anspricht, sind Sie zwar innerlich begeistert, wissen aber, dass das eigentlich im Moment zeitlich nicht leistbar ist. Wie reagieren Sie am besten, ohne die Kollegin vor den Kopf zu stoßen?

Einfühlsames Nein-Sagen (NEE)
Anlass: Kolleg*in wünscht sich gemeinsames Projekt.
(**nichtmediativ:** Weißt du nicht, wie schwer ich es gerade mit meiner Mutter habe? Da fragst du mich auch noch sowas! Da hätte ich aber mehr Rücksicht von dir erwartet, wo wir uns schon so lange kennen!)

Mediativ:

N otwendigkeit, den anderen zu hören und zu spiegeln: Ich höre, du möchtest dieses spannende Thema wieder mit mir zusammen erarbeiten und umsetzen.

E igenes Bedürfnis und eigenen Hintergrund ausdrücken: Auch für mich ist die Vorstellung einer erneuten Zusammenarbeit mit dir gerade bei diesem tollen Thema sehr verlockend. Leider bin ich durch die intensive Pflege meiner Mutter zeitlich sehr eingespannt und belastet, sodass es mich einfach überfordern würde. Ich bedauere das von meiner Seite.

E inräumen einer Alternative: Wenn sich an meiner momentanen Situation etwas ändert, sage ich dir Bescheid; dann können wir gerne wieder gemeinsame Projekte planen. Ist das so okay für dich?

Indem Sie Ihre besondere Situation gegenüber der Kollegin genauer erläutern und Ihre Wertschätzung gegenüber der bisherigen Zusammenarbeit betonen, ermöglichen Sie Verständnis und belasten nicht Ihre gute Beziehung. Ein unbegründetes Nein könnte sonst u. U. als nicht offen geäußerte Kritik gegenüber der bisherigen Kooperation interpretiert werden und unnötige Vorurteile entstehen lassen. Haben Sie also Mut zu einem einfühlsamen Nein an für Sie notwendiger Stelle, um sich auch vor unliebsamen und überlastenden Aktionen zu bewahren.

6.2.3 Nichtverletzende Ärger-Mitteilung (V-ABER)

Gerade im oft eng getakteten Schulalltag kommt es nicht selten vor, dass man sich selbst über kleinere Störungen oder Unachtsamkeiten, die durch Kollegen ausgelöst werden, so richtig aufregt bzw. ärgert. Dabei kann es leicht passieren, dass man emotional überzogen reagiert, was man später durchaus bereut und erst wieder geraderücken muss. Damit Sie auch für diese Situationen kommunikativ gut vorbereitet sind, schlagen wir Ihnen eine mediative Reaktionsweise vor, die Ihre Erwartung als Bitte ausdrückt, um die Beziehung in solchen Stresssituationen nicht unnötig zu beeinträchtigen.

Um sie jedoch überzeugend anwenden zu können, brauchen Sie als Voraussetzung die mediative Grundeinsicht, dass das Verhalten Ihres Gegenübers für Ihren aufkommenden Ärger nur der Auslöser, also der Wecker Ihrer Bedürfnisse ist und nicht die Ursache. Ihr Gegenüber ist also nicht unmittelbar schuld an Ihrer Verärgerung, sondern Ihr Bedürfnis nach Achtung Ihrer Person oder nach Ordnung – wie gleich in unserem Beispiel – ist nicht befriedigt. Deshalb sprechen Sie innerlich Ihr Gegenüber frei von der Verantwortung für Ihre Gefühle und Bedürfnisse und zeigen sich selbst dafür verantwortlich, indem Sie Ihre Wünsche klar formulieren. Diese grundsätzliche Haltung entlastet Beziehungen, da der Fokus auf Befriedigung der Bedürfnisse beider Seiten liegt und nicht mehr auf gegenseitig belastende Schuldfragen im Kontakt (vgl. Holler 2003, S. 154).

Trotz dieser Grundüberlegung als entlastende Basis im Hinterkopf kann es sein, dass unser Stresssystem bei inneren Ärgerprozessen anspringt, indem es unsere rationale Kontrolle kurzzeitig betäubt und reflexartig verbal unangemessene Gegenmaßnahmen (oder „Fluchttendenzen" – „gar nichts sagen") favorisiert. Dies gilt es in der aktuellen Situation zu erkennen und zu überschreiben. Sehr hilfreich ist dabei unser Medi (vgl. Kap. 5.2.3), der Sie als beruhigender Coach zusätzlich innerlich darin unterstützt, kontrolliert zu reagieren.

Lassen Sie uns diese nichtverletzende Ärger-Mitteilung an einem Beispiel erläutern. Ihre Kollegin vergisst trotz Erinnerung zum wiederholten Mal, den Klassenraum aufzuräumen, den Sie jeweils danach mit Ihrer Klasse nutzen.

Nichtverletzende Ärger-Mitteilung: (V)ABER
Anlass: Kollegin vergisst wiederholt, den Klassenraum aufzuräumen.
(**nichtmediativ:** Kannst du deinen Müll nicht mal selbst wegräumen? Wenn das jeder so machen würde!)

Mediativ:
V erständnis signalisieren: Verstehe, dass es manchmal lästig ist, noch aufzuräumen.
A uslöser beschreiben: Wenn Materialien nicht an den festgelegten Platz geräumt sind, ...
B etroffenheit (Gefühl/Bedürfnis) ausdrücken: ... ärgert es mich, weil ich für meine Arbeit Ordnung und Sicherheit brauche und wissen will, wo was ist.
E rwartung für die Zukunft ausdrücken: Ich bitte dich deshalb, gleich alles zurückzuräumen.
R ückmeldung erbitten: Ist das so in Ordnung für dich?

Diese mediative Ansprache des Problems greift die Kollegin nicht persönlich an, sondern signalisiert ihr gleich zu Beginn Verständnis und verdeutlicht die Auswirkungen ihres Verhaltens in dieser speziellen Situation aus der Perspektive des Sprechers (Verständnis nur dann äußern, wenn Sie es ehrlich empfinden). Über die nachfolgende fundierte Bitte, die keine Forderung bedeutet, wird der Angesprochenen ohne weitere Vorwürfe ein neuer Weg der Kooperation angeboten. Mit der am Ende stehenden Rückfrage ermöglicht man dem Gegenüber zusätzlich, für sie möglicherweise schwierige Voraussetzungen anzuführen bzw. alternative Vorschläge zu machen. Damit ist ein konstruktives Kollegengespräch bereits gut angebahnt, falls noch eine Diskussion darüber notwendig ist.

6.2.4 Hinweise zum Umgang mit Kritik von Kolleg*innen

Nach unseren Erfahrungen spielen sich die meisten konstruktiven Auseinandersetzungen unter Kolleg*innen auf Augenhöhe im Rahmen des Mediativen Beratens und Verhandelns ab. Auf der Basis der Akzeptanz kommunizierter Perspektiven und miteinander besprochener Bedürfnisse können so tragfähige Lösungen zu Kompetenzfragen, pädagogischen Vorgehensweisen oder auch fachliche Beurteilungen in der Regel miteinander im Konsens gefunden werden.

Sollte es doch hin und wieder zu kritischen Äußerungen untereinander kommen, helfen die grundsätzlichen Ausführungen und mediativen Strukturen zum Umgang mit Kritik aus Kapitel 5.4/5.5 weiter. Allerdings ist hier der Unterschied zu bedenken, dass es unter Kollegen nicht um eine pädagogische Beratung des Gegenübers aus einer professionell festgelegten Funktion wie zwischen Lehrkraft und Eltern geht, sondern um einen Austausch auf gleicher, kollegialer Ebene mit dem Ziel der Konsensfindung für den Arbeitsalltag. Das kann untereinander durchaus sehr befördernd sein, profitiert jede Lehrkraft doch gerade von pädagogischen Anschauungen versierter Kolleg*innen und kann ergänzende Elemente in eigene Konzepte aufnehmen. Das setzt allerdings voraus, dass das jeweilige pädagogische Profil und der eigene Charakter jeder Lehrkraft mit ihren Schwerpunkten von jeder Seite entsprechend respektiert wird. Aber genau hier liegen auch die Gefahren von kollegialen Auseinandersetzungen, ist doch jede Seite mit ihren individuell geprägten und gewachsenen pädagogischen Überzeugungen stark identifiziert und möchte sich deshalb an bestimmten Punkten „nicht reinreden lassen". Gehen diese grundsätzlichen Vorstellungen im Umgang mit den Schülern oder dem Fach zwischen Kolleg*innen sehr weit auseinander, können durchaus sehr konfliktreiche und kräftezehrende Konstellationen entstehen, die die beiden Akteur*innen untereinander nur schwer allein miteinander auflösen können. In solchen Fällen empfiehlt sich unbedingt eine möglichst externe Mediation, um hier miteinander praxistaugliche Wege zu finden und zu vereinbaren. In manchen Fällen ist zusätzlich eine klärende Leitungsintervention gefragt, die nicht funktionierende Teamkonstellationen auflöst oder schon im Vorfeld nach anderen Zusammensetzungen sucht und diese entsprechend lenkt.

7 AUSSENSEITERSITUATIONEN AKTIV BEARBEITEN

Schulhaus mit Bausteinen zur mediativen Schulkultur

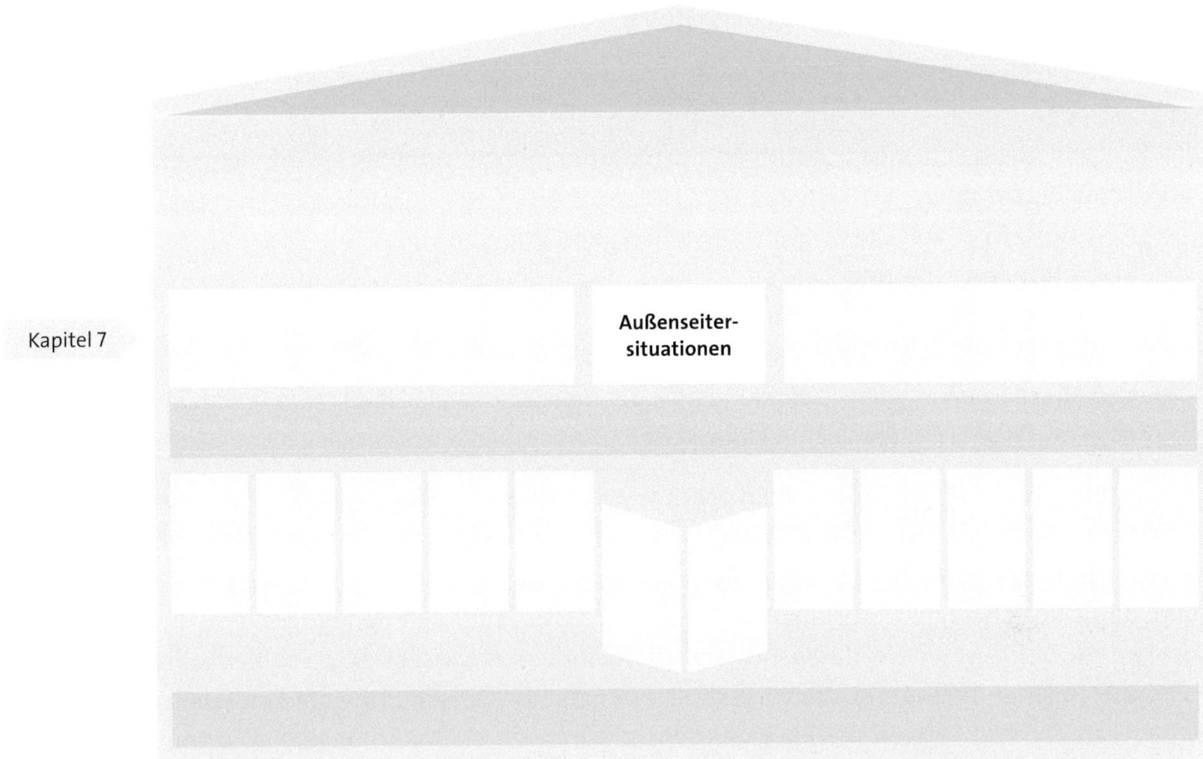

7.1 Außenseitersituationen als grundlegende pädagogische Aufgabe auffassen

Eine der wichtigsten pädagogischen Aufgaben ist es, Außenseiterstellungen rechtzeitig zu erkennen, weil sie unter Umständen außerordentlich prägend für junge Persönlichkeiten sind und den Gruppenprozess im Klassengefüge stark beeinflussen können. Mögliche Negativerfahrungen von allen Beteiligten (Mitläufern, Verstärkern, Verteidigern und Außenstehenden) gehen tief und können noch weit über die Schulzeit hinauswirken. Mediation kann hier eine besonders hilfreiche, nachhaltige Form der Bearbeitung und gründlichen Auflösung sein, wie wir bei unseren zahlreichen Interventionen gerade in diesem Bereich erfahren konnten. Es ist uns ein großes Anliegen, diese Vorgehensweise weiterzugeben und Ihnen als Anregung für Ihre wichtige pädagogische Aufgabe zur Verfügung zu stellen.

Für die Bearbeitung von Außenseitersituationen ist grundsätzlich zu berücksichtigen, dass sie nicht selten verdeckt ablaufen und deshalb in ihrem vollen Ausmaß nur schwer zu greifen sind. Die Akteur*innen schützen sich meistens gegenseitig, die Betroffenen haben Angst vor verschärften Attacken und empfinden oft Scham, es zuzugeben, Mitläufer*innen befürchten eigene Ausgrenzungen und Eltern haben Angst vor Stigmatisierung.

Mögliche Ausgangspunkte für eine Außenseitermediation könnten eigene, teilweise unvollständige Beobachtungen der Pädagog*innen oder Hinweise von außen zu Auffälligkeiten im sozialen Miteinander der Klassengemeinschaft sein. Dabei könnte es sich z. B. um wiederholte verbale oder körperliche Angriffe gegenüber Einzelnen oder einer bestimmten Gruppe handeln, die zu sozialen

Ausgrenzungen und somit zur Destabilisierung der psychischen bzw. körperlichen Verfassung der Betroffenen führen. Typisch dafür ist, dass die Ausgegrenzten keine adäquaten Gegenmittel mehr finden und zusehends in eine Opferrolle geraten. Davon betroffen sind nicht grundsätzlich, aber häufiger Schüler*innen, die ein störendes oder als unsympathisch empfundenes Sozialverhalten zeigen, äußerliche Auffälligkeiten und/oder ein geringes Selbstwertgefühl haben.

Um sich Klarheit über die Situation in der Klasse zu verschaffen, könnten folgende Maßnahmen dazu beitragen:

- gezielte Beobachtungen bestimmter Schüler*innen bzgl. ihres Sozialverhaltens in unterschiedlichen Situationen
- Protokolle über Vorfälle von verschiedenen Seiten
- Kolleg*innen-Befragung
- Einzelgespräche mit möglichen Beteiligten
- anonymer Fragebogen: Was läuft gut, was schlecht in der Klasse?
- gestalterische Aufgaben: z. B. in Kleingruppen die Klasse als Haus zeichnen lassen, verbunden mit Fragen wie: Finden alle im Haus Platz?

Sollten sich auf der Grundlage dieser Interventionen mögliche Gesprächskonstellationen zur mediativen Klärung der Situation ergeben, verweisen wir Sie auf unsere Gesprächsleitfäden in Kapitel 7.2. Zur umfassenden Vorbeugung von Außenseiter-Situationen sind die mediativen Basics grundlegend, da sie verschiedenste Sozialkompetenzen umfassend für den pädagogischen Alltag ausbilden (vgl. Kap. 3). Dafür ist eine verlässliche, wertschätzende und konsequente Schüler-Lehrer-Beziehung von maßgeblicher Bedeutung, die von schülerorientiertem Lernen ohne starken Leistungsdruck begleitet wird. Daneben bieten sich eine Reihe von präventiven Maßnahmen im Klassenrahmen an, falls Sie dafür die Notwendigkeit sehen.

- Teamstärkende Maßnahmen wie Klassenfahrten oder kooperative Spiele
- Mehr eigene Verantwortlichkeiten und offene Aussprache-Foren wie Klassenrat (vgl. Kap. 4.5)
- Regelerwartungen diskutieren und mögliche Konsequenzen vereinbaren (vgl. Kap. 4.1)
- Präventive Gruppenarbeit in Zufallsgruppen mit möglicher Fragestellung: Was können wir dauerhaft tun, um Ausgrenzungen in unserer Klasse nicht aufkommen zu lassen?

Um für die gesamte Schulgemeinschaft Außenseiterprobleme möglichst gering zu halten, könnten zusätzlich folgende koordinierende Maßnahmen hilfreich sein:

- Klärungs- und Präventionshilfen durch Schulkonfliktlots*innen und durch das Team aus Lehrkräften und Mediator*innen
- Regelmäßiges anonymes Lehrerfeedback
- Pädagogisch angelegte Klassenkonferenzen

Erst durch das Zusammenwirken verschiedenster mediativer Präventions- und Interventionsmaßnahmen kann Ausgrenzungsprozessen nachhaltig entgegengewirkt werden, sodass sich jeder in der Schulgemeinschaft wohlfühlen kann.

7.2 In Außenseitersituationen zukunftsweisende Gespräche mit allen Beteiligten führen

Wird eine Außenseitersituation offenkundig, sollte zunächst über verschiedene Ansprechpartner überprüft werden, wie hoch das Konfliktfeld schon eskaliert ist. Hierbei ist entscheidend, seit wann, in welchem Ausmaß und wie viele Beteiligte in welcher Form involviert sind. Bei zu hoher Eskalation (Stufe 6 bis 7, vgl. Glasl 1999, S. 215ff.), insbesondere bei Beteiligung von Kolleg*innen, Eltern oder Schulleitung, die ggf. schon zu anderen Maßnahmen gegriffen haben, ist es meistens ratsam, andere regelnde Verfahrensweisen von außen zu ergreifen. Unter Umständen kann die Mediation hier ergänzend und präventiv wirksam sein.

Ist die Außenseitersituation noch nicht zu stark eskaliert, empfehlen wir Ihnen unsere bewährte mediative Vorgehensweise. Aus unserer Sicht sollten erfahrene Mediator*innen diesen Prozess anleiten, da er unbedingte Allparteilichkeit, einen besonderen Schutz der Betroffenen und ausgesprochen viel Empathie für alle Beteiligten erfordert. Daneben ist grundlegend, dass die Akteur*innen im Vorfeld in keiner Weise stigmatisiert oder bestraft werden. Wir als Mediatorinnen setzen dabei auf die empathisch geprägte Betroffenheit/Einsicht der Akteur*innen im Unterschied zu anderen Lösungsansätzen (Rosenkranz 2013, S. 39ff.). Getragen wird dieser Gesamtprozess durch das Vertrauen in die Lösungskompetenz aller Beteiligten durch uns Mediator*innen.

Bevor Sie in den Mediationsprozess einsteigen, ist es nötig, die Außenseiterdynamik in ihren Grundzügen durch informelle Gespräche aufzuklären. Dabei sollten Hauptakteur*innen und die dadurch Betroffenen ermittelt und mit ihren Handlungsketten beleuchtet werden. Daraus ergeben sich die möglichen Gesprächskonstellationen. Eine mediative Form, die Außenseitersituation zu bearbeiten, sind Einzelgespräche mit dem/der Hauptakteur*in und dem Hauptbetroffenen, die jeweils die Hintergründe aufdecken und zu möglichen Lösungsansätzen führen. Es empfiehlt sich, sich zunächst durch ein Gespräch mit dem oder den Hauptbetroffenen ein Bild über das Ausmaß zu machen und danach den oder die Hauptakteur*innen zu befragen.

Gesprächsleitfaden für Betroffene

Anlass: Ich habe dich zum Gespräch gebeten, weil ich den Eindruck habe, dass dich etwas belastet. Mir ist aufgefallen, dass es dir in letzter Zeit nicht so gut in der Klasse geht.

Vertraulichkeit: Ich verspreche dir, dass unser Gespräch vertraulich bleibt, und keiner etwas davon erfährt. Hast du dich schon irgendjemandem anvertraut?

Perspektive erfragen: Magst du erzählen, was in der Klasse los ist und wie es dir dabei geht?

Aktives Zuhören mit weichem Spiegeln: Ich höre ... Du erlebst es als ... Du fühlst dich ...

Spezifizieren: Was genau ist besonders schwierig für dich? Wie lange besteht diese Situation schon so für dich? Wie hat es angefangen und wie hat es sich dann weiterentwickelt? Wie läuft es genau ab? Wer spielt dabei eine Rolle? Wem kannst du vertrauen?

Erhellen: Wie gehst du mit deinen Gefühlen um? Wie verarbeitest du deine Gefühle?

Lösungen erfragen: Wie gehen wir jetzt mit dieser Situation um? Hast du eine Idee, wie es weitergehen könnte?

Beistand erfragen: Wer könnte dir beistehen? Wer könnte dich unterstützen und wie?

Abwägung zum Wohl der Schüler*innen: Ich könnte mir vorstellen, dass Folgendes von deinen Überlegungen dir weiterhilft ..., anderes jedoch eher ungünstig ist ...

Verhaltensvorschläge: Möchtest du gerne hören, welche Wege ich noch für hilfreich ansehe?

Absprachen: Gespräch mit dem/der Akteur*in? Gespräch mit den Eltern? Mediationsgespräch? (Setting vorschlagen) Ist das für dich in Ordnung? (Bei Ablehnung zunächst Verzicht)

Vereinbarung: Du hast dir jetzt vorgenommen, ... zu tun. Ich werde Folgendes tun ... Bis wann warten wir? Wann treffen wir uns wieder?

Rückmeldung: Wie geht es dir nach unserem Gespräch?

Dank: Vielen Dank für dein Vertrauen!

Gesprächsleitfaden für Akteur*innen

Anlass: Ich habe dich zum Gespräch gebeten, weil ich von Problemen in der Klasse erfahren habe. Mir ist aufgefallen, dass es nicht jedem in der Klasse gut geht.

Vertraulichkeit: Ich verspreche dir, dass unser Gespräch vertraulich bleibt, und keiner etwas davon erfährt.

Perspektive erfragen: Wie geht es dir in der Klasse? Was findest du angenehm? Gibt es etwas, was du nicht in Ordnung findest? Kannst du dir vorstellen, worum es geht und warum ich dich zum Gespräch gebeten habe?

Erhellen: Wie geht es dir damit?

Aktives Zuhören mit weichem Spiegeln: Ich höre ... Du erlebst es als ... Du fühlst dich ...

Perspektivwechsel: Ich beobachte, dass es Schüler*innen in der Klasse gibt, die nicht respektiert werden und am Rande der Klasse stehen. Ich weiß, dass es ... nicht gut geht. (Nur wenn Betroffene ihre Erlaubnis erteilt haben!)

Rückfragen: Machst du dieselben Beobachtungen?

Prinzipien: Mir ist wichtig, dass sich hier jede(r) wohlfühlt, respektvoll behandelt wird und in Ruhe lernen kann. Das werde ich in jedem Falle durchsetzen. Wer sich nicht an unsere vereinbarten Regeln hält, wird die Konsequenzen tragen müssen.

Lösungen erfragen: Was könntest du dazu tun, dass sich die Situation verbessert? Hast du eine Idee, wie sich die Situation ändern ließe?

Unterstützung erfragen: Brauchst du dabei Unterstützung? Wer könnte dir dabei helfen und wie?

Abwägung zum Wohl des Schülers: Ich könnte mir vorstellen, dass Folgendes von deinen Überlegungen dir weiterhilft ..., anderes jedoch eher ungünstig ist ...

Erwartungen: Ich erwarte von dir, wie von allen anderen Mitschüler*innen, dass du dich an unsere Klassenregeln hältst, damit sich jeder bei uns wohlfühlen kann.

Absprachen: Gespräch mit den Eltern? Mediationsgespräch? (Setting vorschlagen)

Vereinbarung: Du hältst dich jetzt genau an die Klassenregeln und Prinzipien unserer Klasse. Ich werde aufmerksam darauf achten. Wir treffen uns am ... zu einem Gespräch über die Entwicklung.

Rückmeldung: Wie geht es dir nach unserem Gespräch?

7.3 Außenseitersituationen im Mediationssetting verhandeln

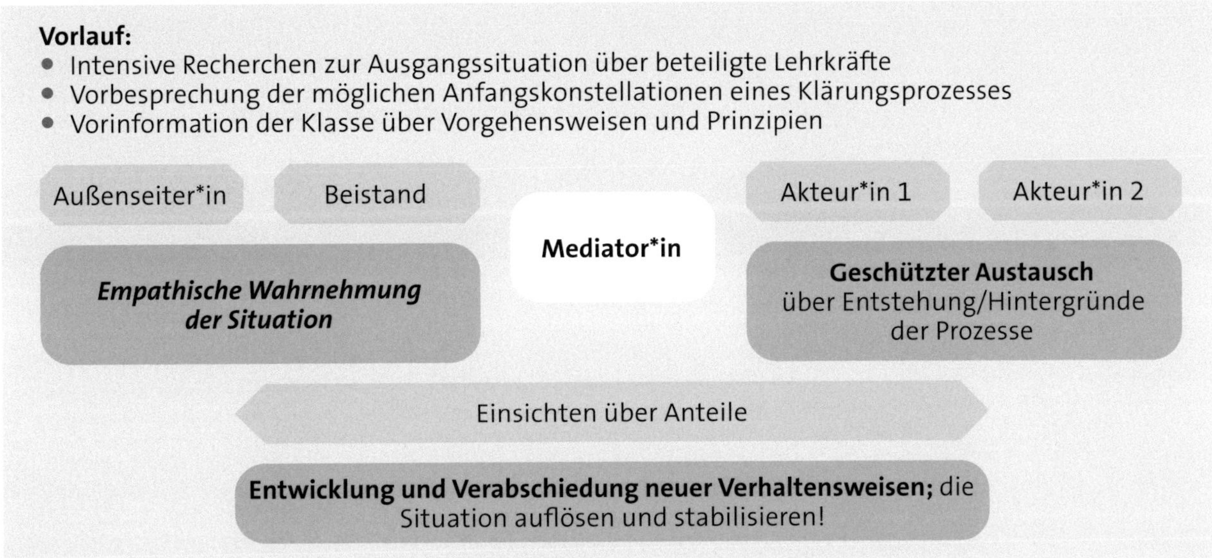

Neben diesen Einzelgesprächen mit Akteur*innen und Betroffenen haben wir außerordentlich gute Erfahrungen mit einem auf diese spezielle Situation ausgerichteten Mediationssetting gemacht. Dabei ist wichtig, dass von vorneherein kein Übergewicht entsteht, das den mediativen Prozess beeinträchtigen könnte. Deshalb schlagen wir eine Viererkonstellation mit einer Auswahl von jeweils zwei Vertreter*innen für die Seite der Akteur*innen und Betroffener vor. Besonders gute Ergebnisse haben wir erzielt, indem wir dem/der Betroffenen einen Beistand (z. B. Klassensprecher*in oder Freund*in mit sozialer Akzeptanz in der Klasse) zur Seite gestellt haben, der ihn/sie stärkt. Bei den Akteur*innen bleibt abzuwägen, wer sich am ehesten mit dem Prozess konstruktiv auseinandersetzen kann. Das bedeutet, dass ein/e Einzelakteur*in eine konstruktive Begleitperson braucht, bei mehreren Akteur*innen bleibt zu überlegen, bei welcher Konstellation die größte Einsicht zu erwarten ist. Denn gerade der Perspektivwechsel, der durch Mitschüler*innen initiiert wird, kann die verletzenden Auswirkungen der Attacken verdeutlichen, was viel nachhaltigere Wirkung zeigt als Ermahnungen von Erwachsenen.

Bevor die Arbeit in einem separaten, ruhigen Raum mit den ausgesuchten Schüler*innen beginnen kann, empfiehlt es sich, die Klasse von dem geplanten Gesamtprozess mit dem angestrebten Ziel, die Atmosphäre für alle zu verbessern, zu informieren. Dabei wird erklärt, dass zunächst nur einige ausgewählte Schüler*innen ein Gespräch miteinander führen, in dem die Hauptprobleme der Klassensituation zur Sprache kommen sollen und ggf. schon erste Lösungsansätze erarbeitet werden. Es ist jedoch möglich, dass weitere Mitschüler*innen dazu geholt oder andere Gesprächskonstellationen nötig werden, um neue Aspekte für eine umfassende Regelung zu beleuchten.

Diese Kleingruppengespräche haben zum Ziel, mit mediativen Mitteln die Einsicht aller zu gewinnen und eine Verbesserung der Gesamtsituation in der Klasse unter Mitwirkung aller Mitschüler*innen zu erreichen. Kernpunkte dieser Gespräche sollte die empathische Wahrnehmung der Außenseitersituation mit ihren Auslösern und Folgen aller Beteiligten sein. Ihr Ziel ist es, diese Prozesse so zu verändern, dass neue Verhaltensmuster für alle Seiten verabredet werden, die die konkrete Situation auflösen und zukünftig stabilisieren.

Sind diese neuen Verhaltensmuster einvernehmlich beschlossen worden, stellen die Beteiligten aus den Kleingruppen die Ergebnisse in der Klasse vor. Nach einer möglichen Diskussion bzw. Ergänzung wird das Ergebnis mit allen abgestimmt und ggf. eine Laufzeit und/oder ein Nachtermin vereinbart.

8 SCHULKONFLIKTLOTSEN FÜR DIE GANZE SCHULE EINFÜHREN

Schulhaus mit Bausteinen zur mediativen Schulkultur

Nachdem Sie Ihre Klassenkultur über die mediativen Basics mit entsprechendem Klassenmanagement (Kap. 3 und 4) und daneben Ihre eigenen pädagogischen Beratungen mediativ ausgerichtet haben (Kap. 2, 5 bis 7), ist es ein größerer Schritt, diese demokratischen Umgangsformen in Ihre eigene Schulkultur mit der Einrichtung eines Schulkonfliktlotsensystems hineinzutragen. Auch wenn es mancherorts einen langen Atem braucht, das Kollegium mitzunehmen, haben wir an den verschiedenen Schulformen und Schulstandorten überwiegend positive Erfahrungen dazu sammeln können. Die mediativen Impulse wirken deshalb ausgesprochen innovativ und spannend, da sie bei den Schüler*innen an der Basis ansetzen und keine von oben verordneten Strukturänderungen sind, die oft als wenig hilfreich und praxisrelevant erlebt werden. Dabei haben wir vielfach erfahren, dass es nicht unbedingt notwendig ist, von vornherein ein durchorganisiertes System unter besten Voraussetzungen und mit vielen Mitstreitern zur Verfügung zu haben. Selbst begrenzte Ausbildungsinitiativen können bereits Akzente setzen, die dann weitere folgerichtig nach sich ziehen. Fangen Sie dort an, wo es bei Ihnen möglich ist, und setzen Sie mutig Motivationen. Das hinterlässt trotz anfänglicher Skepsis oft breitere Wirkungen als zunächst gedacht. Wir können Sie nur ermuntern, den hier ausführlich beschriebenen Grundlehrgang für Ihre potentiellen Konfliktlots*innen unter Berücksichtigung einiger Voraussetzungen auszuprobieren (siehe 8.1 und 8.2).

8.1 Tragfähige Voraussetzungen für das Schulkonfliktlotsensystem schaffen

Ein gut aufgestelltes und funktionierendes Konfliktlotsensystem bildet die Säule für eine tragende mediative Schulkultur und ist der Garant für den Fortbestand und ihre permanente Weiterentwicklung. Über ihre täglichen Interventionen transportieren die Schulkonfliktlots*innen die mediativen Prinzipien von Wertschätzung, Respekt, Fairness und Autonomie und fördern somit praktisch ein sozialverträgliches Klassen- und Schulklima. Neben Stärkung der Sozialkompetenz im Allgemeinen sorgen sie für selbstverantwortliche, faire und offene Konfliktklärung im Konsens auf Schülerebene.

Voraussetzung dafür sind engagierte und an der Schule unterstützende Lehrkräfte, die fundiert mediativ ausgebildet und kollegial gut vernetzt sind (vgl. Kap. 10). Daneben ist es von grundlegender Bedeutung, dass alle Schulbeteiligten über dieses System informiert sind und es hinreichend unterstützen (vgl. Kap. 11). Ebenso wichtig ist es, dass Leitung und Kollegium auf dieser Grundlage die notwendigen Ressourcen an Ausbildungs- und Betreuungsstunden, sowie räumlichen und finanziellen Voraussetzungen mittragen.

Wir haben gute Erfahrungen damit gemacht, ausgewählte Schüler*innen der zwei ältesten Jahrgänge der Grundschule und ab dem dritten Jahrgang der weiterführenden Schulen als Konfliktlots*innen auszubilden. Es hat sich bewährt, zehn bis zwölf freiwillige Schüler*innen aus verschiedenen Klassenstufen zusammenzustellen, die dann später als Team gut agieren können. Für die Qualität der Konfliktlots*innen-Arbeit ist es außerordentlich wichtig, dass die Schüler*innen eine hohe Sozialkompetenz und Akzeptanz in der Schülerschaft haben sowie relativ leistungsstark und sprachlich versiert sind. Bewährt hat sich für die Basisausbildung ein Umfang von ca. 16 Unterrichtsstunden, die sich bevorzugt als Projekteinheit von drei Schultagen oder als AG organisiert in wöchentlichen Doppelstunden durchführen lassen. Je komprimierter die Ausbildung gestaltet werden kann, desto effektiver ist der Lernerfolg bezüglich der mediativen Kompetenz. Am Ende der Ausbildung empfehlen wir unbedingt eine praktische Prüfung in Form eines Rollenspiels, in dem ein typischer Schulkonflikt selbstständig und phasengerecht mit den erlernten mediativen Techniken verhandelt wird. Ergänzt werden kann die Prüfung durch die Dokumentation des bearbeiteten Falles. Gerade diese Prüfung zeigt, inwieweit die angehenden Konfliktlots*innen die mediative Haltung, Allparteilichkeit und die Phasenstruktur in ihnen unbekannten Konfliktfällen umsetzen können. Denn nur auf der Grundlage dieser Kompetenz können sie selbst erfolgreich mediieren und damit das gesamte Konfliktmanagementsystem der Schule nachhaltig unterstützen. Als besondere Wertschätzung wird von den Konfliktlots*innen empfunden, wenn ihre Leistung durch einen Vermerk auf dem Zeugnis und eine feierlich überreichte Urkunde gewürdigt wird.

8.2 Schüler*innen strukturiert zu Konfliktlotsen ausbilden

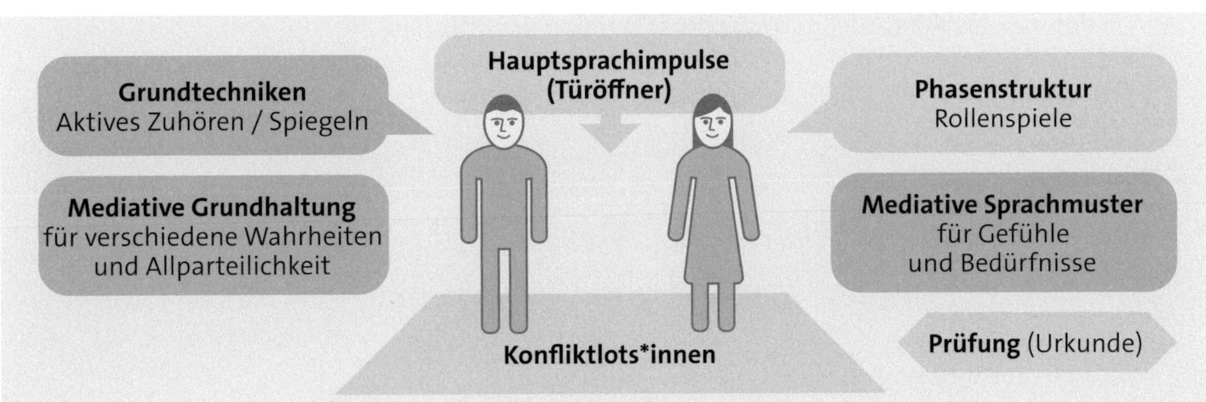

Das folgende Grundlagencurriculum befähigt die Teilnehmenden Schritt für Schritt zu einer selbstständigen mediativen Verhandlungskompetenz. Dafür werden die mediativen Kommunikationstechniken systematisch aufeinander aufbauend geschult, in der Regel jeweils von den Lehrenden demonstriert und vor allem in praktischen Rollenspielen eingeübt. Neben diesen intensiven Übungsprozessen miteinander ist die anschließende Reflexion und Einordnung der gewonnenen Erfahrung ein entscheidender Lernschritt. Die selbst erfahrenen Erkenntnisse in Übungssituationen sind viel bedeutsamer für die spätere Mediationsarbeit als theoretisch Erworbenes. Die Lernerfahrungen werden dadurch intensiviert, dass die wichtigsten Grundtechniken zunächst in einer Negativversion demonstriert werden und dieser sofort im Anschluss eine mediative Version gegenübergestellt wird. Ziel dieser methodischen Vorgehensweise ist es, die unterschiedlichen Auswirkungen kommunikativer Stile emotional nachvollziehen zu können. Das schärft grundsätzlich die Sensibilität für die Bedeutung kommunikativer Aussagen bei der Beziehungsgestaltung.

Wir stellen Ihnen ein Ausbildungscurriculum als Grundkonzept vor, dessen Inhalte und Formulierungen Sie auf die entsprechende Altersstufe und die zeitlichen Möglichkeiten anpassen sollten. Die Ausbildung mit Hilfe dieses Curriculums (sprachlich entsprechend angepasst) lässt sich nicht nur bei Schüler*innen unterschiedlicher Altersstufen, sondern auch bei erwachsenen Berufsschüler*innen und Lehrkräften sehr erfolgreich umsetzen.

8.2.1 Die grundlegende Vorgehensweise der Mediation und ihre Grundtechniken kennenlernen

Anfang

Beginnen könnten Sie den Ausbildungslehrgang mit folgenden Anfangsimpulsen: Danke: ..., dass ihr euch für den Frieden an der Schule einsetzen und extra Zeit für den Lehrgang und spätere Schlichtungen investieren wollt. Damit werdet ihr Schüler*innen mit besonderer Kompetenz, Verantwortung und einem besonderen Image.

Ziele des Lehrgangs: Schlichtungsgespräche selbstverantwortlich leiten, Streiter beruhigen und deeskalieren, Konflikthintergründe aufdecken, Lösungen verhandeln und vereinbaren

Selbstvorstellung der Leitung: ggf. eigener Weg – Intentionen – Hintergrund

Kennenlernen über Austausch und Partnervorstellung:

- Auslosen der Austauschpartner nach Zufallsmethode (z. B. mit Spielkarten oder Wahl eines noch unbekannten Partners)
- Austausch über: Name und Klasse – Lieblingsfach, Hobby – Warum Konfliktlotse? – Berufswunsch? oder Ähnliches
- Vorstellung des Austauschpartners entsprechend der Kriterien

Thema 1: Grundsätzliches zur Mediation

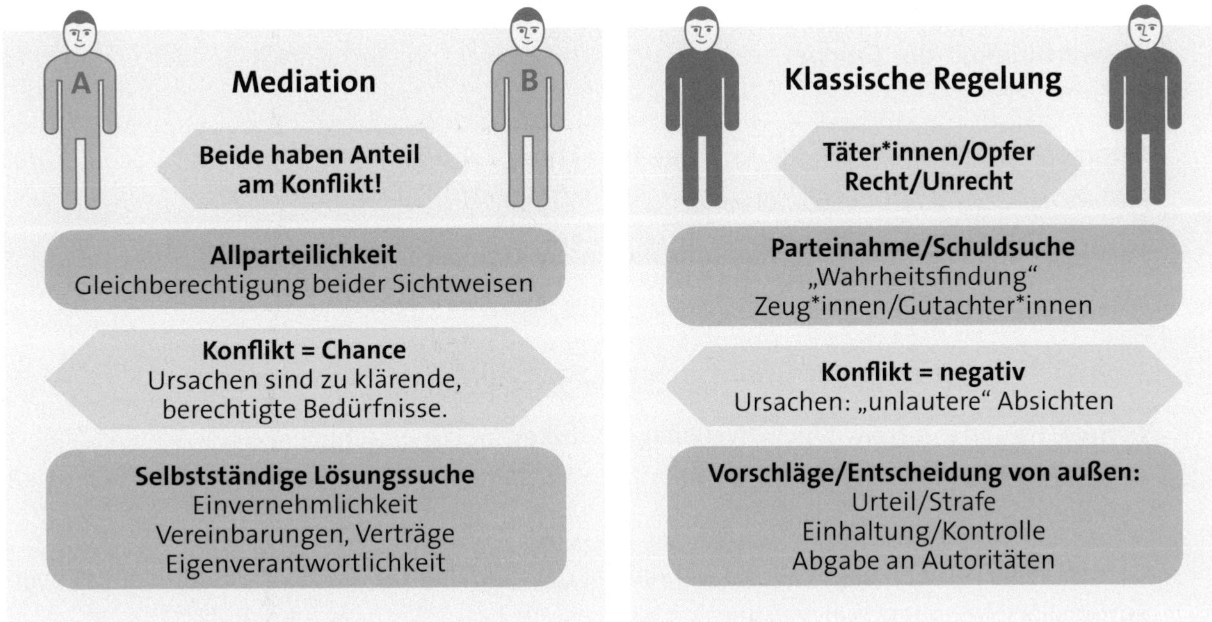

Wo gibt es Mediation?
Sammeln erster Berührungspunkte mit Mediation und Vorstellen weiterer Arbeitsbereiche der Mediation auch außerhalb von Schule

Wie geht die Mediation vor?

- **Darstellung der Täter-Opfer-Sicht** gegenüber Gleichberechtigung beider Sichtweisen.
- **Erläuterung der verschiedenen Vorgehensweisen im Konfliktfall** zum einen aus der Täter-Opfer-Sicht mit Regelung von außen und zum anderen aus der mediativen Sichtweise mit gleichberechtigten Perspektiven und der Phasenstruktur, die zu einvernehmlichen Lösungen führt (win-win).
- **Gemeinsame Reflexion:** Welche Lösungsart findet ihr sinnvoller? Was spricht euch an? Wo kommen euch Bedenken, ob es in der Praxis so funktioniert?

Mit der Vorstellung der mediativen Vorgehensweise gleich zu Beginn der Ausbildung werden die Lehrgangsinhalte sofort verständlich; Vorbehalte können vorab diskutiert und ausgeräumt werden.

Thema 2: Einführung der Grundtechnik „Aktives Zuhören"

Die korrekte praktische Umsetzung der Techniken des „Aktiven Zuhörens" und „Spiegelns" sind elementar für das Gelingen des gesamten Mediationsgeschehens. Sie sind die Eckpfeiler einer gelebten mediativen Haltung und sollten deshalb mit der Gruppe gründlich besprochen und im Laufe des gesamten Lehrgangs immer wieder unter verschiedenen Aspekten geübt werden (vgl. Kap. 3.2).

Demonstration mit freiwilligem/freiwilliger Schüler*in über die Pausensituation an der Schule: Was gefällt dir an den Pausen besonders gut? Gibt es etwas, was du gern ändern würdest, wenn du könntest?

- (nichtmediativ: zuerst mit schlechtem Zuhören etwa eine Minute lang – Einräumen der Auslagen, Kommentare, abgelenkt, Abwertungen, kein Blickkontakt, Nebenbeschäftigungen, Erzählen eigener Erlebnisse)

- mediativ: gleiches Thema mit aktivem Zuhören (Zugewandtheit, Konzentration, Nachfragen, keine Bewertung)

Auswertung mit der Gruppe: Welche Unterschiede habt ihr festgestellt bei der ersten und zweiten Version?

Sammeln und Visualisieren der Kriterien für aktives Zuhören in der Gruppe (ggf. Schüler, der demonstriert hat, extra nach Wirkung auf ihn befragen)

Partnerübung mit anschließender Reflexion in der Gruppe: Partner auslosen – Wechsel ansagen – bei ungerader Zahl ggf. zu dritt

Thema 3: Einführung der Grundtechnik „Spiegeln“

Demonstration mit freiwilligem/freiwilliger Schüler*in: Dieser schildert einen Konflikt (selbst erlebt oder mit angesehen, der sich außerhalb der Lerngruppe ereignet hat), Leiter*in spiegelt Kernaussagen der/des Schüler*in.

Gemeinsame Auswertung: Welche Technik hat der Konfliktlotse/Mediator neben dem Aktiven Zuhören angewendet? Welche Funktion hat diese Technik? Wofür ist sie hilfreich?

Aspekte der Reflexion: Verständnis absichern, vertiefende Klärung für beide/alle Seiten, Übersetzung in verständliche Sprache für alle Seiten.
Rechnen Sie damit, dass zunächst Vorbehalte gegenüber dieser Technik geäußert werden, da ihre Bedeutung für den Gesamtprozess oftmals zu Beginn bzw. im Rahmen der Partnerübung noch nicht voll erfasst werden kann. Deshalb ist ein zusätzlicher Hinweis auf die spätere Verhandlungssituation als Konfliktlots*in sinnvoll: Konfliktparteien können die Aspekte des Konfliktgeschehens durch das neutrale Spiegeln des Mediators anders wahrnehmen und annehmen als von der Gegenpartei selbst.

Partnerübung: Aktives Zuhören / Spiegeln einer Konfliktschilderung: Partner auslosen – Wechsel ansagen

Reflexion mit der Gruppe: Was war gut, was war schwierig? Wie ist das Spiegeln gelungen? War es hilfreich? Wofür genau und für wen? Fandet ihr den richtigen Zeitpunkt bzw. den richtigen Umfang?

8.2.2 Mit den Hauptsprachimpulsen der Mediation und ihren unterschiedlichen Perspektiven umgehen

Thema 4: Kennenlernen der Hauptsprachimpulse der Mediation

Diese Sprachimpulse (Türöffner) in ihrer Vielfalt und Struktur zu beherrschen und auf die jeweilige Gesprächssituation anwenden zu können, ist eine der wesentlichen Grundlagen der mediativen Kommunikation und Vermittlung. Mit ihnen gestaltet man maßgeblich die Gesprächsatmosphäre und die Beziehungsqualität (auf Augenhöhe und wertschätzend oder dominant und fordernd) sowie die Chance auf eine einvernehmliche Lösung. Mit der präzisen Anwendung von Türöffnern ergibt sich eine hervorragende Möglichkeit, die „Beziehungskonten“ (Wert der Beziehung) untereinander aufzufüllen und damit befriedigende Netzwerke zu schaffen. Im Gegensatz dazu führen Straßensperren zu „Abbuchungen“ im Beziehungsgeschehen und zu möglichen Konflikten bzw. Eskalationen.

Präsentation/Gegenüberstellung von „Straßensperren“ im Vergleich zu mediativen „Türöffnern“ mit anschließender Auswertung

- **Erarbeitung im Plenum:** Dafür eignet sich die Gruppensituation (offener Stuhlkreis). Der Leiter übernimmt die Rolle des Problemgebers, die Gruppe fungiert als Konfliktlots*innen.
- **Situation:** Ein*e Schüler*in (Leiter*in übernimmt diese Rolle) kommt mit einem Streitanlass (z. B. Mitschüler*in hat sich unerlaubt Buntstifte aus der Federtasche genommen, oder Mitschüler*innen bezeichnen ihn als „Streber“) zu den Konfliktlots*innen und erhofft sich Hilfe. Er/sie ist erregt und verzweifelt!
Schüler*innen erhalten jeweils eine vorgefertigte „Straßensperre“ (z. B. in Form von Moderationskarten), die sie nacheinander als Antwortmöglichkeit vorlesen.

Befehlen:	Geh ihm doch einfach aus dem Weg.
Verhören:	Warum bist du nicht schon früher gekommen?
Interpretieren:	Du willst dich wohl wichtigmachen.
Verurteilen:	Du bist viel zu empfindlich!
Warnen:	Reiß dich zusammen. Was sollen die anderen von dir denken!
Moralisieren:	Warum schaffst DU es eigentlich nicht, dich mit allen zu vertragen?
Befehlen:	Stell dich nicht so an! Ist doch halb so schlimm!
Ablenken:	Komm vergiss es! Lass uns über was anderes reden.
Beschwichtigen:	Ach komm ... Morgen sieht alles wieder anders aus.
Unterstellen:	Unschuldig warst du doch bestimmt auch nicht!
Abwiegeln:	Kannst du deine Probleme nicht selber lösen?
Abschmettern:	Na und? Pech gehabt! Und was soll ich jetzt da machen?

Gemeinsame Auswertung: Wie hat sich der hilfesuchende Schüler wohl bei diesen Konfliktlotsen gefühlt?

Aspekte der Reflexion: Geringschätzung, Abwehr, keine Hilfe, Erschlagensein

Erneutes Rollenspiel mit Türöffnern: Nach der Auswertung der Straßensperren wird dieselbe Situation vom Leiter noch einmal angespielt. Diesmal antworten die Schüler*innen je nach ihrer Einschätzung passend mit den vorgefertigten und an jeden verteilten „Türöffnern“ (z. B. Moderationskarten). Die Türöffner repräsentieren die unterschiedlichen Kommunikationsebenen einer mediativen Konfliktbearbeitung und sollten entsprechend dieser Ebenen farblich gekennzeichnet werden. Es ist methodisch empfehlenswert, diese entsprechend strukturiert von der Gruppe sortieren zu lassen unter dem Blickwinkel eines sinnvollen Ablaufes (vgl. KOMMUNI in Kap. 2). Die Lehrkraft sollte im Anschluss über einen Diskussionsprozess mit der Gruppe die mediative Struktur klarstellen und erläutern.

1. Atmosphäre schaffen und Problem erheben (Klärungsphase – blau)	**2. Emotionalen Hintergrund erhellen (Gefühlsebene – rot) (Bedürfnisebene – grün)**	**3. Lösungen suchen (schwarz)**
Loben: Gut, dass du damit zu mir kommst. (blau) **Ermutigen:** Es ist wichtig, dass du es ansprichst. (blau) **Aktives Zuhören:** Ich höre dir gern zu. Es interessiert mich, was du erlebt hast. (blau) **Spiegeln:** Für dich war die Situation schwierig? (blau) **Auslöser erfragen:** Wie genau kam es dazu? (blau) **Entwicklung erfragen:** Kam es schon mal vor und wie war es da? (blau)	**Beziehung erfragen:** Wie steht ihr zueinander? (rot) **Weich spiegeln:** Du bist jetzt sehr verärgert und hättest gern Unterstützung. (rot) **Gefühle erfragen:** Wie war es für dich? Wie geht es dir jetzt? (rot) **Verhältnis definieren:** Wie war euer Verhältnis früher und wie ist es heute? (rot) **Betroffenheit erfragen:** Was genau war besonders schwierig für dich? (rot) **Beziehung klären:** Was schätzt du an eurer Beziehung? (rot) **Erwartungen erfragen:** Was hättest du stattdessen erwartet? (grün) **Bedürfnisse erfragen:** Was brauchst du? Was wünschst du dir? (grün)	**Mögliche Lösungen erfragen:** Was würdest du für die Zukunft vorschlagen, was könntest du anbieten? (schwarz) **Hilfsangebot machen:** Möchtest du ein Klärungsgespräch? Hättest du gern Unterstützung dabei? (schwarz)
Gemeinsame Auswertung: Wie hat sich der hilfesuchende Schüler bei diesen Konfliktlotsen gefühlt, insbesondere im Vergleich zum ersten Durchgang? Aspekte der Reflexion: Wertschätzung, Klärung, Deeskalation, Hintergründe aufdecken, eigene Anteile erkennen, eigene Lösungswege finden		

Partnerübung „Straßensperren und Türöffner“: A spielt den hilfesuchenden Schüler mit erlebtem Streitfall, B ist der annehmende Konfliktlotse. B reagiert kurz mit einer Straßensperre! A gibt erneut einen Impuls zu dem erlebten Streit. B reagiert nun mit ausgesuchten Türöffnern (ggf. als Dreierübung mit Beobachter, der die anschließende Reflexion leitet).

Partnerauswertung der Übung: Wie hat A die Straßensperre erlebt, wie im Gegensatz dazu die Türöffner? – Rollentausch

Gemeinsame Auswertung in der Gruppe: Wie habt ihr die Wirkung der Straßensperren erlebt? Was haben die Türöffner bewirkt? Wie habt ihr sie erlebt? Waren sie schwierig zu finden?

Aspekte der Reflexion: Straßensperren fallen leicht, Türöffner sind sehr differenziert, brauchen viel Übung bei der Anwendung, gestalten die Beziehung maßgeblich und auf Augenhöhe.

Thema 5: Verschiedene Wahrheiten annehmen

Eine weitere Grundhaltung der Mediation besteht darin, verschieden geäußerte Perspektiven zu einem Sachverhalt als individuelle Ansicht zu akzeptieren. Denn jede Wahrnehmung einer Situation ist partiell und unterliegt der subjektiven Bewertung. So kann niemand behaupten, „die einzig gültige Wahrheit“ zu kennen und diese für sich zu beanspruchen. Es ist wichtig, dass diese Grundeinsicht persönlich in einem Übungssetting erfahren wird.

Einleitende Übung im Plenum: Präsentation von Vexierbildern (z.B. Hase-Enten-Bild oder Bild von alter/junger Frau) zu folgenden Fragestellungen: Welches Tier ist zu sehen? Wer sieht die alte, wer die junge Frau? Was haben diese Doppelbilder mit Streitsituationen zu tun?

Reflexion mit der Gruppe: Diskussion mit dem Ziel der Erkenntnis, dass verschiedene Blickwinkel unterschiedliche Bilder/Perspektiven/Meinungen ergeben (Hase oder Ente /alte oder junge Frau)

Partnerübung „Malen nach Beschreibung“: A bekommt ein kleines, einfaches Bild und beschreibt es B, ohne das Bild zu zeigen. B malt nach Anweisung, darf nachfragen, aber nicht radieren (Fehler sind für die Auswertung hilfreich). Nach Fertigstellung darf B die Vorlage sehen und mit dem Gemalten vergleichen, Partner werten Entstehungsprozess aus.

Auslage der fertigen Bilder zur gemeinsamen Betrachtung:
Bilder werden neben die Vorlage zum gemeinsamen Austausch auf den Boden gelegt. Betrachtung aller Bilder durch Umhergehen und ggf. Austausch.

Gemeinsame Auswertung im Plenum: Was half beim Verstehen? Was beeinträchtigte das Verstehen? Ist es möglich, 100% originalgetreu zu malen? Was kann ein Konfliktlotse aus dieser Übung für seine Arbeit mitnehmen?

Aspekte der Reflexion: Jeder Streiter hat eine eigene, unvollständige Perspektive! Die Merkfähigkeit ist begrenzt, der Interpretationsspielraum deshalb für jede Seite groß. Das bedeutet für Konfliktlots*innen, grundsätzlich beide Perspektiven anzunehmen, keine Zeugen zuzulassen. Damit liegt der Fokus auf Lösungen für die Zukunft!

8.2.3 Erste Erfahrungen mit der Eingangs- und Klärungsphase sammeln

<table>
<tr>
<td>Hosen-
taschen-
buch
für
Konflikt-
lotsen-
teams</td>
<td>0. Anwärmen
• Lob: für Entscheidung zur Konfliktklärung (Vertrauen)
• Ziel: Klärung, Lösungssuche, Hilfe
• Vorstellung mit Namen
• Gesprächsregeln: ausreden lassen, höflich reden, Vertraulichkeit wahren (Schweigepflicht)</td>
<td>2b. Perspektivwechsel
• Wie geht es dir, wenn du das hörst?
• Kannst du die andere Seite verstehen?
• Hast du etwas Ähnliches erlebt?

B die Perspektive von A spiegeln und umgekehrt</td>
</tr>
<tr>
<td>Trennen
• Entstehung genau beobachten
• frühzeitig dazwischengehen
• schnell, überraschend, laut
• Blickkontakt auflösen, umdrehen
• Umstehende um Hilfe bitten
• Distanz wahren, herstellen</td>
<td>1. Klären
• Wer von euch möchte anfangen? (Ist die andere Seite einverstanden? Evtl. losen)
• Was ist aus deiner Sicht passiert? Was ist das Problem?
Spiegeln von A – Spiegeln von B (Gemeinsamkeiten – Unterschiede)</td>
<td>3. Lösen
• Was wünschst du dir?
• Was bietest du an?

Erfragen von A, bei Bedarf spiegeln
Erfragen von B, bei Bedarf spiegeln
Verhandeln der Vorschläge

• Seid ihr beide damit einverstanden?</td>
</tr>
<tr>
<td>Stressabbau
• dableiben, versorgen
• Gefühle aufnehmen, akzeptieren
• kontrolliert schimpfen/weinen lassen
• beruhigend/tröstend sprechen
• praktisch helfen (säubern, Pflaster)
• Gesprächsangebot machen</td>
<td>2a. Erhellen
Gefühle aufnehmen, erfragen, erkennen
• Wie hast du es erlebt?
• Wie hast du dich gefühlt?
• Was hat dich getroffen?
Weich spiegeln von A, dann von B
Bedürfnisse/Wünsche erfragen:
• Was brauchst du?
Bedürfnisse spiegeln von A, dann von B</td>
<td>4. Vereinbaren
Wiederholen der Vereinbarung
mögliches Aufschreiben und Verlesen

• Ist es so in Ordnung?
• Gibt es Ergänzungen?

Handschlag – Unterschrift
Nachtermin?
Bedanken und weiteres Angebot</td>
</tr>
</table>

Thema 6: Die Phasen 0 und 1 der Mediation

Nachdem die mediativen Grundtechniken eingeübt wurden und die Grundhaltung zu den verschiedenen Perspektiven geklärt ist, kann der mediative Vermittlungsprozess mit der typischen Phasenstruktur Schritt für Schritt eingeführt werden. Dabei hat es sich bewährt, zunächst die Phase 0 und 1 vorzustellen und zu erproben, da es anfänglich eine recht komplexe Leistung ist, zwei verschiedene, emotional geäußerte Perspektiven allparteilich aufzunehmen, zu spiegeln und sich dabei persönlicher Kommentare zu enthalten. Denn in Phase 2 und 3 benötigen die aufbrechenden Emotionen noch umfangreichere mediative Kompetenzen, die wir in vorgeschalteten Übungssequenzen zu Gefühlen und Bedürfnissen erarbeiten werden.

Kennenlernen der Phasen: Da diese Phasen praktisch vermittelt werden sollen, brauchen Sie zur Einführung altersgerechte Rollenkarten mit einer entsprechenden Konfliktbeschreibung.

Beispiel 1: Ausleihen und nicht zurückgeben
Rolle A: Er/sie leiht sich ein wichtiges Schulbuch bei dir aus und verspricht, es am nächsten Tag wieder mitzubringen. Jedoch vergisst er/sie leider, es dir zurückzugeben. Daraufhin bist du sehr verärgert und nimmst dir dafür ein anderes wichtiges Buch von ihr/ihm. Ihr versucht, den Streit bei den Konfliktlots*innen zu klären.
Rolle B: Du hast dir bei deiner/deinem Mitschüler*in ein wichtiges Buch für deine Hausaufgaben ausgeliehen. Leider vergisst du es, wie versprochen am nächsten Tag zurückzugeben. Daraufhin reagiert dein/deine Mitschüler*in ausgesprochen sauer und nimmt dir ein wichtiges Buch für sich weg. Ihr versucht, den Streit bei den Konfliktlots*innen zu klären.

Beispiel 2: Aufräumen nicht leicht gemacht
Rolle A: Du bist in dieser Woche für das Ordnungsamt in deiner Klasse zuständig und fegst am Ende des Schultages den Klassenraum aus. Dabei siehst du, dass einem/einer Mitschüler*in beim Rausgehen einige Taschentücher aus der Tasche fallen. Du bittest ihn/sie, diese aufzuheben und in den Mülleimer zu werfen. Er/sie lässt dich mit dem Kommentar: „Du hast doch schließlich das Ordnungsamt!“ stehen und verlässt den Klassenraum. Du rufst ihm/ihr wütend Schimpfworte hinterher. Am nächsten Tag bittet ihr die Konfliktlots*innen um Streitschlichtung.
Rolle B: Du hast es heute nach dem Unterricht besonders eilig, um pünktlich beim Klavierunterricht zu sein. Du bemerkst gar nicht, dass dir beim Geben Taschentücher aus der Tasche fallen. Dein/deine Mitschüler*in schnauzt dich an, deinen Müll aufzuheben. Dieser Ton ärgert dich, sodass du dementsprechend antwortest: „Du hast doch schließlich das Ordnungsamt!“ Anschließend verlässt du schnell den Raum. Am nächsten Tag bittet ihr die Konfliktlots*innen um Streitschlichtung.

Einleitung des Rollenspiels: Zwei Schüler*innen erhalten die Rollenkarten (Beispiele siehe oben) mit dem Auftrag, sich vor der Tür zu möglichen Spielweisen dieses Konfliktes zu beraten. Bitten Sie die Schüler*innen, sich kooperativ zu verhalten.

Rollenspiele verführen oft zu übertriebenen Spielweisen, die der Realität nicht entsprechen. Das könnte die nun folgende Erst-Demonstration so verfälschen, dass sie die mediative Vorgehensweise nicht realistisch wiedergeben kann. Deshalb empfiehlt es sich hier auch dringend, kooperative und kontrollierte Rollenspieler*innen auszuwählen.

Erklärung des Settings: Während die Rollenspieler*innen draußen ihre Spielweise abstimmen, erklärt der/die Leiter*in das Mediationssetting: Der/die Leiter*in wird die Rolle des/der zuständigen Konfliktlots*in übernehmen, wird die ankommenden Streiter*innen begrüßen und bitten, auf den nebeneinanderstehenden Stühlen Platz zu nehmen. Er/sie wird sich den Streitparteien mittig gegenübersetzen, sodass er/sie beide gut im Blick hat. Er/sie bildet damit das sogenannte Mediationsdreieck: Die Stühle sind im Dreieck aufgestellt. Dadurch wird sichergestellt, dass sich die Streitenden nicht anblicken, was zu ungewollten Auseinandersetzungen führen könnte. Nach der Begrüßung wird der/die Mediator*in in der Phase 0 die Regeln des Gesprächsablaufs klären und danach in Phase 1 die verschiedenen Sichtweisen der Parteien annehmen und spiegeln.

Demonstration mit Rollenspielern:

Der/die Leiter*in demonstriert Phase 0.
Begrüßung der Streitparteien mit Namen (ggf. Namen erfragen)
Selbstvorstellung des/der Konfliktlots*in mit Namen und Klasse
Lob: Gut, dass ihr euren Konflikt mit meiner Unterstützung klären möchtet und danke für euer Vertrauen!
Ziel: Ihr seid heute hier, um gemeinsam über euer Problem zu sprechen. Ich unterstütze euch dabei, dass ihr eine Lösung für die Zukunft miteinander findet, mit der ihr beide einverstanden seid.
Regeln: ausreden lassen, höflich sein (keine Schimpfworte benutzen), Verschwiegenheit zusichern (Ich werde nichts von dem, was hier gesagt wird, weitererzählen und bitte auch euch, alles aus unserem Gespräch in diesem Raum zu lassen.)
Beginn: Wer von euch möchte anfangen, seine Sichtweise zu schildern?

Der/die Leiter*in demonstriert Phase 1.
Mediator*in fragt nacheinander die Parteien: Was ist aus deiner Sicht passiert? Was ist das Problem? (Wie kam es dazu? Seit wann ist es so? Kam es schon einmal vor? Wie hast du reagiert? Hast du es schon einmal angesprochen?)
Mediator*in hört A und B nacheinander aktiv zu und spiegelt die Sichtweisen allparteilich. Mediator*in bricht den Prozess danach ab und geht in die Auswertung mit der Gruppe:

Auswertung im Plenum:
- Welche Schritte konntet ihr bei dem beginnenden Mediationsprozess erkennen?
- Könnt ihr die Bedeutung des anfänglichen Lobs (Atmosphäre und Vertrauen schaffen), der Gesprächsregeln (Sicherung der Struktur, Schutz vor emotionalen und tätlichen Übergriffen) und der unbedingten Verschwiegenheit (Sicherheit in einem geschützten Rahmen, Vertrauen in den Prozess) jeweils nachvollziehen?
- Weshalb könnte es von Bedeutung sein, die Frage: „Wer von euch möchte anfangen?" offen zu stellen? (Allparteilichkeit könnte durch lenkende Vorgaben des/der Mediator*in sonst in Frage gestellt werden.)
- Konntet ihr die angewandten Techniken zuordnen?
- Habt ihr den Wert des Spiegelns durch den/die Mediator*in für die Streitenden nachvollziehen können?

Übung von Phase 0 und 1 in Kleingruppen:

Zur Vorbereitung dieses Übungssettings benötigen Sie ausreichend viele Rollenkarten mit einfacheren Konfliktfällen, vorbereitete Stuhlgruppen zur mediativen Verhandlung sowie Spielkarten o. ä. zur Auslosung der Übungsgruppen (z. B. zwei schwarze Karten für Konfliktlots*innen, zwei rote Karten für die Streiter*innen). Wir empfehlen im Grundschulbereich zunächst 4er-Übungsgruppen mit je zwei Streiter*innen und je zwei Konfliktlots*innen, die für jeweils eine Streitpartei zuständig sind. Unserer Erfahrung nach überfordert die jüngeren Schüler*innen anfangs die festgelegte Mediationsstruktur und insbesondere das Halten und Spiegeln von zwei unterschiedlichen Perspektiven. Bei älteren Schüler*innen ist es je nach Kompetenzniveau möglich, eine Dreierkonstellation mit nur einem/einer Konfliktlots*in zu wählen. Hier empfiehlt sich zur Ergänzung ein neutraler Beobachter, der ggf. unterstützt, vor allem aber die anschließende Reflexion anleitet.

Kleingruppenübung Phase 0 und 1:

- Gruppenfindung über Auslosung
- Streitparteien sprechen Rollen ab (Wer übernimmt welche Rolle? In welcher Form werden die Rollen dargestellt?)
- Konfliktlots*innen bereiten Setting vor und sprechen Aufgaben ab (Wer übernimmt Begrüßung, Vorstellung, Regeln? Wer übernimmt das Spiegeln bei welchem Streiter – gegenüber oder diagonal?)

Rollenspiel: Vorbereitetes Setting kann in den einzelnen Gruppen starten. Geübt werden ausschließlich die Phasen 0 und 1. Leiter*in und Schülerbeobachter*in begleiten und unterstützen bei Bedarf.
Auswertung der Übung: Reflexion zunächst in den Kleingruppen ggf. durch Beobachter (Beobachtungsbogen). Danach Rollentausch und erneute Auswertung.
Zusammenführung der Kleingruppen und Auswertung im Plenum: Hat das Setting gut funktioniert? Wie liefen aktives Zuhören und Spiegeln? Was war ggf. schwierig? Fühlten sich die Rollenspieler*innen verstanden? Waren die Konfliktlots*innen allparteilich?

Die Schüler*innen haben nun erste Erfahrungen mit dem Mediationssetting und der Rolle der/des Konfliktlots*in sammeln können. Um sie nun auf die entscheidende Erhellungsphase vorzubereiten, empfehlen wir Ihnen an diesem Punkt des Curriculums vertiefende Übungen zu Gefühlen und Bedürfnissen, um Konfliktursachen gründlich bearbeiten zu können.

8.2.4 Gefühle und Bedürfnisse erkennen und in mediative Sprachmuster übertragen

Ziel der nun folgenden Übungsauswahl ist es, ein differenziertes Wahrnehmen von unterschiedlichsten Gefühlen auf allen Ebenen in Verbindung mit passenden Sprachmustern auszubilden. Denn ein Großteil (ca. 55 %) der kommunikativen Informationen läuft über nonverbale Signale (Mimik und Gestik), ein weiterer entscheidender Anteil (ca. 38 %) sind paraverbale Informationen (Lautstärke, Tonfall, Stimmfarbe usw.) und reine Wortinhalte machen nur ca. 7 % des Gesamteindrucks aus. So ist es von entscheidender Bedeutung für das Gelingen eines Mediationsprozesses, die Emotionen aller Beteiligten in ihrer Tragweite zu erfassen, entsprechend moderat auszudrücken und miteinander in Beziehung zu bringen.

Um diesem Ziel näherzukommen, gehen wir didaktisch den Weg, dass die Schüler*innen zunächst die nonverbalen Signale isoliert erproben und dann das paraverbale und erst danach das Zusammenwirken aller kommunikativen Ebenen üben. Erweitert werden die differenzierten sprachlichen Muster zu verletzten Gefühlen durch die Zuordnung entsprechender Bedürfnisse, die davon eingeschränkt wurden (vgl. Kap. 3.5).

Thema 7: Gefühle und Bedürfnisse erkennen und ausdrücken

Schülerproblem: „Nie hört er mir zu!"

Oft verletzte Gefühle				
aufgebracht	ängstlich	ärgerlich	besorgt	enttäuscht
erschrocken	frustriert	genervt	irritiert	überrascht
unglücklich	unwohl	verlassen	verletzt	wütend
			verzweifelt	traurig

Übersetzung in verletzte Gefühle:
„Du bist verzweifelt darüber, dass er dich nicht richtig anhört ..."
Übersetzung in verletzte Bedürfnisse:
„... und du wünschst dir mehr Beachtung und Wertschätzung."

Oft verletzte Bedürfnisse			
Rücksichtnahme Beachtung	Hilfe Unterstützung	Kontakt Gemeinschaft	Ruhe/Zeit Erholung
Ehrlichkeit Verlässlichkeit	Mitgefühl Verständnis	Klarheit/Sicherheit Autonomie	Achtung Wertschätzung

Einstiegsübung „Gefühlspantomime": Vorbereitung durch Erstellen kleiner Kärtchen mit den unterschiedlichsten Gefühlen

Partnerübung: Partner (auslosen oder selbst finden) nehmen jeweils ca. fünf Gefühlskarten (verdeckt) auf; Schüler*innen A und B stellen wechselweise Gefühle pantomimisch dar und benennen sie gegenseitig. Kurze gemeinsame Reflexion miteinander.

Auswertung in der Gruppe: Welche Bedeutung haben nonverbale Signale für das Verstehen untereinander?

Erarbeitung im Plenum: nonverbale, paraverbale und verbale Impulse in Gefühle und Bedürfnisse übersetzen (vgl. Kap. 3.5)

Übung zu nonverbalen Signalen: Lehrkraft demonstriert ein selbst gewähltes Gefühl pantomimisch, welches die Gruppe benennen soll. Reihum erfolgt eine weitere Pantomime eines jeweils anderen Gefühls durch die Schüler*innen, die jeweils durch die Gruppe benannt wird.

Übung zu paraverbalen Signalen: Lehrkraft fordert die Schüler*innen nacheinander auf, den gleichen Satz (z. B. Das ist ja super!) unterschiedlichem Gefühlsausdruck auszusprechen. Die Gruppe vermutet und benennt das Gefühl dahinter.

Kurze Zwischenauswertung: Woran habt ihr die jeweiligen Gefühle erkennen können?

Aspekte der Reflexion: Nonverbale und paraverbale Signale sind sehr aussagekräftig für das Erkennen der Gefühls- und Bedürfnislage des Senders in der Kommunikation.

Übung zu allen Signalen der Kommunikation: Lehrkraft verteilt Impulssätze unter den Schüler*innen (z. B. Die spielen nie mit mir! Keiner hilft mir! Die lenkt mich ständig ab!). Auf dem Boden liegen Karten in unterschiedlichen Farben, auf denen verletzte Gefühle (z. B. frustriert, traurig, enttäuscht, wütend, ärgerlich) und verletzte Bedürfnisse (z. B. Rücksichtnahme, Verlässlichkeit, Achtung, Mitgefühl, Kontakt, Hilfe) stehen. Die Schüler*innen haben nun die Aufgabe, die Impulssätze nacheinander mit individueller Betonung vorzulesen, welche die Gruppe dann in passende Gefühle und dahinterstehende Bedürfnisse übersetzt. Der Vorleser gibt danach Rückmeldung, ob beides richtig eingeschätzt wurde.

Gesamtauswertung der Übung: Wie ist die Wirkung dieser fundiert-mediativen Annahme auf den Problemgeber? Was für Möglichkeiten eröffnen sich dadurch und was bedeutet das für die Beziehung der beiden untereinander?

Um in der Erhellungsphase mit den aufbrechenden Emotionen mediativ umgehen zu können, empfehlen wir, die soeben erworbenen Kompetenzen bzgl. Gefühlen/Bedürfnissen in einer zunächst überschaubareren Variante als Partnerübung zu trainieren.

Partnerübung zu einer schwierigen Situation: Übersetzen der Impulse in passende Gefühle und Bedürfnisse; Schüler wählen sich Partner. A schildert B eine für ihn persönlich schwierige Situation oder einen Konflikt oder Erlebnis. B spiegelt weich, das heißt, er/sie verbalisiert die genannten Gefühle und Bedürfnisse.
Partnerreflexion: Fühlte sich der Redner in Bezug auf seine Emotionen verstanden? Brachte diese Form des Spiegelns eine spürbare Entlastung? – Rollentausch
Aspekte der Reflexion im Plenum: Weiches Spiegeln ist die entscheidende Technik für das Aufdecken der Hintergründe in der Erhellungsphase. Denn nur durch das Ausdrücken der beteiligten, verletzten Gefühle ist es möglich, das Verständnis füreinander überhaupt anzubahnen und schließlich zu tragfähigen Lösungen zu finden.

8.2.5 Die komplette Phasenstruktur einer Konfliktverhandlung einüben und abschließend prüfen

Nachdem nun die Haupt-Kommunikationstechniken, das mediative Setting und die Erhellungsphase als unverzichtbare Grundlagen vermittelt und geübt wurden, kann die gesamte Phasenstruktur an einfachen Fallbeispielen demonstriert und geübt werden. Mit diesem nächsten Schulungsschritt kommen wir zum Kernstück der Mediation. Denn hier treten die verletzten Gefühle an die Oberfläche und müssen durch den Mediator kommunikativ gehalten und entsprechend abgefedert werden. Gerade für ungeübte Teilnehmer*innen liegt darin eine besondere Herausforderung, beiden Parteien die gleiche Empathie entgegenzubringen, zum richtigen Zeitpunkt entsprechend zu intervenieren und dadurch beide Parteien in eine wohlwollende und lösungsorientierte Beziehung miteinander zu bringen. Deshalb sollten gerade die Phasen 3 und 4 eindrücklich demonstriert und intensiv reflektiert werden.

Thema 8: Demonstration einer kompletten Mediation mit Rollenspielern

Leiter*in wählt nun zwei Rollenspieler*innen und einen geeigneten Fall aus, um eine Mediation mit allen Phasen zu demonstrieren. Die Ausführung der Phasen 0 und 1 erfolgt wie oben beschrieben (siehe Kap. 8.2.3).

Leiter*in demonstriert Phase 2 (Erhellungsphase):
Mediator*in befragt nacheinander beide Parteien nach ihren Gefühlen: Wie hast du dich gefühlt? Wie war es vorher für dich und wie ist es jetzt? Was genau war besonders schwierig für dich?
Mediator*in hört A und B nacheinander aktiv zu und spiegelt die Sichtweisen weich in allparteilicher Weise.
Mediator*in befragt nacheinander beide Parteien nach ihren Bedürfnissen: Was brauchst du? Wie hättest du es dir anders vorgestellt?
Mediator*in hört A und B nacheinander aktiv zu und spiegelt in allparteilicher Weise.

Mediator*in leitet einen Perspektivwechsel ein, indem er/sie B zum gegebenen Zeitpunkt die Perspektive von A spiegelt und umgekehrt, jeweils eingeleitet mit Fragen wie: Wie geht es dir, wenn du das hörst? Kannst du das Gehörte nachvollziehen? Hast du Ähnliches erlebt?
Mediator*in hört A und B nacheinander aktiv zu und spiegelt die öffnenden Aspekte beider Parteien und bezieht sie damit aufeinander.

Leiter*in demonstriert Phase 3 (Lösungssuche):
Nacheinander werden beide Parteien nach ihren Lösungsvorschlägen gefragt: Was wünscht du dir? Hättest du Vorschläge oder Ideen für die Zukunft? Könntest du von dir aus etwas anbieten?
Mediator*in hört A und B nacheinander aktiv zu und spiegelt ggf. und bereitet mögliche Vereinbarungen vor.

Leiter*in demonstriert Phase 4 (Vereinbarung):
Die Leitung formuliert getroffene Vereinbarung als Vorschlag vor. Sie befragt beide Parteien, ob die Vereinbarung so gelten kann oder noch Veränderungen gewünscht werden. Die Vereinbarung wird fixiert, wenn beide Parteien übereinstimmen. Dies kann mündlich, per Handschlag oder ggf. auch schriftlich in Form einer Vertragsvereinbarung erfolgen, die von allen Seiten unterschrieben wird.
Die Leitung bedankt sich bei den Rollenspielern und geht in die Auswertung in der Gruppe.
Auswertung mit den Rollenspielern: Wie habt ihr den Prozess erlebt? Habt ihr euch gut verstanden gefühlt? Wurdet ihr gleichberechtigt behandelt? Seid ihr mit der Lösungsfindung zufrieden? Hat euch irgendwas gefehlt?
Auswertung im Plenum: Wie habt ihr den Prozess als Zuhörer erlebt? Was hat euch besonders beeindruckt? Fandet ihr den Prozess realistisch? Habt ihr ihn als gerecht empfunden? Konntet ihr die einzelnen Schritte der Verhandlung erkennen und benennen? Könnt ihr euch vorstellen, dass er so in der Realität abläuft?

8.2.6 Übung einer kompletten Mediation in Kleingruppen

Nachdem eine vollständige Verhandlung demonstriert und eingehend besprochen wurde, kann zur intensiven Übung von einfachen Konfliktfällen im Teilnehmerkreis übergegangen werden. Dabei empfiehlt es sich, die zuvor erarbeitete Phasenstruktur mit ihren Hauptaktionen und Fragestellungen im Überblick für alle zu visualisieren (z. B. als Wand- oder Bodenbild bzw. als begleitende Info neben den Rollenkarten). Dafür schlagen wir folgende Ablaufstruktur als Orientierung vor (vgl. Hosentaschenbuch, S. 86):

Phasenstruktur für einfache Fallbeispiele:

0. Wärmephase
Begrüßung, Lob, Ziel, Vertraulichkeit
Festlegen auf Gesprächsregeln: Ausreden lassen, keine Ausdrücke
Wer möchte von euch anfangen?

1. Klärungsphase
Was ist passiert? Was ist das Problem?
Spiegeln beider Seiten

2. Erhellungsphase
Hintergründe aufdecken: verletzte Gefühle, grundlegende Bedürfnisse
Wie hast du dich gefühlt? Was brauchst du? (beide Seiten weich spiegeln)
- Perspektivwechsel: *Wie geht es dir, wenn du das hörst? Kannst du es nachvollziehen, verstehen?*

3. Lösungssuche
Verhandlung von Wünschen/Angeboten
Was wünschst du dir? Was bietest du an?
Seid ihr beide damit einverstanden?

4. Vereinbarung
Ihr vereinbart heute ... (per Handschlag, Vertrag mit Unterschrift)
Nachtreffen vereinbaren

Die anfängliche Organisation des Übungssettings erfolgt wie bei der Vorübung der Phasen 0 und 1 mit Zwischenauswertung vor dem Rollentausch. Wir empfehlen zusätzlich, den Kleingruppen vor Eintritt in die Übung der kompletten Mediation folgende Hinweise zu geben:

- Jede Phase von 0 bis 4 muss in der Grundstruktur umgesetzt werden; insbesondere die Phase 2 sollte mit ihren Gefühlen und Bedürfnissen gründlich bearbeitet werden.
- Den Streitenden dürfen keinerlei Lösungsvorschläge gemacht werden.
- Wichtig für den gesamten Prozess ist es, immer allparteilich zu bleiben, keinerlei eigene Kommentare abzugeben.
- Beide Parteien sollten gleichberechtigt behandelt werden, das heißt, in etwa den gleichen Redeanteil haben.
- Bei größeren Schwierigkeiten im Prozess, die auch mit Hilfe des Beobachters nicht zu lösen sind, kann die Leitung unterstützend herangezogen werden.
- Teilen Sie Schüler*innen als eigenständige Beobachter*innen für den Rollenspielprozess ein, so könnten Sie ggf. den Beobachtungsbogen von S. 94 als Grundlage einsetzen, mit dem wir besonders bei Oberschüler*innen gute Erfahrungen gesammelt haben.

Die **Reflexion** erfolgt entweder in der **Kleingruppe,** angeleitet durch Beobachter*in, oder im Plenum. Sie orientiert sich an den Fragestellungen wie oben bei der Demonstrationsauswertung, beginnend bei der Rollenspielern.

Es ist empfehlenswert, unterschiedliche Fallübungen in wechselnden Konstellationen üben zu lassen, um die mediativen Kompetenzen und die Phasenstruktur zu festigen. Dabei sind immer wieder vertiefende Übungsreflexionen sinnvoll, um die Notwendigkeit der mediativen Techniken und den Charakter eines jeden Mediationsschrittes zu erfassen. Über diese Reflexionen kann die Sinnhaftigkeit der Mediation im Hinblick auf nachhaltige Lösungen ohne Druck und Einmischung von außen erfahren werden. Dies wird ausgelöst durch die konsequente mediative Haltung der Konfliktlots*innen im gesamten Prozess, die empathisch jede Seite mit ihren Perspektiven und Verletzungen uneingeschränkt annimmt, Schritt für Schritt aufeinander bezieht und damit Verständnis untereinander bewirkt. Unser Ausbildungsziel ist es, dass sich diese Erkenntnisse mit der Übung Stück für Stück ausprägen und über die Reflexionen realisiert werden.

Beobachtungsbogen für Mediationen

Wer beobachtet? ______________________ In welcher Klasse? ________ Wann? ________

Wer ist Mediator*in? ____

Worum geht es? ____

____

Beobachtungen in den Mediationsphasen:	
Wärmephase	
Klärung des Sachverhalts	
Erhellung der Gefühle und Bedürfnisse	
Lösungssuche	
Vereinbarung	
Beobachtungen bei den Techniken:	
Aktives Zuhören	
Spiegeln	
Weich spiegeln	
Perspektivwechsel	
Beobachtungen zur mediativen Haltung:	
Konzentration	
Empathie (Zugewandtheit)	
Allparteilichkeit	
Sonstige Beobachtungen:	

Sind die mediativen Kompetenzen im Rollenspiel soweit gefestigt, dass die angehenden Konfliktlots*innen eine Mediation selbstständig und sicher im Schulalltag durchführen könnten, kann die Grundausbildung mit einer praktischen Prüfung abgeschlossen werden (Ablauf siehe Kap. 8.1).

Je nach zeitlichen Möglichkeiten könnten noch folgende, ergänzende Themen behandelt werden:
- entschärft spiegeln (siehe Kap. 3.3),
- positiv umformulieren (siehe Kap. 3.7),
- deeskalieren / Übergriffe stoppen / beistehen und stützen (siehe Kap. 3.9).

8.3 Das Schulkonfliktlotsensystem auf allen Ebenen einführen und beständig begleiten

Die Ausbildung der Konfliktlots*innen stellt erst die Basis des Konfliktmanagements der Schule dar. Entscheidend für die Effektivität des Systems ist ihre gründliche und umfängliche Etablierung in die Schulgemeinschaft, sowie ihre regelmäßige intensive Begleitung und Weiterbildung. Dies beinhaltet folgende Maßnahmen zur Installierung und dauerhaften Etablierung:

- Vorstellung der Konfliktlots*innen (Person, mögliche Anlässe, unbedingter Hinweis auf Vertraulichkeit, Einsatzorte und -zeiten, Ansprechbarkeit) in allen Klassen, ggf. mit Verhandlungsbeispiel
- Aushang der Fotos mit Kontaktmöglichkeit und jeweiligen Diensten
- zusätzlich Werbung und Vorstellung auf Schulfesten, in Gremien (z. B. Gesamtkonferenz)
- Einrichtung regelmäßiger Treffen mit den begleitenden Schulmediator*innen (z. B. eine feste große Pause in der Woche, Besprechung/Supervision, Wertschätzung und ggf. Unterstützung bei verhandelten Fällen, Erörterung und Verteilung anliegender Fälle, ggf. Sammeln von Falldokumentationen, Klärung organisatorischer Notwendigkeiten)
- Aufteilung der regelmäßigen Dienste der Lots*innen (ggf. mit besonderer Kennzeichnung wie T-Shirt, Weste oder Käppi) an vereinbarten Orten
- Bereitstellung eines Verhandlungsbereichs (möglichst eigener, abgetrennter und entsprechend eingerichteter und ausgestatteter Raum für das Konfliktlotsenteam)
- praxisgerechte Anbindung von begleitenden Mediator*innen und Konfliktlots*innen zur schnellen und gezielten Fallübernahme
- regelmäßiger Austausch mit allen Schulgremien über die fortlaufende Arbeit der Konfliktlots*innen und deren Weiterentwicklung

Erst das Zusammenwirken aller beschriebenen Maßnahmen auf der Grundlage des Engagements eines funktionierenden Mediationsteams (siehe Kap. 10) unter der Voraussetzung eines unterstützenden Kollegiums ermöglicht ein effektives Schulkonfliktlotsensystem und damit entsprechende Wirkungen auf die Schulkultur.

9 SCHULKONFLIKTLOTSEN FÜR SOZIAL-MEDIATIVE AUFGABEN AN DER SCHULE WEITERQUALIFIZIEREN

Schulhaus mit Bausteinen zur mediativen Schulkultur

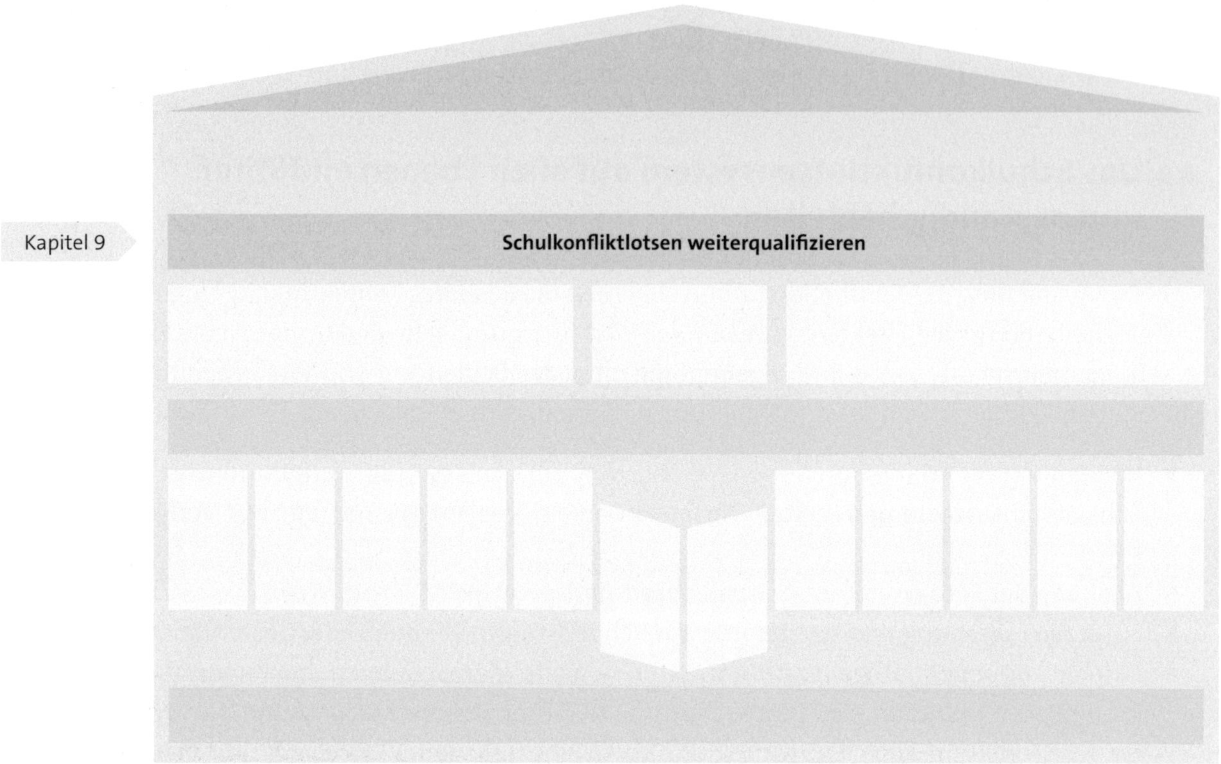

Wenn sich das Konfliktlotsensystem an der Schule gut etabliert und bewährt hat, haben wir sehr gute Erfahrungen damit gemacht, über das Grundlagencurriculum hinaus ältere und erfahrene Konfliktlots*innen je nach den Möglichkeiten und Interessen an der Schule weiterzuqualifizieren. Ein vielfach geäußerter Kollegenwunsch ist, den Klassenrat durch die Konfliktlots*innen angeleitet bei ihnen einzuführen, was wir Ihnen in Kapitel 9.2 vorstellen. Möchte das Kollegium mit zunehmendem Vertrauen in die Kompetenzen der Schulkonfliktlots*innen diese auch für komplexere Fälle oder Gruppenmediationen nutzen, empfehlen wir Ihnen unsere intensiven und detaillierten Fortbildungsprogramme dazu in den Kapiteln 9.3 und 9.4. Besonders diese erweiterten Qualifikationen und damit Verantwortlichkeiten der Schulkonfliktlots*innen können nach unseren Beobachtungen außerordentlich zur Verbreitung der mediativen Haltung innerhalb der ganzen Schule beitragen, entlasten sie doch das System Schule durch zeitnahe und produktive Konfliktbearbeitung bereits auf unteren Ebenen erheblich.

Besteht an Ihrer Schule großes Interesse bzw. die Notwendigkeit, den Fokus auf die Schulung von Sozialkompetenzen zu legen, dann können die Lots*innen mit ihrem Hintergrund sehr gut als Unterstützung für das soziale Lernen entsprechend geschult und flexibel eingesetzt werden. Hierbei sollte der Schwerpunkt der Fortbildungseinheiten auf die vertiefenden Elemente der mediativen Kommunikation und deren didaktischer Vermittlung gelegt werden (siehe Kap. 9.4).

Können Sie an Ihrer Schule zusätzlich niederschwellige, unterstützende Beratungsmöglichkeiten gebrauchen, haben wir gute Erfahrungen damit gemacht, ältere und erfahrene Konfliktlots*innen als Schülercoachs zu schulen und gezielt einzusetzen. Hierfür ist es nötig, dass diese die mediative Coachingstruktur erlernen und dabei vor allen Dingen vertiefende Fragestellungen üben, was wir Ihnen in Kapitel 9.5 erläutern.

Selbst wenn Sie aus zeitlichen oder strukturellen Gründen nur einige wenige der hier beschriebenen Weiterqualifizierungsmöglichkeiten nutzen können, so lösen Sie jedoch bei jedem einzelnen Schüler und jeder einzelnen Schülerin eine Festigung und Erweiterung seiner/ihrer mediativen Denk- und Handlungsweisen aus, die für Ihre Schule im Kleinen bereits inspirierend und unterstützend sein könnten. Darüber hinaus ist jeder Konfliktlotse ein Multiplikator für die mediative Haltung, ob nun in der Schule, in der Familie oder Peergroup und nicht zuletzt in beruflichen Zusammenhängen. Unterschätzen Sie deshalb die scheinbar noch so kleinen Schritte mit Ihren Schüler*innen nicht, denen Sie ein wichtiges soziales Fundament mitgeben, das unbedingt Strahlkraft und eine gesellschaftliche Bedeutung besitzt.

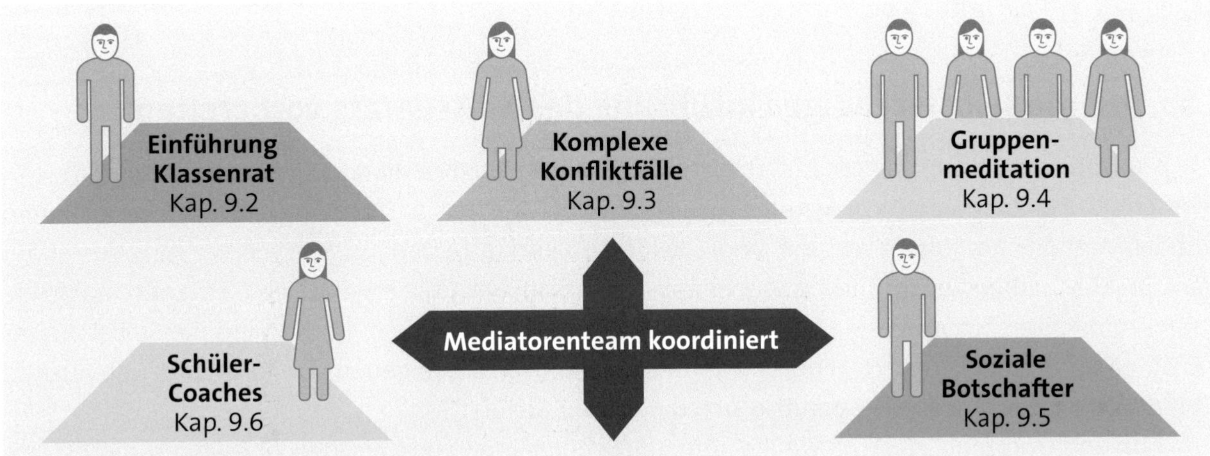

9.1 Regelmäßige Begleitung mit Fallsupervisionen und beständige Fortbildung fördern

Hat die Schulgemeinschaft die Etablierung der mediativen Haltung für alle zum Ziel, ist es unbedingt erforderlich, Konfliktlots*innen regelmäßig (möglichst jährlich zu einem festgesetzten Zeitpunkt) neu auszubilden, aber auch gleichzeitig für die beständige Fortbildung der aktiven Teams zu sorgen. Wir empfehlen Ihnen, über regelmäßige Austauschtreffen und besondere Unternehmungen (Fahrten mit Intensivkurs) das Gruppengefühl zu stärken. Sehr gute Erfahrungen haben wir damit gemacht, die älteren, erfahrenen Konfliktlots*innen in die Neuausbildung der nächsten Generation miteinzubeziehen, wozu auch anfängliche Hospitationen bei praktischen Konfliktverhandlungen gehören. So entsteht ein nahtloser Übergang der Generationen im Konfliktlotsenteam und somit eine Sicherung des implementierten Systems mit dem Ziel, es durch möglichst selbstverantwortliche Organisation und Umsetzung zu festigen und weiterzuentwickeln.

Außerordentlich bewährt haben sich regelmäßige, gut strukturierte, auf die Weiterentwicklung ausgerichtete Treffen. Hier geht es zunächst darum, die laufende Konfliktlotsenarbeit über Werbemaßnahmen, Aushänge, Pausenangebote oder öffentliche Auftritte der Schulgemeinde so darzustellen, dass die Möglichkeiten für Hilfesuchende präsent und schnell greifbar sind. Dabei sollten die vorhandenen Ressourcen der Konfliktlots*innen möglichst in vollem Umfang zum Tragen kommen. Neben diesen organisatorischen Aspekten sollten daneben vor allen Dingen Fallbesprechungen (ggf. mit aufarbeitendem Rollenspiel) in ritualisiertem Ablauf und mit strukturierten Fragestellungen im Mittelpunkt stehen. Dabei ist ein besonderes Augenmerk auf den supervisorischen Aspekt zu legen, um alternative Interventionsformen zu diskutieren und einzuüben. Ältere Konfliktlots*innen können diese Abläufe Stück für Stück selbst übernehmen und entsprechend anleiten. Dabei entsteht ein hoher Lerneffekt im Hinblick auf die eigene praktische Umsetzung.

Als besonders motivierend und wertvoll haben wir den Austausch über die individuelle Arbeit mit Konfliktlotsenteams anderer Schulen bzw. Schulformen erlebt, sodass sich der damit verbundene höhere Organisationsaufwand dieser Vernetzungstreffen auf alle Fälle lohnt.

Nicht immer kann man davon ausgehen, dass die Konfliktlots*innen von vornherein von Schüler*innen und Lehrkräften in vollem Umfang in ihrer Tätigkeit Akzeptanz finden. Es ist mancherorts mit anfänglichen Vorbehalten gegenüber der Konfliktbearbeitungskompetenz von Kindern und Jugendlichen zu rechnen. Deshalb ist es wichtig, dass die Schulgemeinschaft von Anfang an für die grundsätzliche Wertschätzung der Konfliktlots*innen sorgt und bei Übergriffen sofort deutlich einschreitet. Unterstützend dafür sind darüber hinaus regelmäßige Würdigungen ihrer Arbeit durch das Kollegium und die Leitung bei wichtigen Schulanlässen.

9.2 Auf die selbstständige Einführung des Klassenrats vorbereiten

Gerade die Einführung des Klassenrats durch die aktiven Konfliktlots*innen unterstützt die Implementierung der mediativen Schulkultur in hohem Maße, besonders dann, wenn Pädagog*innen mit der Methode noch nicht vertraut sind. Die Klassenlehrkräfte und jüngere Schüler*innen erfahren ganz praktisch über die Einführung in ihre eigene Klassenkultur die mediativen Elemente und Strukturen im direkten Zusammenhang mit den Problemen in ihrer Klasse. Damit wird die Selbstverantwortung der Schüler*innen im Hinblick auf die Bewältigung ihrer eigenen Konflikte stark unterstützt. Gerade die Anleitung des Klassenrats durch die älteren Schüler*innen hat zudem eine große Vorbildfunktion und Überzeugungskraft für die jüngeren Schüler*innen und ermöglicht es ihnen, diesen Prozess nach und nach selbstständig zu übernehmen. Es unterstützt das gesamte Konfliktlotsenkonstrukt der Schule, weil die älteren Konfliktlots*innen die Gelegenheit bekommen, sich selbst und ihre Arbeitsweise anschaulich bekannt zu machen. Damit verringern sich die Hürden für die Schüler- und Lehrerschaft bei eigenen Konflikten, das System ohne Vorbehalte in Anspruch zu nehmen. Es motiviert weiterhin u. U. jüngere Schüler*innen zu einer späteren eigenen Teilnahme an der Arbeit im Konfliktlotsenteam.

Zur Vorbereitung der Konfliktlots*innen auf die selbstständige Einführung des Klassenrats sollten sie ein spezielles Training erhalten. Hierbei gilt es, die Vorstellung, die notwendigen Eingangsworte und den strukturierten Ablauf mit wechselnden Funktionen und verschiedenen Problemstellungen einzuüben.

In einem kleinen Team aus zwei bis vier Schüler*innen sollten sie nach Vorabsprache mit der Klassenleitung einen kompletten Klassenrat mit Sammlung der anstehenden Problemfelder, Erstellung einer ersten Tagesordnung und dem bereits beschriebenen mediativen Ablauf exemplarisch vorstellen (siehe Kap. 4.5). Danach empfiehlt sich eine gründliche gemeinsame Auswertung mit Fragerunde, um die Struktur und die Hintergründe diskutieren und erläutern zu können. Das Team sollte die nächsten Durchläufe begleiten und dabei die jüngeren Schüler*innen Stück für Stück in die notwendigen Funktionen einführen. Erst wenn der Klassenrat in seiner Gesamtstruktur selbstständig durchgeführt werden kann, kann sich das verantwortliche Team langsam zurückziehen.

9.3 Auf komplexere Fälle durch intensives Rollenspiel vorbereiten

Haben Sie den Klassenrat an Ihrer Schule ausreichend bekannt gemacht und hat er sich für die Kolleg*innen spürbar bewährt, ist vermutlich schon eine gute Basis gelegt, um nun auch anspruchsvollere Fallverhandlungen an das Schulkonfliktlotsenteam zu delegieren.

Möchten Sie also die älteren und erfahrenen Lots*innen auch für komplexere Konfliktklärungen einsetzen, brauchen diese ein vertieftes Verständnis für die einzelnen Mediationsphasen und ein vielfältigeres Repertoire für die Leitung des Mediationsprozesses. Für diese Schwerpunktsetzung der Fortbildung nehmen Rollenspiele, die an den jeweiligen Kenntnisstand und Lernfortschritt angepasst sind, mit entsprechenden Rotationen eine zentrale Rolle ein. Zur Vorbereitung, Organisation und Begleitung der Rollenspiele sind die Ausführungen in Kapitel 8.2.3 und 8.2.5 zunächst grundlegend.

Wichtige Beobachtungspunkte für komplexe Rollenspiele:

- Den Rollenspieler*innen ist unbedingt nahezulegen, sich im gesamten Übungsprozess lösungsorientiert zu verhalten und ihre Rollen keinesfalls übertrieben auszuspielen. Nicht selten ist die Versuchung groß, sich zu intensiv in die Rolle zu begeben und damit die Lösungsfindung unrealistisch zu erschweren.
- Grundsätzlich sollte der/die Mediator*in darauf achten, dass in jeder Phase beide Seiten gleichermaßen zu Wort kommen und sich gleichberechtigt behandelt fühlen. Dabei ist es wichtig, dass der/die Mediator*in aus den vielfältigen Informationen und Emotionen die für den Prozess entscheidenden herausfiltert und entsprechend spiegelt.
- Für den Gesamtprozess ist es unbedingt notwendig, dass jede Phase in der ihr entsprechenden Weise bearbeitet wird. Dabei sollten sich die Anfangsphasen spürbar voneinander abgrenzen. Besonders wichtig ist dabei, die Erhellungsphase gründlich und intensiv auszufüllen, bis sich die Spannungen der Medianten deutlich reduziert haben. Erst danach ist ein beiderseitiger Perspektivwechsel angezeigt, der dann zu dem gegenseitig notwendigen Verständnis füreinander führt. Das ist die Grundlage um miteinander zukunftsweisende Lösungen zu finden. Ein vorschneller Versuch, Lösungen zu forcieren, lässt den Prozess oft scheitern oder führt zu nur scheinbar tragfähigen Wegen.
- Grundsätzlich darf und kann der Klärungsprozess durch der/die Mediator*in mit seinen Interventionen nicht beschleunigt werden, da die jeweils individuelle Konfliktdynamik mit dem eigenen Verarbeitungsprozess immer Vorrang haben muss.

Auch für den Mediationsprozess der komplexeren Fälle ist die in Kap. 8.2.5 dargestellte Phasenstruktur mit ihren zentralen Fragestellungen zunächst grundlegend und sollte sicher beherrscht werden. Um die differenzierteren Zusammenhänge und Hintergründe in schwierigeren Konfliktkonstellationen allerdings greifen und aufdecken zu können, braucht es ein erweitertes Repertoire an Frageoptionen und Interventionsmöglichkeiten, welches bei Bedarf verfestigte Meinungen und Emotionen aufklären könnte. Die folgende Phasenstruktur ist nach unserer Meinung ein praktischer Leitfaden für diese Ausbildungsstufe, um auch anspruchsvollere Mediationen in Angriff nehmen zu können.

Phasenstruktur für komplexere Fälle:

1. Wärmephase
Begrüßung der Medianten mit Namen („Schön, dass ihr den Weg zu mir gefunden habt ...“ - kurzer Smalltalk zum „Anwärmen“)
Selbstvorstellung des/der Mediator*in(nen) mit Namen und Klasse
Bestärkung: „Gut, dass ihr euren Konflikt mit meiner Unterstützung klären möchtet. Ich danke euch für euer Vertrauen in meine Person.“
Ziel: „Wir sind heute zusammengekommen, um gemeinsam euer Problem zu klären. Ich unterstütze euch dabei, eine einvernehmliche Lösung für die Zukunft miteinander zu finden. Ich begleite den Prozess, werde mich aber nicht persönlich einmischen.“

Regeln: „Ich bitte euch darum, höflich und respektvoll miteinander umzugehen und euch gegenseitig ausreden zu lassen."
Vertraulichkeit: „Ich sichere euch zu, dass ich alle Informationen vertraulich behandle, und bitte euch, genauso zu verfahren."
Rückmeldung: „Habt ihr noch Fragen bezüglich des Ablaufs?"
Gesprächseinleitung: „Wer von euch möchte anfangen, seine Sichtweise zu schildern? Ist diese Entscheidung so okay für dich?"

2. Klärungsphase

Mediator*in fragt nacheinander die Parteien:

- Was ist aus deiner Sicht passiert?
- Was ist das Problem? Wenn es mehrere Probleme gibt: Welches ist dann das Wichtigste für dich?
- Wie kam es dazu?
- Seit wann ist es so?
- Kam es schon einmal vor und wenn ja, in welchem Zusammenhang?
- Wie hast du reagiert?
- Hast du es schon einmal angesprochen?
- Kannst du eine typische Situation für das Problem beschreiben?
- Was ist dir an dem Thema besonders wichtig?

Mediator*in hört A und B nacheinander aktiv zu und spiegelt die Sichtweisen allparteilich. Unklare Zusammenhänge klärt er/sie über entsprechende Rückfragen. Gegebenenfalls fasst er/sie das Hauptproblem mit eigenen Worten zur Verdeutlichung und Absicherung der Problemstellungen zusammen, um auf dieser Basis in die Erhellungsphase übergehen zu können.

3. Erhellungsphase

Mediator befragt nacheinander beide Parteien nach ihren Gefühlen und Bedürfnissen:

- Wie hast du die Situation erlebt?
- Was genau war besonders schwierig für dich?
- Welche Gefühle standen bei dir im Vordergrund? Welche kannst du benennen?
- Was hat dich am stärksten getroffen?
- Wie geht es dir heute damit? Wie ging es dir damals?
- Was hat sich verändert? Was möchtest du noch verändern?
- Was brauchst du? Wie hättest du es dir anders vorgestellt?

Mediator*in hört A und B nacheinander aktiv zu und spiegelt die Sichtweisen weich in allparteilicher Weise.

Mediator*in leitet Perspektivwechsel ein, indem er/sie B zum gegebenen Zeitpunkt die Perspektive von A spiegelt und umgekehrt, indem er jeweils fragt: Wie geht es dir, wenn du das hörst? Kannst du das Gehörte nachvollziehen?

Mediator*in hört A und B nacheinander aktiv zu und spiegelt die öffnenden Aspekte beider Parteien und bezieht sie damit aufeinander. Wird gegenseitiges Verständnis signalisiert und ist ein deutlicher Spannungsabbau ersichtlich, kann zur Lösungssuche übergegangen werden.

4. Lösungssuche

Mediator*in fragt nacheinander beide Parteien nach ihren Lösungsoptionen:

- Was wünscht du dir?
- Was könntest du dir für die Zukunft vorstellen?
- Welche Umgangsweise wünscht du dir für die Situation x zukünftig?

- Was genau könntest du von deiner Seite aus für die Situation x anbieten?
- Wollt ihr bestimmte Verhaltensweisen miteinander absprechen, die diese Probleme möglichst verhindern?
- Ist für euch noch irgendetwas offen, was es zu klären gibt?

Mediator*in hört A und B nacheinander aktiv zu, spiegelt ggf. und bereitet Vereinbarungen vor.

5. Vereinbarung

Mediator*in formuliert die getroffene Vereinbarung als Vorschlag. Er/Sie befragt beide Parteien, ob die Vereinbarung so gelten kann oder noch Veränderungen gewünscht werden. Die Vereinbarung wird fixiert, wenn beide Parteien übereinstimmen. Dies kann mündlich, per Handschlag oder auch schriftlich in Form einer Vertragsvereinbarung erfolgen, die von allen Seiten unterschrieben wird. In einem solchen Vertrag werden die genauen Verhaltensweisen in zukünftigen Situationen für jede Seite festgehalten sowie der geltende Zeitrahmen und ein bereits benannter Nachtermin zur Überprüfung.

Mediator*in bedankt sich bei den Medianten und wünscht ihnen viel Erfolg bei der Umsetzung.

Um die oben dargestellte Phasenstruktur einzuüben und zu festigen, sollten sich die ausgewählten Rollenspiele an dem Kompetenzniveau und den Anforderungen der Schule orientieren. Die Konfliktthemen sollten an typische Vorfälle in der Schule angepasst sein, d. h. an verschiedene Altersstufen, Charaktere, Stellungen in der Gruppendynamik (Gruppenführer oder eher Randständige usw.).

Wir empfehlen Ihnen besondere Schwerpunktsetzungen bei den Übungssequenzen im Vorfeld, so z. B.: Konzentration auf Fragestellungen in der Erhellungsphase, Zeitpunkt und Form des Perspektivwechsels, gründliche Dokumentation der Vereinbarungen.

Für jede Übungssequenz sollte ein ausreichender **Reflexions- und Übungszeitraum** zur Verfügung stehen, um die einzelnen Lernschritte ausprobieren, festigen und miteinander auswerten zu können. Dabei ist auf einen turnusmäßigen Wechsel der Funktionen zu achten (Rollenspieler*in, Konfliktlots*innen, Beobachter*in), da jede Rolle mit ihrer eigenen Perspektive einen speziellen Lerneffekt bewirkt. Insbesondere für die Rollenspieler*innen werden die Interventionen des/der Mediators*in direkt spürbar und können somit entsprechend eingeordnet und reflektiert werden. Umgekehrt erfährt auch der/die Mediator*in die genaue Wirkung seiner/ihrer Interventionen auf die Medianten und kann daraus wertvolle Schlüsse für die eigene zukünftige Vorgehensweise in vergleichbaren Prozessen ziehen.

Ganz entscheidend für die **Prozesssteuerung** ist eine intensive unterstützende Begleitung durch Leitung bzw. Beobachter*in. Diese können aus der Beobachterperspektive möglicherweise wertvolle alternative Handlungsmöglichkeiten anbieten, wenn sich die übenden Mediator*innen an schwierigen Punkten der Konfliktverhandlung Unterstützung wünschen. Dabei sollte dem Mediator auf sensible Weise Raum für seine individuelle Verhandlungsstrategie gegeben, jedoch dann eingegriffen werden, wenn der Prozess über diesen gewählten Weg nicht lösbar ist bzw. nur zu scheinbaren, nicht tragfähigen Vereinbarungen führt.

Neben diesen vielfältigen Rollenspielübungen sind deren Auswertung und intensive Reflexion von grundlegender Bedeutung für den Lerneffekt (vgl. Auswertungsprozess in Kap. 8.2.5). Wir haben die Erfahrung gemacht, dass das **differenzierte Feedback** der Rollenspieler*innen für die agierenden

Mediator*innen einen sehr wertvollen Lernimpuls beinhaltet. Auch die Beobachter*innen können durch ihre gezielten Hinweise einen förderlichen Lerneffekt auslösen.

Als Unterstützung der Rollenspielphase besonders in großen Gruppen empfehlen wir, einen Leitfaden mit Übungsschwerpunkten für die Kleingruppen mitzugeben.

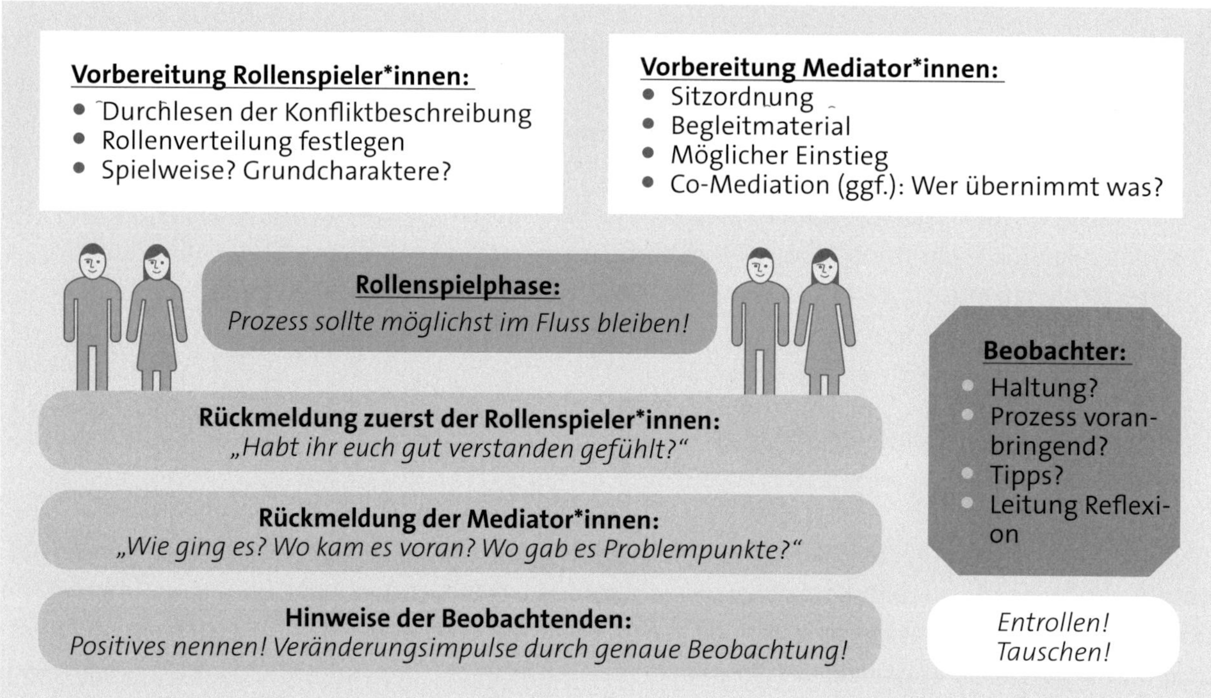

Leitfaden für die Rollenspiel-Übung:

Vorbereitung:

- genaues Durchlesen der Konfliktbeschreibung
- Absprechen der Rollenverteilung mit Abstimmung über den Konfliktablauf und über die Grundcharaktere der Spieler*innen
- Mediator*in bereitet Setting vor (Sitzordnung, Begleitmaterial usw.)
- ggf. Einigung der Mediator*innen (falls Mediation mit Co-Mediator*in): Wer übernimmt was? Ablauf des Einstiegs? Wie wollen beide den Prozess gestalten?

Rollenspielphase:

- Prozess sollte möglichst im Fluss bleiben, Unterbrechungen mit Reflexionen über mögliche nächste Schritte nur bei größeren Problemen und Wunsch nach Unterstützung

Rolle des/der Beobachters*in und Reflexion:

- konzentriert die Beobachtung auf grundsätzliche Haltung der Mediator*innen (allparteilich, empathisch, verstehend) und besondere Prozesspunkte (Was war voranbringend, was weniger wirksam?)
- unterstützt, falls Mediator*innen Hilfe wünschen
- leitet Reflexionsphase an , vor allem unter dem Blickwinkel der positiven Akzente

Auswertung:

- Rückmeldung zuerst der Rollenspieler entsprechend folgender Fragestellungen: Habt ihr euch gut verstanden gefühlt? Seid ihr mit der Lösungsfindung zufrieden? Hat euch irgendwas gefehlt?

- Feedback der Mediator*innen entsprechend folgender Fragestellungen: Wie ging es euch in der Verhandlung? Konntet ihr die Phasenstruktur sicher halten? An welchen Punkten ging es im Prozess voran? Wo genau gab es Problempunkte und weshalb? Würdet ihr in Zukunft etwas verändern?
- abschließende Hinweise des Beobachters: zunächst positives Feedback zum Gesamtprozess und zur mediativen Haltung insgesamt, ggf. Veränderungshinweise auf der Basis gezielter Beobachtungen

Rollentausch:

- auf Entrollen aus alten Rollen achten, Stuhlwechsel sinnvoll

Beispiel für Rollenspielübungen:

Rolle 1: Denise – die Künstlerin aus der 6. Klasse
Denise gehört von Anfang an in die Klassengemeinschaft. Da sie keine leistungsstarke Schülerin ist, hatte sie es eher schwer, mit den anderen mitzuhalten. Sie musste sich vor allem Sandra unterordnen, der Superschülerin, die bisher den Takt unter den Mädchen der Klasse angab. Nun hat sich das Blatt für Denise aber erstaunlicherweise gewendet. Seitdem ihr Tanzclub öfter mal im Fernsehen auftritt und Denise mit ihrer tollen Stimme gelegentlich Soloparts singt, wird sie von vielen Mitschüler*innen der Klasse bewundert. Sie gibt mittlerweile den Kleidungsstil an und dominiert Entscheidungen und Gruppenbildungen. Sie attackiert Sandra regelrecht, die dadurch oft am Rande steht und ihrerseits versucht, über Gerüchte und Intrigen bei den anderen Mädchen wieder Land zu gewinnen. Seit einiger Zeit ist ein regelrechter Kleinkrieg zwischen den beiden entbrannt, der zunehmend die Klassengemeinschaft beeinträchtigt und in zwei Lager spaltet.

Rolle 2: Sandra – die Superschülerin der 6. Klasse
Sandra gab bisher den Takt bei den Mädchen in der Klasse an. Dies fing an, sich zu verändern, nachdem Denise mit ihrem Tanzclub öfter im Fernsehen zu sehen ist und sie mit ihrer tollen Stimme dort Soloparts singen darf. Seitdem wird Denise von den Mädchen bewundert, diktiert den Kleidungsstil und dominiert auch alle anderen Entscheidungen. Sandra wird daraufhin regelrecht von Denise attackiert und versucht ihrerseits, über Gerüchte und Intrigen wieder bei den Mädchen anzukommen. Zwischen ihr und Denise entsteht ein regelrechter Kleinkrieg, um die Gunst der anderen Mädchen, der die Klassengemeinschaft zunehmend beeinträchtigt, da sich immer wieder unterschiedliche Lager um Denise und Sandra bilden.

Rolle 3: Karl – der Streber aus der 9. Klasse
Karls Vater, der Mathematikprofessor, hat dieses gute Gymnasium ausgewählt, damit sein Sohn bestens gefördert werden kann. Karl ist auch in fast allen Fächern überragend. Da er gern immer mal wieder durch frühzeitiges Reinrufen oder etwas abfällige Bemerkungen gegenüber Leistungsschwächeren seine Überlegenheit zeigt, ist er seit der 7. Klasse bei vielen nicht gerade beliebt, wenn auch einige Jungen ihn durchaus im privaten Bereich öfter kontaktieren. Sie schätzen dort nicht nur seine guten Computerkenntnisse, sondern finden seine Art im Zweierkontakt durchaus sehr nett und freundschaftlich. Allerdings gilt das nicht für die Jungengruppe um Max, der mit seinem guten Aussehen, seiner Sportlichkeit und seiner Schlagfertigkeit der absolut Beliebteste ist, besonders bei den Mädchen. Seit sich allerdings Ariane, auf die Max schon so lange scharf war, unsterblich in Karl verliebt hat – keiner weiß

genau wieso – provoziert Max Karl, wo es nur geht. Viele „Gags“ gehen dabei ohne Zweifel unter die Gürtellinie. Das finden inzwischen selbst die guten Freunde von Max, sodass er eindeutig in seiner Beliebtheit gesunken ist und viele über seine Späße kaum noch lachen. Ein heftiger offener Schlagabtausch in der Deutschstunde des Klassenlehrers bringt das Fass zum Überlaufen, sodass beiden eine Mediation empfohlen wird, mit der sie einverstanden sind.

Rolle 4: Max – der gutaussehende Sportsmann der 9. Klasse
Max ist es gewohnt, dass ihn in seiner Klasse alle wegen seines guten Aussehens, seiner Sportlichkeit und seiner Schlagfertigkeit mögen, besonders die Mädchen. Karl findet er eigentlich eher langweilig und er hat auch noch ein paar Jungen auf seiner Seite, die das auch so sehen. Man lebt halt so nebeneinander her. Als sich Max' Schwarm Ariane aber unsterblich in Karl verliebt, versteht er die Welt nicht mehr und empfindet das als fürchterlichen Tiefschlag. Dies lässt er Karl spüren, indem er ihn provoziert und mit Sprüchen unter der Gürtellinie bombardiert, wo es nur geht. Inzwischen macht er sich bei einigen Jungs damit ziemlich unbeliebt. Ein heftiger offener Schlagabtausch in der Deutschstunde des Klassenlehrers bringt das Fass zum Überlaufen, sodass beiden eine Mediation empfohlen wird, mit der sie einverstanden sind.

9.4 Gruppenmediationen kennenlernen und trainieren

Haben sich Konfliktlots*innen bei komplexeren Konfliktfällen in der Praxis besonders bewährt, können diese bei entsprechenden Ressourcen und Offenheit des Kollegiums in einer Form von Gruppenmediation innerhalb des Klassenverbandes geschult werden. Es ist jedoch unbedingt darauf zu achten, dass die Kandidaten für dieses Training eine besonders hohe Sozialkompetenz, eine herausragende Akzeptanz bei allen Schulbeteiligten und eine bedingungslose Vertrauenswürdigkeit aufweisen. Denn ausschließlich auf dieser Grundlage können sie erfolgreich agieren und die mediative Schulkultur mit dieser Kompetenz in effektiver Weise unterstützen.

Vor allem Klassenlehrer*innen äußern häufig den Wunsch, die Dynamik in ihrer Klasse durch außenstehende Expert*innen beleuchten zu lassen, um schon früh mögliche Konfliktherde erkennen und bearbeiten zu können. Diese Expert*innen können externe Mediator*innen, schulinterne Mitglieder des Mediationsteams, aber auch besonders kompetente und speziell geschulte Konfliktlots*innen sein. Voraussetzung dafür ist allerdings eine intensive Vorbereitung im Hinblick auf Gruppensituationen und eine engmaschige Begleitung und Supervision der Interventionen durch die betreuenden Mediator*innen vor Ort. Es hat sich bewährt, aufeinander abgestimmte kleinere Konfliktlotsenteams dafür zusammenzustellen, die gut miteinander kooperieren. Bei der Zusammenstellung solcher Teams sollten Sie unbedingt darauf achten, dass diese mit den Fällen in ihrer Komplexität und Intensität nicht überfordert sind. Insofern ist die Kooperation zwischen den begleitenden Mediator*innen und den bearbeitenden Teams auf Augenhöhe von entscheidender Bedeutung für das Gelingen von Gruppenmediationen. Gegenüber den erwachsenen Mediator*innen haben die jugendlichen Konfliktlotsenteams den großen Vorteil, dass die eingesetzten Konfliktlots*innen persönlich viel näher an den Problemfeldern ihrer Altersgenoss*innen dran sind und deutlich mehr zeitliches Potenzial zur Verfügung stellen können. Außerdem schult dies in hohem Maße die mediative Kompetenz der Schüler*innen für Konfliktzusammenhänge und Dynamiken, die sie später gut in eigenen beruflichen Feldern nutzen können. Diese Erfahrung konnten wir besonders an der gymnasialen Oberstufe machen, wo die Schüler*innen über mehrere Jahre hinweg ihre mediative Kompetenz erweitern konnten.

Bei der Schulung für Gruppenmediationen haben wir mit der folgenden Ablaufstruktur gute Erfahrungen gemacht. Dieser klare Leitfaden gibt den Mediator*innen eine gute Handlungsorientierung, um am Ende des Prozesses tragfähige Klassenvereinbarungen zu finden, die die darin vereinbarten Verhaltensänderungen erfolgreich einleiten können. Diese sollten allerdings nach einem kürzeren Zeitraum (in der Regel etwa 14 Tage Probelaufzeit) mit der Klasse und im Gespräch mit der Klassenleitung überprüft und ggf. nachverhandelt werden.

Leitfaden für Gruppenmediation mit Botengruppe

0. Vorbereitung des Settings und Information der Klasse

- **Vorgespräch mit der Klassenleitung:** Austausch über Problempunkte und mögliche Vorgehensweise
- **gemeinsame Auswahl der ersten Gesprächskonstellation,** von uns im Folgenden „Botengruppe" genannt (meist Klassensprecher*innen oder andere geeignete Schüler*innen mit Problemverständnis)
- **Vorinformation in der Klasse** durch das Mediationsteam: Vorstellung mit Namen, Betonung ihrer allparteilichen Rolle mit dem Ziel einer Verbesserung des Klassenklimas und ihrer Unabhängigkeit (sie machen sich ein eigenes Bild über mögliche Problematiken, unabhangig von der Einschätzung des Klassenlehrers), Hinweise zu ihrer Vertraulichkeit (alle Informationen bleiben in den Gesprächsgruppen, außer bei Erlaubnis zur Weitergabe durch die Teilnehmer*innen)
- **Darstellung der Vorgehensweise:** Benennung der Anfangsgesprächsrunde, Hinweis darauf, dass weitere Schüler*innen hinzugezogen werden bzw. sich die Gesprächskonstellationen ändern können
- **Ziel der Gespräche** ist es, miteinander veränderte Verhaltensregelungen für die Zukunft zu finden und diese im Vorhinein zu vereinbaren.
- **Vorstellung der Vorvereinbarunge**n in der Klasse durch ausgewählte beteiligte Schüler*innen
- **Diskussion,** ggf. Modifizierung und Abstimmung der Vereinbarungen mit allen Schüler*innen
- **Verabredung einer Probelaufzeit** mit Terminabsprache zur Reflexion und ggf. Nachverhandlung

1. Problemerhebung in Botengruppe

- **intensives Befragen und Spiegeln jedes Gruppenmitglieds** auf Grundlage folgender Fragestellungen: Wie geht es dir in der Klassengemeinschaft? Was läuft gut, was manchmal schwierig? Welche Situationen findest du problematisch?
- **Zusammenfassung der Hauptaussagen,** Würdigung der positiven Aspekte, Benennung der Kernprobleme

2. Erhellung der Hintergründe

- **intensives Befragen und weiches Spiegeln** zu folgenden Fragestellungen: Wie erlebt ihr die schwierigen Situationen? Wodurch werden sie ausgelöst und welche Auswirkungen beobachtet ihr? Seit wann beobachtet ihr diese Entwicklung?
- **Fragen zu den Initiatoren** und den dahinterliegenden Motivationen: Wer ist eurer Meinung nach hauptsächlich daran beteiligt und mit welcher Motivation?

3. Absprachen zur weiteren Vorgehensweise

- **Befragung der Gruppe hinsichtlich der nächsten Gesprächskonstellationen** anhand folgender Fragen: Welche Mitschüler*innen können weitere wichtige Informationen liefern bzw. auch notwendige Einsichten zeigen, um den Prozess voranzubringen? Wen findet ihr geeignet und in welcher Zusammenstellung?

- **Vorbereitung eines Perspektivwechsels** für die nächste Gesprächskonstellation: Wer informiert die hinzugebetenen Mitschüler*innen über die Hauptproblempunkte und in welcher Form?
- **Diskussion und Einigung in der Gruppe über Vorgehensweise**

4. Erweiterte Gesprächsrunde mit den hinzugebetenen Mitschüler*innen

- **Begrüßung mit Dank** für die Gesprächsbereitschaft der neuen Gesprächsmitglieder
- **Befragung** auf Grundlage der Fragestellung zur obigen Problemerhebung und Erhellung (siehe Punkt 1 und 2)
- **Abgesprochener Perspektivwechsel** durch Gruppenmitglied unter folgender Fragestellung: Wie geht es dir damit, wenn du das hörst? Kannst du die andere Seite/Ansicht verstehen? Hast du Ähnliches erlebt?
- **Wechselseitiger Perspektivwechsel** mit der Gruppe (jedes einzelne Gruppenmitglied erhält Reflexionsmöglichkeit über die Sichtweise der anderen Seite und ggf. Verständnis für deren Motivationen): Wie geht es euch, wenn ihr das hört?
- **Gesamtdiskussion** über die Problemlage und ggf. Hinzuziehung weiterer Mitschüler*innen

5. Gemeinsame Lösungssuche für Vorvereinbarung

- **Brainstorming** unter folgenden Fragestellungen: Welche Lösungen könnt ihr euch vorstellen? Was bietet ihr an? Was wünscht ihr euch? Welche Regelungen könntet ihr euch zukünftig für die Problemsituation vorstellen?
- **Absprachen über Form der Vorstellung** in der Klasse (Auswahl der Schüler*innen für bestimmte Parts)

6. Vorstellung der Vorvereinbarung und Diskussion in der Klasse mit Klassenleitung

- **Vorstellung** durch ausgewählte Schüler*innen
- **Diskussion** und ggf. Modifizierung der Vereinbarung

7. Abstimmung der Klassenvereinbarung

- **Abstimmung** mit allen Klassenmitgliedern und der Klassenleitung über Vereinbarung mit verabredeter Laufzeit

Zum gemeinsamen Üben von Gruppenmediationen sind typische Gruppenkonflikte mit den entsprechenden Rollenkarten aus dem schulischen Umfeld der teilnehmenden Schüler*innen empfehlenswert; hier folgt ein Beispiel zu Problemen rund um den Pausenfußball und die Lautstärke in einer siebten Klasse.

Beispiel für Rollenkarten zu einer Gruppenmediation:

Klassensprecher Hannes:
Hannes ist ein sportlicher, gutaussehender, leistungsstarker und sehr beliebter Schüler. Er ist tonangebend, besonders beim Pausenfußball, den er gern nach seinen Vorstellungen managt, wobei schwächere Schüler*innen manchmal außen vor bleiben. Hannes setzt sich selbstbewusst für den Klassenzusammenhalt ein, wobei Rico, der hin und wieder petzt (er erinnert die Lehrkraft z. B. an Hausaufgabenkontrolle usw.) einen Störfaktor für ihn darstellt. Ein weiteres Problem in der Klasse ist die Lautstärke, die besonders von Romina ausgelöst wird, die häufiger durch unangemessene Kommentare auffällt, über die dann viele Mitschüler*innen lachen. Das stört den Unterrichtsablauf und wird von den meisten zunehmend als störend empfunden.

Klassensprecherin Antonia:
Antonia ist eine sehr beliebte und sozialkompetente Schülerin, die stets fröhlich, aber eher weniger leistungsstark ist. Sie hat ein Herz für weniger integrierte Schüler und verteidigt Rico manchmal, wenn andere über ihn lästern und ihn Streber nennen. Aber das Petzen von Rico findet sie auch unangebracht. Ab und zu versucht sie, Romina mit in ihre Clique einzubeziehen, obwohl diese häufiger mit all ihren tollen Sachen angibt. Beide kennen sich aus dem Reitverein und kommen dort recht gut miteinander klar. Aber das Reinrufen von Romina findet Antonia auch störend, da sie sich dadurch schlechter konzentrieren kann und sich dies in ihren Leistungen zeigt.

Schüler Rico:
Er steht etwas am Rande der Klasse, möchte mehr akzeptiert werden und regelmäßig beim Fußball mitspielen, was jedoch häufig von Hannes verhindert wird. Rico ist eindeutig der Klassenbeste, will später unbedingt Medizin studieren. Er ist auf gute Noten aus und sucht die Anerkennung teilweise über „Einschleimen" bei der Lehrkraft durch „Hinweise" über andere Schüler*innen (z. B. vergessene Hausaufgaben). Rico ärgert sich sehr darüber, dass manche ihn Streber nennen, versucht aber, dies zu überhören. Manchmal wird er jedoch richtig aggressiv, wenn es einfach zu viel wird.

Schülerin Romina:
Sie ist nicht bei allen in der Klasse beliebt, weil sie oft bestimmen möchte und während des Unterrichts schon mal lustige Sprüche reinruft, über die viele lachen. Ihr gefällt es, wenn sie dadurch die Aufmerksamkeit auf sich ziehen kann. Leider gibt es den Streber und Petzer Rico in der Klasse, durch den sie immer mal wieder Ärger bekommt. Rico fordert doch tatsächlich von sich aus die Lehrkräfte dazu auf, die Hausaufgaben zu kontrollieren. Wenn er das nicht tun würde, würden diese es gar nicht mitbekommen, wenn Hausaufgaben fehlen. Das findet Romina echt unfair, weil man doch in der Klasse immer zusammenhalten sollte. So rächt sie sich an ihm, indem sie schon mal unbemerkt Sachen von ihm wie z. B. seine Federtasche wegnimmt und diese im Mülleimer verschwinden lässt. Darüber regt sich Rico stark auf, was Romina im Stillen gefällt und sie nur gerecht findet.

9.5 Schulkonfliktlotsen als soziale Botschafter schulen

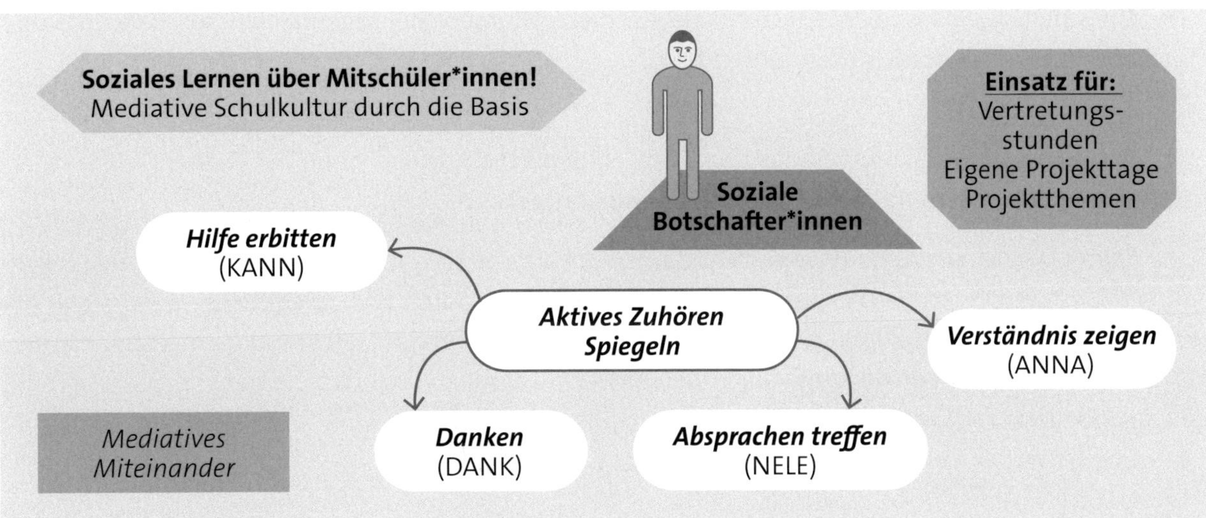

Die Ausbildung der Konfliktlots*innen zu „sozialen Botschaftern" ist ein wichtiger Beitrag zum sozialen Lernen an der Schule und damit zur Gestaltung und Stärkung einer mediativen Schulkultur. Die Vermittlung der mediativen Haltung durch die Schüler selbst fördert die Veränderung der Schulkultur von der Basis her (z. B. beim Umgang im Unterricht, aber auch in den Pausen und in der Mensa), weil gerade das Vorbild der älteren, erfahrenen Schüler*innen ausgesprochen prägend auf die jüngere Generation ist. Eine solche Grundlagenschulung im sozialen Umgang führt zur stärkeren Selbstregulierung von kleineren Konflikten im Alltag und wirkt sich somit auch auf den wertschätzenden Umgang innerhalb der Klassengemeinschaft aus, z. B. bei der Teamarbeit und beim selbstorganisierten Lernen. Diese Faktoren führen zu einer hohen zeitlichen und nervlichen Entlastung der Lehrkräfte im Schulalltag; sie gestalten damit das gesamte Lernumfeld angenehm und produktiv für alle Beteiligten. Die daraus resultierenden Folgen sind eine gebündelte Konzentration auf die Vermittlung der Fachinhalte und mehr Kapazitäten für die notwendige pädagogische Förderung einzelner. Dies führt zu einer deutlich höheren Arbeitsqualität und damit zu mehr Zufriedenheit bei der Lehrer- und Schülerschaft.

Wenn man Konfliktlots*innen erfolgreich als soziale Botschafter*innen für die gesamte Schulgemeinschaft einsetzt, stärkt dies das Schulkonfliktlosenteam und die gesamte Mediationsarbeit in hohem Maße. Es führt zur Werbung für die Konfliktlotsenarbeit allgemein und verschafft diesen Konfliktlots*innen einen eigenen methodisch-didaktischen und sozialen Kompetenzgewinn.

Einsatzmöglichkeiten der sozialen Botschafter*innen:

- In Vertretungsstunden, alternativ oder ergänzend zu fachlichem Input, als Entlastung der Lehrerschaft
- Begleitend bei passenden Projektthemen, insbesondere bei in den Schulrhythmus integrierten Projekttagen (Abschluss der Projekteinheit mit entsprechender Urkunde möglich)
- Projekttage zum sozialen Lernen, besonders empfehlenswert für neue Klassen in der Schule (ermöglicht gegenseitiges Kennenlernen auf der Basis des an der Schule üblichen mediativen Umgangs miteinander)

Voraussetzungen:

- Ausreichende Ressourcen für die betreuenden Schulmediator*innen zur Qualifizierung und Koordination ihrer Konfliktlotsen
- Akzeptanz und weitgehende Unterstützung des Konzepts durch das Kollegium
- Genauere Informationen und interne Absprachen über die Einsatzmöglichkeiten der sozialen Botschafter*innen mit dem Kollegium
- Offenheit der Klasse bzw. Klassenstufe für diese Themen (bei Jugendlichen im Pubertätsalter abwägen, ob in der Form zielführend)

Schülerauswahl:

- Konfliktlotse*innen mindestens zwei Jahre älter als die Schüler*innen der Klasse
- Konfliktlots*innen mit hoher Akzeptanz und Kompetenz

Damit Sie sich die Aktionsweise der sozialen Botschafter im Unterricht genauer vorstellen können, schildern wir Ihnen für die Grundkompetenz „Aktives Zuhören und Spiegeln" eine mögliche Ablaufstruktur, die die Konfliktlots*innen unter Aufsicht einer Lehrerkraft selbständig umsetzen können. In ähnlicher Weise können dann die folgenden sozialen Themen von Ihnen entsprechend aufbereitet und nach Belieben ergänzt werden.

Ablauf der Unterrichtssequenz „Aktives Zuhören und Spiegeln" für soziale Botschafter*innen

Der Einsatz sollte mit allen Beteiligten im Vorfeld abgesprochen und die Aufsicht der Klasse gewährleistet sein.

1. Vorstellung
Schüler*innen stellen sich als Konfliktlots*innen mit Namen und Klasse vor:

Wir heißen ... und kommen aus der Klasse .... Wir möchten euch gleich ein paar Übungen zeigen, die euch helfen können, euch untereinander besser zu verstehen, sodass mögliche Konflikte erst gar nicht entstehen. Wir glauben, dass diese wertschätzende Art, miteinander zu sprechen, hilft, das Klima in jeder Klasse und insgesamt an unserer Schule zu verbessern.

2. Übungsdemonstration mit Auswertung
Die Konfliktlotsen demonstrieren **„Aktives Zuhören" zuerst nichtmediativ** (abgelenkt, abwertend, unfreundlicher Tonfall). Das Thema der Unterhaltung könnte sein: Was findest du an der Schule zurzeit gut und was nicht?
Kurze Auswertung der Übung mit der Klasse: Wie ging es dem Erzählenden wohl eben? Die Konfliktlotsen nehmen drei bis fünf Meldungen an.
Sie demonstrieren **das „Aktive Zuhören" nun mediativ.** Wiederum kurze Auswertung mit der Klasse: Wie ging es dem Erzählenden beim zweiten Mal? Die Konfliktlotsen nehmen drei bis fünf Meldungen an.
Sie heften ein **Schild zum „Aktiven Zuhören" mit drei wesentlichen Kriterien** an die Tafel: Konzentration, echtes Interesse zeigen und Rückfragen stellen.

3. Partnerübung jeweils mit Sitznachbar*in
Die Konfliktlots*innen kündigen nun das „Aktive Zuhören" (nur mediativ) als Partnerübung an mit derselben vorgeführten Fragestellung.
Zeit ca. drei Minuten.
Gong: Wechsel.
Gong: Ende!

4. Auswertung der Übung
Die Konfliktlots*innen fragen die Klasse, wie sie die Übung erlebt haben. Sie nehmen wiederum ca. drei bis fünf Meldungen der Klasse an. Es folgt die gemeinsame Reflexion mit dem Ziel der Erkenntnis, dass Aktives Zuhören beziehungsfördernd ist und das Klassenklima entscheidend mitprägt. Abschließendes **Bedanken** für die aktive Mitarbeit und die Begleitung der Lehrkraft.

Fünf mögliche Unterrichtssequenzen für soziale Botschafter*innen im Überblick

1. Aktives Zuhören und Spiegeln:
Fragestellung: Was findest du an unserer Schule zurzeit gut? Was gefällt dir weniger? (s.o.)

- Konzentration und Interesse zeigen
- Blickkontakt
- Interessierte Rückfragen stellen
- Spiegeln der Kernaussagen und Rückfrage bei Sprecher*in, ob alles richtig verstanden wurde.

2. Danken (DANK):

Situation: Dir hat ein/eine Mitschüler*in geholfen und du möchtest dich bedanken. Du schätzt deine/deinen Mitschüler*in wegen ...

- **D** = Danke ...
- **A** = Anlass: ..., dass du mit mir die Präsentation geübt hast.
- **N** = Notwendigkeit: Jetzt kann ich beruhigt in die Prüfung gehen und werde sicher besser abschneiden.
- **K** = Kooperation: Sag Bescheid, wenn ich dir mal entgegenkommen kann. Das will ich gerne tun!

3. Verständnis zeigen und unterstützen (ANNA):

Situation: Ein/eine Mitschüler*in erzählt dir von seinen/ihren Schwierigkeiten (schlechte Zensur). Du drückst Verständnis aus. Ihr sucht zusammen nach Lösungen.

- **A** = Annehmen: Ich verstehe deine Enttäuschung wegen der Zensur.
- **N** = Nachfragen: Was genau ist für dich dabei besonders schwierig?
- **N** = Nach Lösungsideen fragen: Wie könntest du besser vorankommen? Was und wer könnte dir helfen?
- **A** = Angebot/Tipp: Ich könnte mit dir üben oder dir einen Helfer vermitteln.

4. Hilfe erbitten (KANN):

Situation: Du verstehst eine Matheaufgabe nicht richtig und wünschst dir Unterstützung von einem/einer Mitschüler*in.

- **K** = Klima schaffen: Hast du mal einen Moment Zeit?
- **A** = Anlass: ... Ich bräuchte deine Hilfe für diese Matheaufgabe.
- **N** = Nähere Erläuterung: ... Ich weiß, dass du das verstanden hast und mir gut erklären kannst.
- **N** = Nachfragen: Geht das gerade für dich? (... Das wäre super, das wäre sehr hilfreich für mich.)

5. Gemeinsame Absprachen treffen (NELE):

Situation: Du kannst dich mit deiner/deinem Mitschüler*in nicht gleich über eine Vorgehensweise (z. B. bei einer Partnerarbeit) einigen.

- **N** = Nachfragen: Du meinst, es geht so besser. Wie stellst du es dir genau vor?
- **E** = Eigener Weg: Ich denke, dass es so besser ist, weil ...
- **L** = Lösungswege: Wie kommen wir jetzt zusammen? (Vorschläge von beiden Seiten)
- **E** = Einigung: Gut, dann nehmen wir erst deine Notizen und dann mein Buch.

9.6 Schulkonfliktlotsen zu Schülercoachs ausbilden

Die sozialen, fachlichen und persönlichen psychischer Auffälligkeiten und Defizite der Schülerschaft von heute sind sehr vielfältig und gerade in den letzten Jahren stark angestiegen. Die an der Schule dafür zuständigen Erwachsenen, wie Beratungslehrer*innen, Sozialarbeiter*innen, Schulseelsorger*innen, haben in der Regel zu geringe Ressourcen, um all diese Probleme aufzufangen, sodass sie meistens erst verspätet und nur bei gravierenden und offensichtlichen Problemstellungen hinzugezogen werden. Für die niederschwelligen Probleme innerhalb der Schülerschaft gibt es daher oft keine verlässlich zur Verfügung stehende Anlaufstelle.

Eine solche Anlaufstelle können kompetente und vertrauenswürdige, gut angesehene Schulkonfliktlots*innen mit ihren größeren zeitlichen Möglichkeiten bieten. Vorteilhaft ist hier außerdem, dass die Probleme (z. B. Pubertätsprobleme, Cybermobbing usw.) meist aus ihrem eigenen Erfahrungsbereich stammen, zu dem die Erwachsenengeneration nicht in gleichem Maße den direkten Zugang hat. Gerade die gut ausgebildeten und bereits bekannten Schulkonfliktlots*innen sind geeignet, in Form einer vertrauenswürdigen Beratung derartige Probleme abzufedern und lösen zu helfen. Dies entlastet das gesamte Kollegium in erheblichem Maße. Auf der Grundlage ihrer Mediationskompetenz können Schulkonfliktlosts*innen bei Bedarf passende weitere Möglichkeiten anbieten, z. B. sich abzeichnende Mediationen einleiten, an die betreuenden Schulmediator*innen vor Ort vermitteln oder weitere Hilfsangebote der Schule benennen. Dies beinhaltet selbstverständlich eine weitere Stärkung des Konfliktlotsensystems an der Schule und der mediativen Schulkultur.

Einsatzmöglichkeiten:

- Erste Anlaufstelle bei Problemen mit Mitschülern, z. B. in der Klasse, der Pause, der Mensa und auf dem Schulweg (wie Lästereien, Benachteiligungen, Freundschafts- und Cliquen-Problematiken)
- Konflikte zwischen den Geschlechtern
- Klassenübergreifende Streitereien
- Kleinere Lern- oder Arbeitsprobleme, Hausaufgabenschwierigkeiten

Ausgeschlossene Problemfelder:

- Alle Beratungsanfragen, die den Coach individuell überfordern
- Zu enge Beziehung zu dem oder den Betroffenen (Freundschaft, Verwandtschaft, problematische Beziehung)
- Komplexere Problemfelder gehören grundsätzlich in Erwachsenenhand: z. B. jegliche körperliche und sexuelle Gewalt, Drogenprobleme, kriminelle Vorkommnisse, rassistische Übergriffe, ernste Probleme im Elternhaus, Schwierigkeiten mit Lehrkräften
- jegliche Form von Ausgrenzung (Mobbing und Cybermobbing)

Voraussetzungen:

- Geübte und geschulte Konfliktlots*innen mit großer sozialer Kompetenz
- Ausreichender Altersvorsprung zu den Anfragenden
- Unbedingte Vertraulichkeit des Gesprächs
- Enge Begleitung und regelmäßige Supervision der Einsätze durch Betreuer*innen
- Möglicherweise Hinweis für einen Einsatz durch die betreuenden Schulmediator*innen

Da das Schülercoaching eine spezielle Vorgehensweise mit mediativen Elementen darstellt, ist eine entsprechende Ausbildung für diese Beratungstätigkeit unbedingt erforderlich. Selbst bei erfahrenen Konfliktlots*innen ist es im Rahmen dieser Ausbildung unbedingt notwendig, darauf hinzuweisen und immer wieder zu unterstreichen, für genau welche Themenstellungen und Zusammenhänge sie die Verantwortung ihres Coachings übernehmen können. Sobald eine individuelle Überforderung erkannt wird, oder die oben explizit ausgeschlossenen Themen angesprochen werden, sollte unverzüglich Rücksprache mit ihren Betreuer*innen erfolgen, um die weitere Vorgehensweise abzustimmen.

Nachfolgend finden Sie einen möglichen Schülercoaching-Leitfaden, speziell für Schulkonfliktlotsenteams ausgearbeitet, der sich in unserer Praxis gut bewährt hat. Bei der Schulung ist darauf zu achten, dass die in der Konfliktlotsenausbildung erworbene mediative Haltung für den Gesamtprozess bestimmend bleibt. Eine mögliche Beratung durch den Schülercoach ist erst dann angezeigt, wenn das Problem über die Klärungs- und Erhellungsphase mediativ umfassend beleuchtet wurde. Auf dieser Grundlage sollte demgemäß zuerst der Anfragende nach eigenen Lösungswegen befragt werden, bevor der Schülercoach Lösungsideen anbietet und diese explizit als Vorschläge formuliert. Am Ende des Schülercoachings sollte unbedingt eine Rückmeldung erfolgen, um das Gespräch einordnen zu können.

Schülercoaching-Leitfaden

Phase		Aktion
0	**Loben:** Gut, dass du damit zu mir kommst.	
0	**Vertraulichkeit:** Ich behandele dein Problem in jedem Fall vertraulich.	Vertraulichkeit
1	**Anlass erfragen:** Was führt dich zu mir? Was ist dein Problem?	Aktives Zuhören Spiegeln
1	**Nähere Umstände erfragen:** Wie kam es dazu? Seit wann ist es so? Ist es schon mal vorgekommen?	Aktives Zuhören Spiegeln
1	**Eigene Klärungsversuche erfragen:** Wie hast du reagiert? Hast du es schon mal angesprochen?	Aktives Zuhören Spiegeln
2	**Gefühle erhellen:** Wie war es für dich und wie ist es jetzt? Was genau war besonders schwierig für dich?	Weich spiegeln
2	**Bedürfnisse erfragen:** Was brauchst du und was wünschst du dir?	Weich spiegeln
3	**Unterstützung anbieten:** Würdest du das gerne klären und wünschst du dir dabei Unterstützung?	Lösungssuche
3	**Mögliche Lösungsvorschläge erfragen:** Hättest du Vorschläge oder Ideen für die Zukunft? Könntest du von dir aus etwas anbieten?	Lösungssuche Achtung! Keine Lösungen vorgeben!
	Schülercoachingimpulse: Ich könnte mir vorstellen, dass dir Folgendes weiterhelfen würde ... An deiner Stelle würde ich vielleicht ... Möglicherweise könntest du es folgendermaßen klären ... Was hältst du von folgendem Klärungsangebot ...	Möglichkeiten des Schülercoachings
4	**Verabredung treffen:** Wir verabreden folgendes Vorgehen miteinander ...	Mögliche Vereinbarung
	Rückmeldung erbitten: War das Gespräch hilfreich für dich?	Rückmeldung

10 EIN MEDIATIONSTEAM ALS UNTERSTÜTZUNGS-GRUPPE BILDEN UND VIELFÄLTIG EINSETZEN

Schulhaus mit Bausteinen zur mediativen Schulkultur

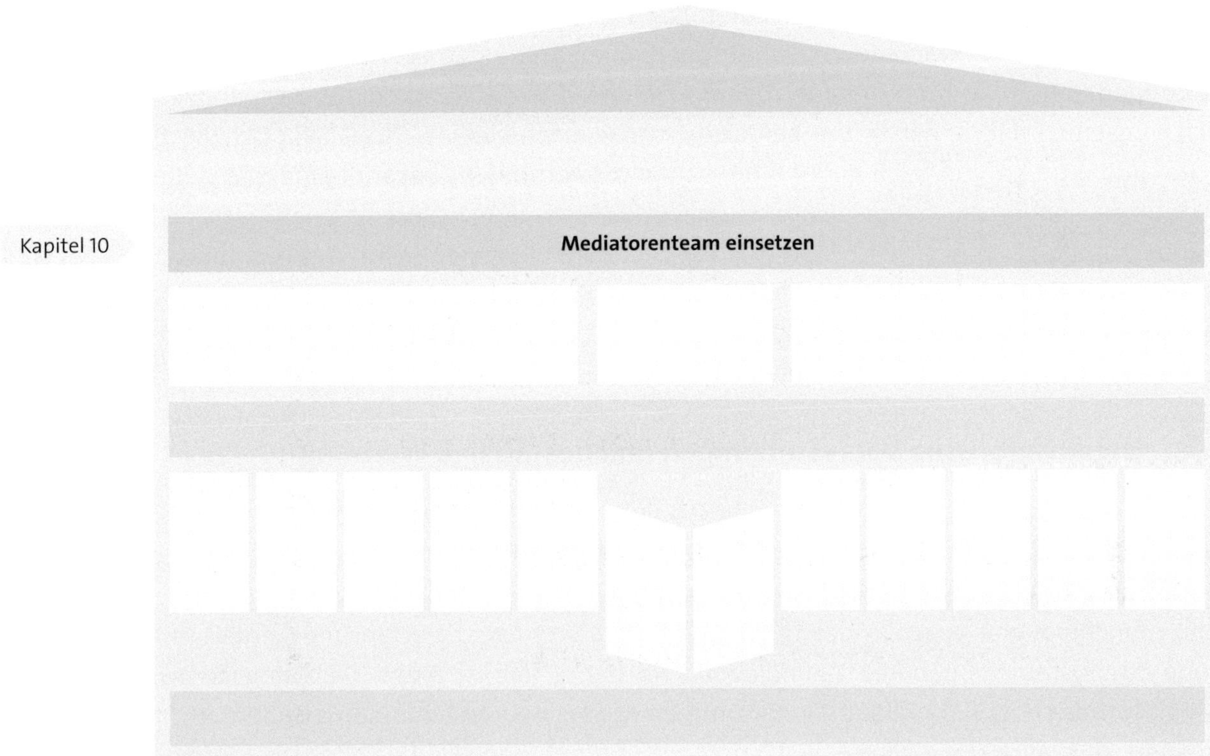

10.1 Grundlagen für die vielfältige Arbeit des Mediationsteams im Schulkontext schaffen

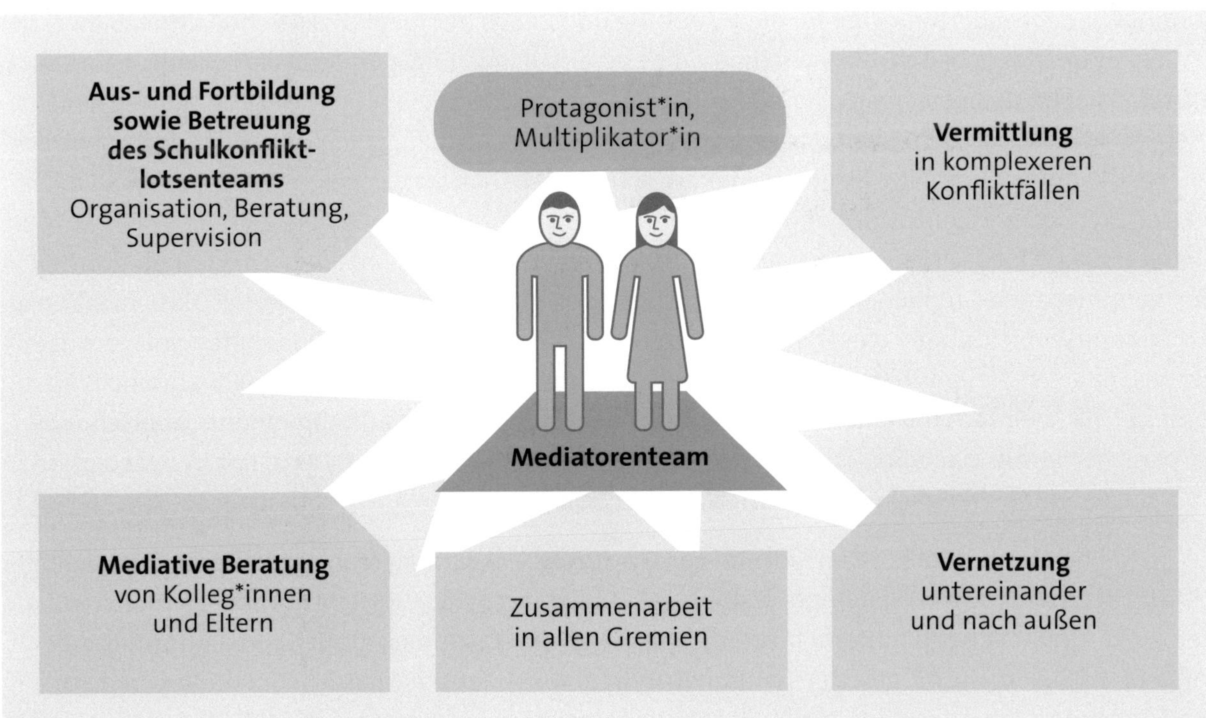

Ohne engagierte und kompetente Schulmediator*innen, die eine regelmäßige Begleitung, Schulungen und Fallsupervisionen für die Schulkonfliktlots*innen sicherstellen, kann eine mediative Schulkultur nicht nachhaltig geprägt werden. Sie sind die entscheidenden Stellschrauben für die ganze Schulgemeinschaft. Wenn auch schon einige Kolleg*innen ihre Klassenkultur mediativ ausgestalten, wird das in einer Schule nicht ungehört bleiben und über die dort geschulten Schüler*innen bereits Wirkungen zeigen bzw. Nachahmer auf den Plan rufen. Ein kompetentes Schulmediationsteam jedoch, das spürbare Erleichterungen und wertvolle Beratungen bei Konflikten für Kolleg*innen und Leitungen bereithält, kann in ganz anderen Dimensionen Wirkungen auf das Schulleben auslösen. Nach unseren Erfahrungen sind es gerade die engagierten Mediator*innen vor Ort, die mit dem Kollegium gut vernetzt und auch in der Elternschaft als kompetent bekannt sind, die vielfach nicht nur Akzeptanz, sondern auch regelrechte Neugier und Motivation auslösen, sich mit der Mediation auseinanderzusetzen. Denn letztlich sind es doch vor allem die Kolleg*innen mit ihrem Engagement und ihren Visionen als Menschen, die andere mitreißen und mit ins Boot holen. Viele Kolleg*innen, die rundum gut ausgelastet sind, brauchen diesen persönlichen Anstoß oder den praktischen Kontakt mit der Mediation, um dafür gewonnen zu werden.

Organisatorische Voraussetzungen und beständige Werbung

Damit das Mediationsteam an der Schule eine nicht zu übersehende Ausstrahlung entfalten und gleichzeitig als Multiplikator weitere Lehrkräfte zum Aufbau einer mediativen Schulkultur begeistern kann, bedarf es einer Reihe von notwendigen organisatorischen Voraussetzungen. Diese können manchmal erst gegen Widerstände geschaffen werden, die erfahrungsgemäß mit der Bewährung des Systems abnehmen. Grundlegend für den Erfolg ist dabei die fundierte Ausbildung der Mediator*innen, um Konfliktlots*innen immer wieder neu angemessen schulen und fortbilden zu können, aber auch um eigene Fälle kompetent übernehmen und begleiten zu können. Das braucht ausreichende Ressourcen und kann nicht nebenbei bei vollem Unterrichtsbudget geleistet werden. Neben diesen reinen Mediationskompetenzen sind folgerichtig klar geregelte Ermäßigungsstunden, also ausreichende zeitliche Freiräume, für Schulmediator*innen erforderlich. Dies setzt in der Regel finanzielle Ressourcen voraus sowie die Bereitschaft von Leitung und Kollegium, aus dem Stundenkontingent der Schule einen Teil für die Schaffung und Pflege der mediativen Schulkultur zu investieren. Denn trotz der positiven Absichten und des bereitwilligen Engagements der Kollegien sind doch die finanziellen und personellen Ressourcen im pädagogischen Feld ohnehin schon für den Regelbetrieb meist zu knapp bemessen und entsprechend wird die Verteilung von allen sehr genau betrachtet. Hier können wir nur die Ermunterung aussprechen, beharrlich zu bleiben und die Vorteile einer letztendlich Ressourcensparenden mediativen Schulkultur zu verdeutlichen. Daraus ergibt sich die Notwendigkeit für das Mediationsteam, immer wieder viel Informations- und Überzeugungsarbeit in den verschiedenen Gremien und Gesprächsrunden zu leisten. Unsere Erfahrung ist, dass nicht an allen Bildungseinrichtungen dieser demokratisch-mediative Weg von allen Beteiligten von vornherein als besonders erstrebenswert angesehen wird. Die über lange Zeit verbreitete hierarchische Prägung lässt sich nicht einfach mit einem respektvollen mediativen Umgang auf Augenhöhe „überschreiben". Es braucht hierfür manchmal einen langen Atem und vielfach Eigenkontakte mit der Mediation in Konfliktzusammenhängen, um langsam tragende Überzeugungen aufzubauen.

Neben dieser direkten Konflikthilfe vor Ort ist das Mediationsteam gleichzeitig ein wichtiger Motor zur Erhaltung und Weiterentwicklung der mediativen Schulkultur insgesamt. Es kooperiert von Zeit zu Zeit mit allen schulinternen Gremien und ggf. auch externen Trägern – es informiert, berät, initiiert, korrigiert – und arbeitet wünschenswerterweise federführend mit in einem regelmäßig stattfindenden Steuerkreis zur Begleitung des gesamten Schulprozesses (vgl. Kap. 11).

Zusammensetzung des Teams – Vertrauenswürdigkeit

Die Zusammenstellung und die Größe des Teams ergeben sich in der Regel nicht nur durch die vorhandenen Ressourcen, sondern auch über das Engagement und die vorhandene Kompetenz im Kollegium. Günstig ist es, bei verschiedenen Schulformen oder Schulstufen bzw. dem zusätzlichen Hort unter einem Dach darauf zu achten, dass hier das Schulgefüge möglichst breit mit abgebildet wird. Dabei ist zusätzlich wichtig, dass die Gruppengröße schnelle Absprachen untereinander möglich macht. Manchmal findet sich leider nur eine federführender Schulmediatorin vor Ort, die sich um die Verbreitung bemüht. Das ist sicher ein wichtiger Ausgangspunkt, kann aber nur ein Anfang sein. Nach unseren Erfahrungen kann ein kleines Schulmediationsteam deutlich mehr Innovationskraft und Nachhaltigkeit in einer Schule hervorbringen als Einzelinitiativen. Mediator*innen können nur dann erfolgreich wirken, wenn sie einen engen und kurzen Draht zu möglichst vielen Schüler*innen und Kolleg*innen haben, also als vertrauensvolle Ansprechpartner für Konflikte im Umfeld bekannt sind und schnell zur Verfügung stehen. Dabei spielt die pädagogische Beratungshilfe durch die Mediator*innen im Kontext eines Konfliktfalles für die Lehrkräfte nach unseren Erfahrungen oft eine entscheidende Rolle, um eine mediative Kultur an der Schule auszuprägen. Allzu oft fühlen sich die verantwortlichen Pädagog*innen in einem Feld widerstreitender Interessen von Schüler*innen, Eltern und Kolleg*innen allein gelassen und schätzen gerade dann eine unabhängige Perspektive mit praktischer Gesprächsunterstützung, einvernehmlichen Lösungswegen und gemeinsamer Reflexion. Allein dieser Prozess, sollte er sich in einer Schule durchsetzen, hilft und entlastet nicht nur die einzelnen Kolleg*innen, sondern eröffnet Möglichkeiten, mit den schulischen Instrumenten der Konflikthilfe (Klassenrat, Konfliktlots*innen, Schulmediator*innen, externe Mediation) auf das Problem in einer gemeinsamen Anstrengung selbst einzuwirken. Genau hier liegen die wichtigen Ansatzpunkte für die Entstehung einer mediativen Schulkultur, indem Konflikte offengelegt und Lösungsoptionen miteinander besprochen werden. Das ruft die Eigenverantwortung auf den Plan, welche als Unterstützung des gesamten Konfliktmanagementsystems grundlegend wichtig ist.

Bei der konkreten Mediationshilfe vor Ort ist selbstverständlich immer zu beachten, inwieweit der/die entsprechende Mediationskolleg*in selbst in die Sachverhalte, Klassengeschäfte bzw. kollegialen Bindungen involviert ist. Sobald sich hier Verbindungen ergeben, die den Mediationsprozess stören könnten, empfehlen wir, im Vorfeld abzuklären, ob die Medianden mit der geplanten internen Gesprächsunterstützung einverstanden sind bzw. ob doch lieber eine externe Mediation angefragt werden sollte. Denn eine Doppelrolle als Mediator*in und gleichzeitig Lehrer*in/Erzieher*in/Kolleg*in in den gleichen Zusammenhängen stellt die notwendige Allparteilichkeit in Frage. Hier ist also eine genaue Prüfung der Bedingungen im Einzelnen notwendig, die verantwortungsbewusst mit allen Beteiligten entschieden werden sollte.

10.2 Ein Ausbildungscurriculum im Überblick: für fundierte Mediationskompetenzen sorgen

Für die Implementierung der Mediation an der Schule braucht es eine möglichst fundierte Ausbildung des Unterstützungsteams, sodass alle Mitglieder ihre gelebte mediative Haltung bei den verschiedenen Konfliktanlässen auf Schüler*innen, das Kollegium und alle weiteren Schulmitarbeiter*innen übertragen können. Das ist ihre wichtigste Botschaft im Gesamtprozess und prägt eine Schulkultur vor allem anderen im Alltag. Nicht immer wird es möglich sein, eine von den Verbänden empfohlene und durchaus sinnvolle Schulmediationsausbildung im Rahmen von 80 Stunden durchzuführen, die umfangreiche Ressourcen voraussetzt. Wohl braucht es aber nach unseren vielfältigen praktischen Erfahrungen eine sichere Grundkompetenz des Teams für eine prozessgerechte Konfliktlotsenausbildung mit der entsprechenden Grundhaltung, um den mediativen Gedanken effektiv weitergeben zu können. Die mediative Schulkultur steht und fällt mit der Qualität der Konfliktlotsenausbildung vor Ort und einer Grundschulung des Kollegiums. Durch diesen Fundus kann eine immer wieder aktualisierte Konfliktlotsenausbildung für die ganze Schule bereits abgesichert werden, was eine Bereicherung der Schule in mediativer Hinsicht darstellen dürfte und äußerst begrüßenswert ist.

Soll die Prägung der Schule allerdings darüberhinausgehen, braucht es weitreichendere Kompetenzen des Mediationsteams. Diese Teammitglieder sollten insbesondere dahingehend qualifiziert werden, bei komplexeren Konfliktsituationen innerhalb des Klassengefüges ggf. mit Ausgrenzungen und bei schwierigen Elterngesprächen mediativ unterstützend wirken zu können. Wird von der Schule gewünscht, dass vor allem die älteren und erfahrenen Konfliktlots*innen geschult werden, in größerem Rahmen für die Schulgemeinschaft tätig zu werden, z. B. zur Einrichtung von Klassenräten, bei Gruppenkonflikten, als Schülerberater oder auch für Unterrichtssequenzen zum sozialen Lernen (vgl. Kap. 9), braucht es dafür deutlich tiefergehende Kenntnisse und umfangreichere Ressourcen des Teams.

Um diese Aktions- und Schulungsmöglichkeiten für die Mediator*innen vor Ort im Sinne einer prägenden mediativen Schulkultur zu schaffen, stellen wir Ihnen ein auf diese Zielsetzungen abgestimmtes Curriculum vor, das sich für Lehrkräfte und Schulstufen aller Art unter unserer Leitung bereits mehrfach bewährt hat. Die vorgestellte Fortbildung orientiert sich dabei an den Richtlinien des entsprechenden Lehrgangs des Bundesverbandes für Mediation mit einem qualifizierten Abschluss. Sie legt den Schwerpunkt auf vertiefende Möglichkeiten der Konfliktlotsenaus- und -fortbildungen, ergänzend dazu vielfältige Anwendungen der Mediation im direkten kommunikativen Dialog im Schulalltag sowie eine Unterrichtseinheit zum mediativen Umgang mit Kritiksituationen in Form mediativer Selbstvertretung. Diese intensivierten Übungssequenzen in den angesprochenen Bereichen ermöglichen nach unserer Ansicht, in anspruchsvollen schulischen Problemfeldern angemessen und erfolgreich mediativ tätig zu werden und damit für die Kolleg*innen hilfreich und beispielgebend zu wirken. Denn nur wenn sich für die Kolleg*innen sichtbare und nachhaltige Lösungswege über die Mediation auch in schwierigen Zusammenhängen ergeben, kann sie langfristig und umfassend die Schulkultur prägen. Viel Wert legt dieser Lehrgang auf praktische Eigenrealisation mit entsprechender Anleitung und Begleitung, weniger auf theoretische Wissensvermittlung.

Wir haben gute Erfahrungen mit einem Lehrgang über sechs Wochenenden verteilt über ein Schuljahr hinweg gemacht. Welchen Stundenumfang Sie jeweils in einem Schulungswochenende unterbringen können, hängt sehr von Ihrer Klientel und den zeitlichen Möglichkeiten ab. Wünschenswert sind mindestens zweimal sechs bis acht Stunden an zwei aufeinanderfolgenden Tagen, z. B. freitags und samstags, ggf. auch schon Donnerstagabend beginnend. Bedenken Sie bei Ihrem Zeitbudget, dass das Finden der Gruppe und notwendige Wiederholungen sowie Reflexionen miteinander schon einen erheblichen zeitlichen Rahmen einnehmen und Sie darüber hinaus noch ausreichend Übungszeit benötigen. Wir haben gute Erfahrungen mit einer Gruppengröße von 12 bis 20 Teilnehmer*innen bei mindestens zwei Referent*innen gemacht, ggf. unter Hinzuziehung weiterer Fachreferent*innen.

Der gesamte Lernprozess kann dadurch nachhaltig unterstützt werden, wenn gleich am ersten Wochenende sogenannte Intervisionsgruppen gebildet werden. Das sind aus der Gruppe heraus selbst zusammengestellte Übungsgruppen von vier bis sechs Teilnehmer*innen, die sich einmal oder mehrmals zwischen den Schulungswochenenden treffen, um Inhalte zu wiederholen, zu üben und damit zu festigen. Möglich sind auch spezielle Aufgabenstellungen für die Gruppen, die einen Austausch- und Übungsprozess strukturieren.

Gerade der Gruppenprozess kann innerhalb dieser Mediationsausbildungen zusammen mit den Intervisionstreffen sehr intensiv sein, weil ggf. bisher übliche Verhaltensmuster verändert werden. Dieser Lernprozess fordert die Teilnehmenden in besonderem Maße heraus, ermöglicht aber andererseits über diesen Weg ganz neue Erlebnisse und damit tiefe Kontakte miteinander. Das belebt in der Regel die Gruppendynamik und fördert oft einen besonderen Zusammenhalt.

Um den Lehrgang entsprechend abschließen zu können, hat sich eine vorher intensiv vorbereitete praktische Prüfung in Form einer Rollenspielsituation bewährt. Dabei sollte es ausreichend Zeit geben für eine ausführliche Reflexion des Lehrgangs und des Gruppenprozesses insgesamt aus der Rückschau, für ein gründliches Leitungsfeedback und für einen Blick auf die zukünftigen mediativen Möglichkeiten für jede/jeden Teilnehmer*in. Eine entsprechende Urkunde über die erworbenen Kenntnisse sowie ein würdigendes Ritual während der Überreichung am Ende sollte den Lehrgang abschließen.

Im Überblick stellen wir Ihnen die Schwerpunktthemen unserer sechs Schulungswochenenden über jeweils ca. 12 Stunden vor, die eine methodisch folgerichtige, stufenweise sich steigernde und zugleich abwechslungsreiche Lehrgangsstruktur bilden.

1. Wochenende: Mediative Grundhaltung und Vermittlungsstruktur

- Einüben der mediativen Grundhaltung / Grundlagen mediativer Kommunikation
- Kennenlernen mediativer Sprachmuster in alltäglichen Schulsituationen
- Mediative Deeskalationsformen im Schulalltag
- Auseinandersetzung zum Konstrukt „Sozialer Konflikt“
- Erfahrung zur Perspektivität und Bedeutung für die Mediation
- Einführung in die Phasenstruktur und erste Fallübungen
- Bildung der Intervisionsgruppen und Empfehlungen zur ergänzenden Literatur

2. Wochenende: Konflikterhellung und Implementierung eines Konfliktmanagmentsystems

- Unterscheidung von Positions- und Bedürfnisebene über Verhandeln
- Vertiefung der Erhellungsphase über komplexe Fallübungen
- Positiv Umformulieren
- Kennenlernen der neun Eskalationsstufen von Glasl
- Vorstellung kommunikativer Interventionsmöglichkeiten
- Einführung und Diskussion eines Grundlagencurriculums für Schulkonfliktlots*innen
- Austausch und Tipps zur Implementierung eines Konfliktmanagementsystems in das Schulleben

3. Wochenende: Mediative Elternberatung und Klassenmanagement

- Kennenlernen der unterschiedlichen Mediationsweisen zwischen Kindern/Jugendlichen und Erwachsenen
- Elterngespräche mediativ beratend führen
- Mediatives Klassenmanagement: Regelvereinbarungen im Konsens, Klassenrat
- Tür- und Angelgespräche mediativ gestalten
- Komplexe Fallübungen mit intensiver Begleitung und Reflexion innerhalb der Kleingruppen und im Plenum

4. Wochenende: Kollegiales mediatives Miteinander und Gruppenmediationen

- Kollegengespräche mediativ gestalten
- anspruchsvolle Fallübungen mit Einführung in Gruppenmediationen
- Ethik und Prinzipien der Mediation
- Bausteine einer mediativen Schulkultur
- Weiterbildung erfahrener Schulkonfliktlots*innen (Einführung in Klassenrat, Befähigung zu Gruppenmediation, soziale Botschafter*innen, Schülercoaches)

5. Wochenende: Erwachsenen- und Außenseitermediationen – Mediativer Umgang mit Kritik

- Mediationsübungen im Erwachsenenbereich
- Möglichkeiten der Bearbeitung von Außenseiterdynamiken mit Mediation
- Mediative Kommunikation in persönlich emotional belasteten Situationen (Metaebene, Selbstempathie)
- Mediative Reaktionsmöglichkeiten auf Kritik – mediative Selbstvertretung
- Erweiterte Implementierung der Mediation in die Schulkultur
- Entwicklung eigener Zielsetzungen für den jeweiligen Schulkontext

6. Wochenende: Rückblick – Prüfung – Ausblick

- Abschließende Fallübungen zur Vorbereitung auf die praktische Prüfung
- Praktische Prüfung zu zweit
- Rückblick auf die Lehrgangsinhalte: Methodik, Organisation, Leitung, Gruppenprozesse
- Ausblick auf die nächsten persönlichen Schritte und Möglichkeiten in der Zukunft
- Feierliche Urkundenausgabe und Abschlussritual

Mögliches 7. Wochenende: Supervision

- Gemeinsame Reflexion und Analyse zu eingebrachten Fällen der Teilnehmer
- Austausch und Ausblick auf verschiedene berufliche Engagements im Mediationsbereich

10.3 Eine vielfältige Vernetzung des Mediationsteams anstreben

Die meist übergeordnete umfangreichere Mediationsfortbildung und der damit einhergehende Übungs- und Austauschprozess der Mediator*innen untereinander in den Intervisionsgruppen ist erst die Grundlage für eine erfolgreiche Mediationsarbeit für die einzelne Schule hin zu einer mediativen Schulkultur. Wenn auch eine begrenzte Mediationshilfe Einzelner bereits Akzente setzen kann, so sind doch für die Verankerung der Mediation an einer Schule die regelmäßige Vernetzung des Mediationsteams vor Ort untereinander, die Kontakte mit den verschiedenen Schulgremien, aber auch der Austausch mit den Mediator*innen aus dem Umfeld (ggf. auch innerhalb der Verbände) von größtem Wert für die Kontinuität, Stabilität und die Weiterentwicklung.

Grundlegend ist zunächst der regelmäßige und kontinuierliche Austausch innerhalb des Teams über die laufende Arbeit (u.a. über die durchgeführten Konfliktklärungen sowie die anstehenden Mediationshilfen) und die Organisation der Schulkonfliktlotsenarbeit im Ganzen (z. B. über geplante oder laufende Projekte, Fortbildungsschwerpunkte im Konfliktlotsentraining). Es ist wichtig, dass dafür immer die notwendigen Ressourcen von der Schule bereitgestellt werden, damit das Team den Überblick behalten, sich aber auch beständig gegenseitig auf dem Weg stärken kann. Im Rahmen dieser Treffen sollte außerdem die Vernetzung mit den weiteren Schulgremien und dem Steuerkreis koordiniert werden, um die Gesamtentwicklung mitverfolgen und mitsteuern zu können. Darüber hinaus ist es für die Mediator*innen besonders wertvoll, Fälle miteinander intensiver zu besprechen bzw. angeleitet zu supervidieren. Erst in der gründlichen Rückschau bzw. der gemeinsamen kritischen Analyse können positive Wendepunkte und Interventionen, aber auch Problempunkte einer komplexen Mediation erkannt und damit möglicherweise Alternativen erarbeitet werden. Ein derartig differenziertes Feedback ist für die Weiterentwicklung der Mediator*innen von großem Wert und sollte ihnen regelmäßig, auch in größerem Rahmen, angeboten werden. Daneben sind Weiterbildungen, die sich mit schulischen oder angrenzenden Themen befassen, sehr wertvoll für die Erweiterung der Kompetenz der Mediator*innen.

Zur Arbeit der Mediator*innen vor Ort, ggf. unter Mitwirkung ihrer Konfliktlots*innen, gehören die regelmäßige Information und der Austausch über die laufende Arbeit mit der Gesamt- und Schulkonferenz, dem Leitungskreis, der Elternvertretung, mit dem Steuerkreis und ggf. weiterer zuständiger Gremien. Nur wenn dieser Kontakt mit der nötigen Offenheit für Fragen, Anregungen oder auch Kritik gestaltet und aufgefrischt wird, kann sich eine gemeinsame mediative Schulkultur ausprägen und Bestand haben. Die Wirkung dieser oft recht nüchternen Faktenberichte kann durch praxisnahe Schilderungen der Konfliktlots*innen oder durch die unmittelbare Darstellung ihrer Aktivitäten in diesen Gremien oft erheblich verstärkt werden. Sehr gute Erfahrungen haben wir mit zusätzlichen kleinen Fortbildungssequenzen, angeleitet durch die Konfliktlots*innen, z. B. bei Elternabenden oder in Konferenzen, gemacht. Gerade für diejenigen Erwachsenen, die mit der Mediation weniger vertraut sind, wirkt die praktische Demonstration mediativer Vorgehensweisen durch geschulte Jugendliche äußert überzeugend.

11 ALLE SCHULBETEILIGTEN MIT MEDIATIVER KULTUR VERTRAUT MACHEN

Schulhaus mit Bausteinen zur mediativen Schulkultur

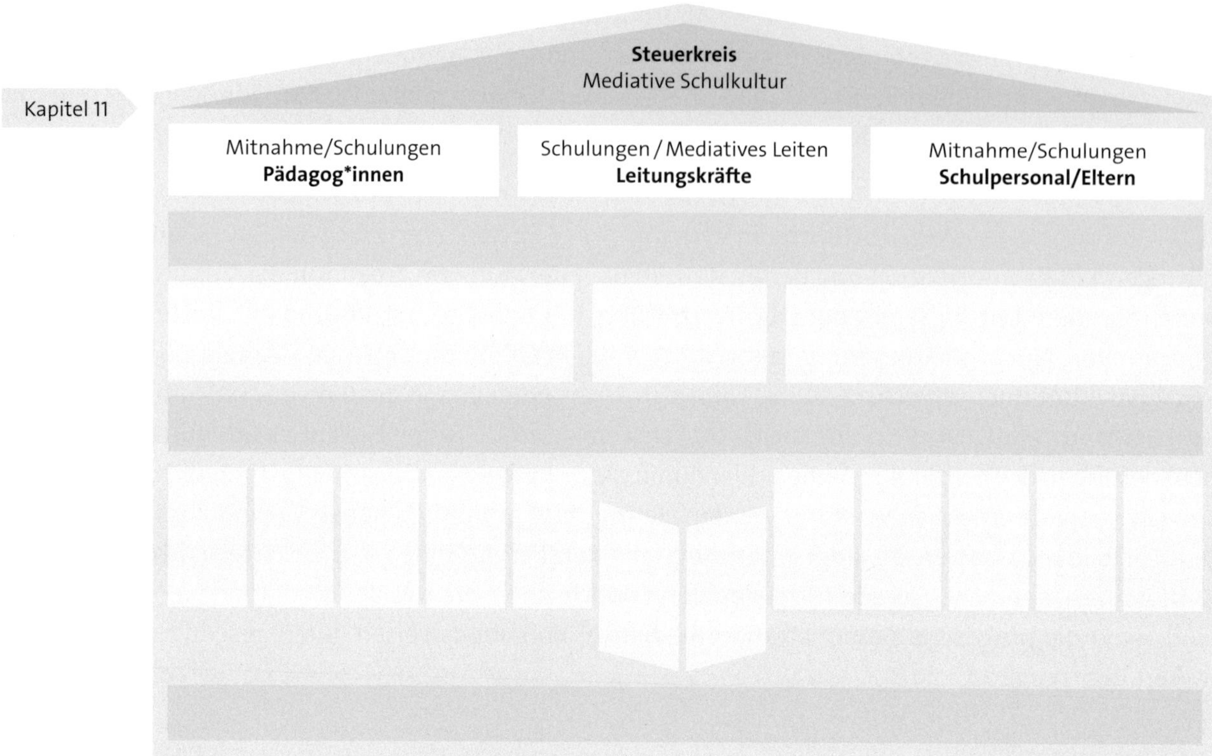

11.1 Ausprägung einer schuleigenen Kultur des mediativen Miteinanders implementieren

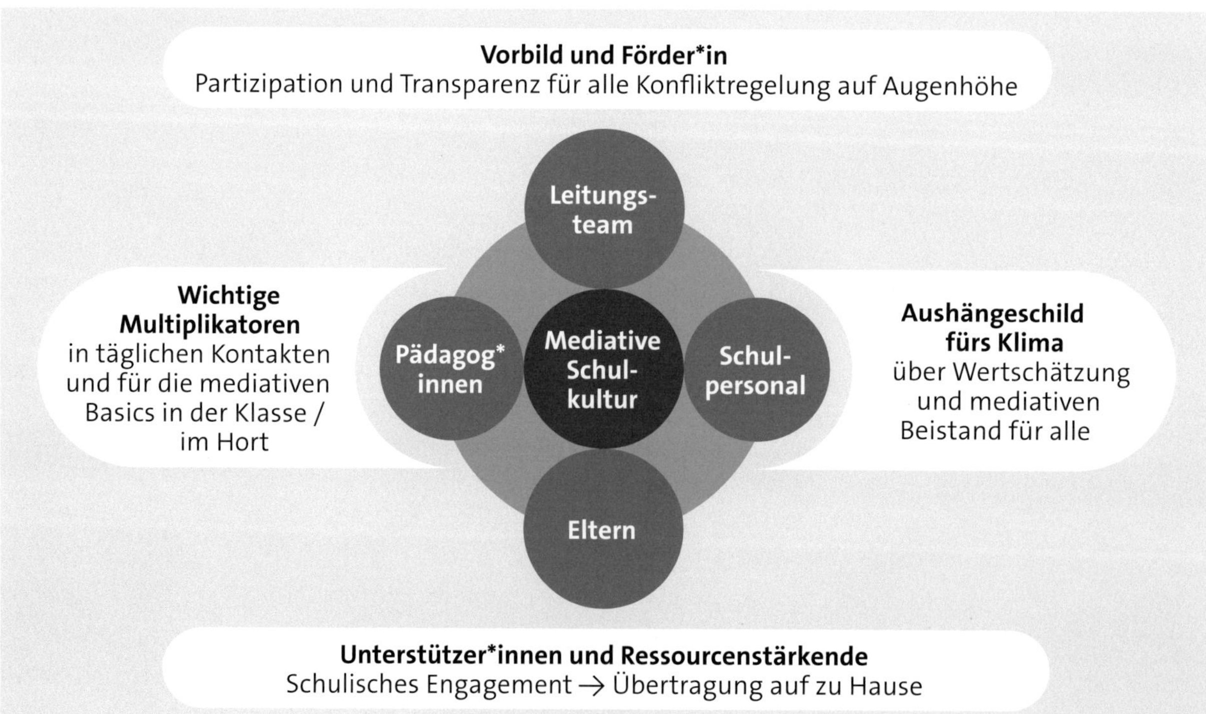

Eine Schulkultur kann sich nur dann spürbar und umfassend entfalten, wenn alle Schulbeteiligten wirklich mitgenommen werden und über das notwendige mediative Grundhandwerkszeug verfügen. Allein die Überzeugung, Partizipation und Wertschätzung im Schulalltag seien wichtig, reicht in keinem Fall für eine durchgreifende Umsetzung aus. Es braucht eine mediative Haltung aller Beteiligten, angefangen von den Schüler*innen und Lehrkräften über die Eltern, die Schulleitung bis hin zum Schulpersonal, wenn sich eine Kultur des gegenseitigen Respekts und der konstruktiven Auseinandersetzung der Interessen auch im Alltag zeigen und bewähren soll. Kultur drückt sich in Kommunikation aus und wird damit in den täglichen Kontakten miteinander real erlebbar.

Uns Mediatorinnen, die meist nur Stippvisiten an den Schulen haben und sich oft erst zu den anvisierten Personen und Örtlichkeiten durchfragen müssen, ist immer wieder aufgefallen, dass schon diese Erstbegegnungen mit einem System recht gut den dort gelebten Geist ausdrücken können. Deshalb halten wir es für zielführend, Seminare in mediativer Kommunikation anzubieten, die gerade auf die Erfordernisse des Schulpersonals abgestimmt sind. Erfolgt dieser erste wichtige Kontakt mit dem Schulpersonal in respektvoller, wertschätzender Weise, wirkt sich dies positiv auf alle weiteren internen Kontakte aus und kann von dort ausgehend entsprechend weitergetragen werden. Ebenso wichtig für eine gelebte mediative Schulkultur ist das Leitungsteam, das unseres Erachtens nach unbedingt hinter dem Konzept stehen und es entsprechend umsetzen sollte. Denn es prägt mit seinem Leitungsstil nicht nur in prinzipieller Weise den Umgang mit dem Schulpersonal, sondern auch den Ton in Konferenzen und vor allem in schwierigen, oft entscheidenden Gesprächen mit Eltern und Kolleg*innen.

Neben der Leitungsebene stellen die Information, Schulung und Unterstützung der Elternschaft maßgebliche Faktoren zur Etablierung einer mediativen Schulkultur dar, denn die Eltern sind doch in ihren Familien mit ihrer Überzeugung ein wichtiger Träger dieser Idee. Über Elterngremien und Fördervereine können sie zudem möglicherweise wertvolle Ressourcen für das Gesamtprojekt zur Verfügung stellen. Wird diese Tendenz über Fortbildungen und regelmäßige Informationen begleitet und verstärkt, profitieren davon alle schulischen Elternaktivitäten (Gremien, Elternversammlungen, Stammtische, Schulfeste, pädagogische Beratungsgespräche usw.) in Form von Wertschätzung und konstruktiver Auseinandersetzung. Darüber hinaus steigt die Wahrscheinlichkeit, dass die mediative Haltung auch im häuslichen Alltag umgesetzt und gelebt wird und sich somit wiederum positiv auf den Gesamtprozess auswirkt.

Gerade diese atmosphärischen Faktoren in ihrer Gesamtheit sind für alle unterschwellig schnell spürbar und zeigen sich unmittelbar im Arbeitsklima und damit in der Motivation, sich gerade für diese Schule und ihre Schüler*innen zu engagieren. Gibt es nämlich an diesen Schaltstellen kommunikative Irritationen, mangelndes Verständnis oder sogar unbedachte schroffe Aussagen, sind das Erfahrungen, die besonders im stressigen Tagesgeschäft an anderer Stelle meist unterschwellig bremsend wirken können. Je mehr also solche wenig wertschätzenden Kommunikationen untereinander vorkommen, umso negativer wird das Gesamtsystem atmosphärisch beeinflusst sein. Umgekehrt ist diese Regel zum Glück genauso zutreffend: Je mehr Schulbeteiligte von dieser mediativen Umgangsweise überzeugt sind und diese im Alltag umsetzen können, desto stärker wird die gesamte Schulgemeinschaft davon profitieren und einfach gerne dort arbeiten und lernen wollen.

Um also alle Ebenen der Schule mit dem mediativen Repertoire für ihren speziellen Bereich vertraut zu machen, finden Sie in den folgenden Unterkapiteln für jeden Teilnehmerkreis gesondert Schulungsthemen im Überblick - entsprechend seiner Anforderungen im Schulgeschehen. Allerdings können wir hier nur grundlegende Inhalte auflisten, diese aber aus Platzgründen im Detail nicht mehr beschreiben.

11.2 Alle pädagogischen Fachkräfte in mediativer Kommunikation schulen

Zur Etablierung der mediativen Schulkultur sollten alle vor Ort tätigen Pädagog*innen (Lehrkräfte, Erzieher*innen, pädagogisches Fachpersonal) über ein Basisrepertoire an mediativer Kommunikation mit entsprechender Haltung verfügen, sind sie doch die Multiplikatoren für das Gesamtsystem. Wünschenswert wären dafür umfangreiche finanzielle und zeitliche Ressourcen, insbesondere für Klassenleitungen und Erzieher*innen. Unseres Erachtens stellen zwei Projekttage pro Schuljahr für die Grundschulung ein Minimum dar. Dabei sollte das Klassenprogramm mit den mediativen Basics im Vordergrund stehen (vgl. Kap. 3). Die nachfolgend grob skizzierte Schulung kann sowohl von kompetenten Schulmediator*innen als auch von geeigneten externen Referent*innen übernommen werden.

Ziele:
- Wertschätzende Haltung und Kommunikation im Schulalltag
- Sicherheit und professionelle Distanz im Umgang mit alltäglichen Konflikten (Deeskalieren und Aufklären)

Inhalte:
- Herstellen und Vertreten einer respektvollen, wertschätzenden Gesprächsatmosphäre
- Anerkennen verschiedener Perspektiven und Emotionen
- Beratend-empathischer Umgang mit Problemlagen
- Lösungsorientiertes Vermitteln unter Einbeziehung der Beteiligten
- Deeskalieren durch entschärfendes Umformulieren
- Differenziertes und wertschätzendes Feedback geben
- Je nach zeitlichen Ressourcen sollten noch folgende Themen der mediativen Basics (vgl. Kap. 3) ergänzt werden: nicht fordernd um Hilfe bitten und verständnisvoll Nein sagen – Gefühle nicht verletzend mitteilen – mediativ miteinander verhandeln.

Methodik:
- Praktische Demonstration der Grundtechniken mit anschließender Diskussion
- Begleitetes Rollenspiel zu typischen Schulfällen mit ausführlicher Reflexion
- Kurze theoretische Inputs
- Visualisierung der Grundtechniken und Festigung über entsprechende Schulungsunterlagen

11.3 Das Leitungsteam auf Wertschätzung und eine mediative Haltung hin ausbilden

Wenn die Schulleitung die mediative Haltung ebenfalls spürbar ausstrahlt, ausspricht und lebt, überträgt sich der Geist auf die gesamte Schulgemeinschaft. Die Schulleitung hat hier eine bedeutsame Vorbildfunktion, dessen Wirkung für das Gelingen des Gesamtprojekts nicht zu unterschätzen ist. Gerade in dieser Funktion mit ihren vielfältigen Konfliktfällen auf unterschiedlichen Ebenen ist ein intensives Training (mindestens vier Projekttage) für die besonderen Erfordernisse des Leitungsalltags notwendig.

Ziele:
- Wertschätzende Haltung und Kommunikation im Leitungsalltag
- partizipative und transparente Führung
- Kommunikation und Konfliktregelung auf Augenhöhe

Inhalte:

- Fundiertes, wertschätzendes Feedback und Bedanken
- Verhandeln über Lösungsoptionen unter Einbeziehung der Mitarbeiter*innen
- Vermitteln notwendiger Entscheidungen
- Setzen von Motivation über Delegation
- Moderieren und Gestalten von Gremiensitzungen
- Ausdrücken von Erwartungen und Werten
- Vermitteln und Konsensfindung in Konflikten
- Loyalität in Konfliktsituationen

Methodik:

- Praktische Demonstration der mediativen Umgangsweisen in typischen Leitungssituationen mit anschließender Auswertung
- Begleitetes Rollenspiel zu ausgewählten Settings durch die Teilnehmer*innen mit kollegialer Reflexion
- Kurze theoretische Inputs
- Entsprechende Schulungsunterlagen zur Vertiefung

11.4 Nichtpädagogisches Personal auf einen mediativ geprägten Alltagsumgang vorbereiten

Wie schon erwähnt ist gerade das Schulpersonal das Aushängeschild für das vorherrschende Klima an der Schule. Deshalb ist insbesondere für diesen Personenkreis ein intensives Training (etwa zwei Projekttage) wichtig, welches auf die täglichen Erfordernisse des nichtpädagogischen Personals abgestimmt ist.

Ziele:

- Wertschätzende Haltung und deeskalierender Umgang mit Anfragen verschiedenster Ansprechpartner (direkt und am Telefon)
- Mediativer Beistand für alle Schulbeteiligten in schwierigen Situationen
- Sicherheit und professionelle Distanz im Umgang mit den alltäglichen Anforderungen

Inhalte:

- Beratend-empathischer Umgang mit Problemlagen über Aktives Zuhören und empathisches Spiegeln
- Kurze, wertschätzende Problemannahme und die Leistung mediativen Beistands
- Spezielles Telefontraining
- Sicherheit im Umgang mit den Verantwortungsbereichen in der Schule
- Deeskalieren durch entschärfendes Umformulieren
- Umgang mit Kritik verbunden mit eigener Grenzziehung

Methodik:

- Austausch über Problemsituationen im Verwaltungsalltag
- Praktische Demonstration, Diskussion und Reflexion der Grundtechniken für verschiedenste Situationen aus ihrer Praxis
- Visualisierung der Grundtechniken und Festigung über entsprechende Schulungsunterlagen

11.5 Elternabende für Infos zur Mediationsarbeit und für kleine Fortbildungsinputs nutzen

Wie bereits erwähnt ist die Elternschaft ein wichtiger Multiplikator für das Gelingen des Gesamtprozesses. Je stärker die Eltern in das Projekt einbezogen werden und in den Grundkompetenzen geschult sind, desto wahrscheinlicher ist es, dass sie sich für die mediative Schulkultur engagieren (ca. zwei bis vier Informations- bzw. Fortbildungsabende pro Schuljahr).

Ziele:
- Unterstützung des Projekts über Schulung von Kommunikationskompetenz
- Übertragung der mediativen Haltung ins häusliche Umfeld
- Ressourcenstärkung für das Gesamtprojekt
- Wertschätzende Haltung und Kommunikation bei schulischen Aktivitäten

Möglichkeiten:
- Infoabende zu Konfliktlotsen- und Mediationsarbeit
- Themenabende in Elternversammlungen
- Spezielle Schulungsangebote, auch im Kurscharakter für interessierte Eltern

Inhalte einer Grundlagenschulung:
- Herstellen und Vertreten einer respektvollen, wertschätzenden Gesprächsatmosphäre
- Anerkennen verschiedener Perspektiven und Emotionen
- Lösungsorientiertes Vermitteln mit pädagogischen Prinzipien
- Regelvereinbarungen mit verabredeten Konsequenzen und deren Durchsetzung

Methodik:
- Austausch über Problemsituationen im Elternalltag
- Praktische Demonstration der Grundtechniken mit anschließender Diskussion
- Ggf. begleitetes Rollenspiel zu Konfliktsituationen mit ausführlicher Reflexion
- Kurze theoretische Inputs

11.6 Pädagog*innen und Leitungskräfte in ressourcenorientiertem Verhalten schulen

Auf der Grundlage der gelebten Prinzipien der mediativen Kommunikation wie gegenseitige Wertschätzung und besseres Verstehen können Schulungen zum Zeit- und Stressmanagement zur Erweiterung dieser Kultur unterstützend beitragen. Sie ermöglichen eine höhere Selbstwirksamkeit beim eigenen Arbeitsverhalten, die zu einem ökonomischen, an den eigenen Kräften orientierten und damit gesundem Arbeiten/Zusammenarbeiten führt. Über die Reflexion und den Ausbau eigener Ressourcen kann zudem eine höhere Achtsamkeit für sich selbst und andere entstehen, was zu einem effektiven und transparenten Miteinander führt.

Erfahrungsgemäß wirkt sich besonders die zeitliche Strukturierung über Qualitätszeiten, die persönliche Freiräume absichern und damit eine wertvolle innere Distanzierungsfähigkeit vom Schulalltag ermöglichen, äußerst positiv aus. Insgesamt unterstützen diese Schulungen in hohem Maße ein geringeres Belastungsempfinden, was zu einem niedrigen Krankenstand beiträgt und insgesamt die Motivation und die Freude an der pädagogischen Arbeit erhält und belebt.

Ziele:

- Gesundheits- und ressourcenorientiertes Berufsverhalten
- Achtsamkeit für sich selbst und andere im Alltag

Mögliche Inhalte:

- Entlastung und Rhythmisierung der Tagesabläufe
- Planvoller und strukturierter Arbeitsstil
- Schaffen gesicherter Freiräume für Qualitätszeiten mit innerer Distanz
- Kennen und Ausbauen eigener Ressourcen (der des Teams)
- Anpassen eigener Erwartungen an tatsächliche Möglichkeiten

Methodik:

- Kollegialer Austausch über alltägliche Stresssituationen
- Reflexion zu eigenen Stressbewältigungswegen und möglichen Ressourcen
- Inputs zu effektiven Stressbewältigungsmaßnahmen
- Entwicklung individueller Reaktionsmöglichkeiten in Stresssituationen

11.7 Die mediative Schulkultur über einen Steuerkreis koordinieren und beständig evaluieren

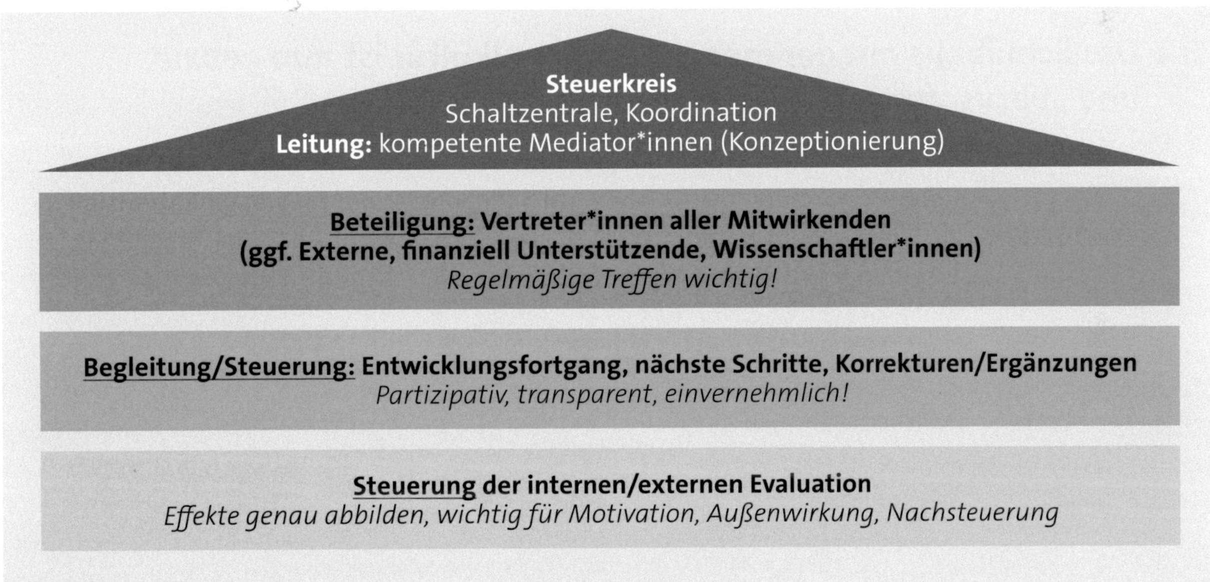

Um den Überblick über das Gesamtprojekt zu gewährleisten und die Koordination der Einzelmaßnahmen für eine mediative Schulkultur managen zu können, ist ein steuerndes Element unerlässlich. Bewährt hat sich ein Steuerkreis, der alle an dem Prozess Mitwirkenden einschließt: Leitung, Lehrkräfte, Erzieher*innen, Vertreter*innen des Mediationsteams, Verwaltungskräfte, Schüler*innen, Vertreter*innen aus dem Konfliktlotsenteam, ggf. Eltern und bei Bedarf externe Beteiligte aus dem Umfeld der Wirtschaft, Wissenschaft (Uni) sowie mögliche Geldgeber.

Die Leitung des Steuerkreises sollte von kompetenten Mediator*innen übernommen werden, die die Konzepte (mit-)entwickeln und damit den Gesamtprozess vor allem inhaltlich begleiten. Wichtig ist, dass der Steuerkreis regelmäßig einberufen wird mit einer strukturierten Tagesordnung, die von einer vorher festgelegten Leitungsfunktion unter Einbeziehung aller erstellt wird.

Aus unserer Erfahrung sind gerade für diese begleitenden organisatorischen Arbeiten auch finanzielle und zeitliche Ressourcen notwendig, die berücksichtigt werden sollten. Für die finanzielle Unterstützung des Gesamtprojektes könnte es je nach den Gegebenheiten notwendig sein, externe Geldgeber zu akquirieren.

Innerhalb des Steuerkreises sollte der Entwicklungsfortgang des Projekts transparent und partizipativ gestaltet werden. Deshalb ist eine beständige Information über den Ist-Stand wichtig, bevor die nächsten Schritte miteinander und einvernehmlich verabredet werden. Auch mögliche kritische Entwicklungen sollten gründlich miteinander diskutiert und geklärt werden, um den Fortgang des Projektes abzusichern und auch dessen Prinzipien zu wahren.

Daneben initiiert und koordiniert der Steuerkreis die interne und externe Evaluation, ist sie doch das Aushängeschild des Projekts und kann sowohl die Finanzierung und Motivation aller Beteiligten fördern. Die interne Evaluation sollte umfassend erfolgen (alle Schulbeteiligten: Kollegium, Schüler- und Elternschaft, Schulpersonal) und dabei anonym und detailliert umfassend die Aspekte des Projekts darstellen, um entsprechend nachzusteuern und zu konzeptionieren. Zusätzlich empfiehlt sich eine externe Evaluation möglichst mit wissenschaftlicher Begleitung über entsprechende Fragebögen mit verschiedenen Verhaltensdimensionen, um den Prozess umfassend beleuchten zu können. Hierzu bietet sich die Zusammenarbeit mit in näherer Umgebung liegenden Hochschulen und Universitäten (Masterarbeiten usw.) an, die den Prozesserfolg insgesamt absichern können.

11.8 Das Schulhaus mit der mediativen Schulkultur ist nun gebaut und „bezugsfertig"!

Alle, die darin arbeiten, lehren und lernen, finden hier einen Ort, an dem sie sich als Mensch wertgeschätzt fühlen, zu dem sie gerne gehen, für den sie sich engagieren möchten.

Schulhaus mit Bausteinen zur mediativen Schulkultur

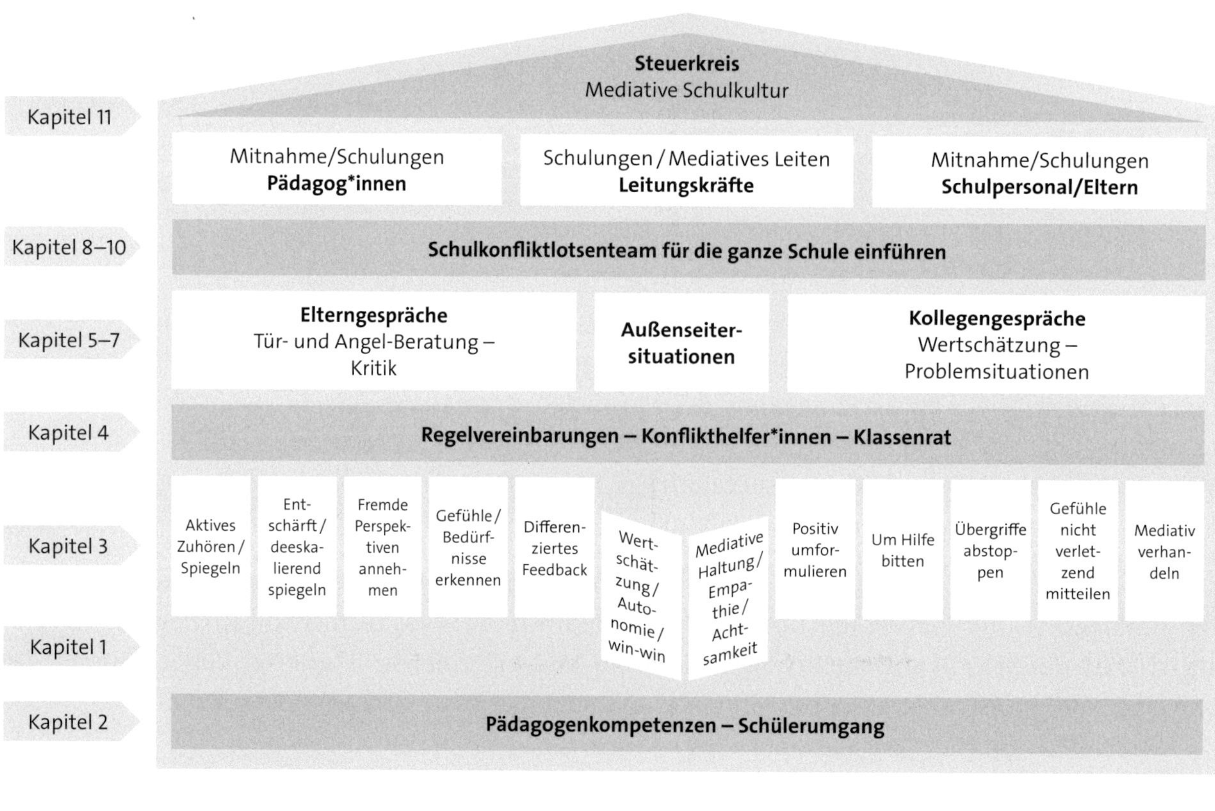

Über unsere Konzepte haben wir versucht, diesen Ort zu kreieren, weil wir ihn durch unsere Praxis immer wieder als wünschenswert erlebt haben. Ein so geprägter Ort lässt jedem Menschen seinen Raum, gibt ihm Bedeutung und aktiviert seine intrinsische Motivation. In dieser Atmosphäre werden Konflikte als konstruktiv betrachtet, die über faire Klärungswege möglicherweise zu wegweisenden Innovationen führen.

Gerade in einer Gesellschaft, in der eine Verrohung der Sprache (Aggressivität, Rassismus, Oberflächlichkeit) vornehmlich durch das Internet offenkundig ist, kann eine mediative Schulkultur ein wohltuendes Gegengewicht darstellen, von dem eine gegensteuernde Multiplikatorenwirkung ausgehen könnte. Unsere mediative Schule würde so eine verlässliche Oase des Wohlfühlens mit gesicherter sozialer Struktur sein. Uns liegt sehr viel daran, dass die grundlegenden Werte unserer Gesellschaft, die sich besonders in einer gelebten mediativen Schulkultur widerspiegeln, aufrecht gehalten und gestützt werden, was gerade in einer Zeit der Verunsicherung bezüglich der Weitergabe moralischer und ethischer Grundwerte opportun ist. In einer Schule, die diese Prinzipien lebt, sehen die Schüler*innen täglich die Umsetzung der Werte durch reale Vorbilder und können sie in ihr Umfeld weitertragen.

Diese Form der Mitwirkung und des Respekts vor dem Individuum ist Ausdruck einer demokratischen Kultur, die die Grundlage unserer Gesellschaft darstellt. Deshalb ist es so wichtig, dass Kinder von klein auf diese Form des Zusammenlebens erfahren und ganz selbstverständlich weiterleben.

Mit dem Wissen und unserer Mediationserfahrung von heute wären wir selbst gerne in solch einer Schule groß geworden. Sie nicht auch?

DANKSAGUNG

Für die Inspiration durch unsere Schulmediator*innen, Fortbildungsteilnehmer*innen und Konfliktlotsenteams danken wir ebenso wie für die freundschaftliche Unterstützung durch wertvolle Impulse von Ingrid Haack-Seelemann sowie für die vielen praktischen Tipps und die Unterstützung von Thomas Rohnstock bei der Erstellung der Grafikvorlagen.

LITERATUR

Eichhorn, C.: Classroom-Management. Stuttgart 2008

Glasl, F.: Konfliktmanagement. Stuttgart 1999

Haag, L., Streber, D.: Klassenführung. Weinheim 2012

Hartkemeyer, M., Hartkemeyer, J., Hartkemeyer, T.: Dialogische Intelligenz. Aus dem Käfig des Gedachten in den Kosmos des gemeinsamen Denkens. Frankfurt/M. 2018

Hattie, J.: Lernen sichtbar machen für Lehrpersonen, überarbeitet von W. Beywl u. K. Zierer. Baltmannsweiler 2014

Holler, I.: Trainingsbuch Gewaltfreie Kommunikation. Paderborn 2003

Jaeggle, M., Krobath, T., Stockinger, H., Schelander, R. (Hrsg.): Kultur der Anerkennung, Würde – Gerechtigkeit – Partizipation für Schulkultur, Schulentwicklung und Religion. Hohengehren 2013

Jannan, M.: Das Anti-Mobbing-Buch. Weinheim 2015

Kaeding, P., Richter, J., Siebel, A., Vogt, S. (Hrsg.): Mediation an Schulen verankern. Weinheim 2005

Ochoa, M., Drescher-Ochoa, H.: Anti-Mobbing-Effekt für Schulen auf dem Weg in eine Achtsamkeitskultur. Heidelberg 2016

Rademacher, H. (Hrsg.): Leitfaden konstruktive Konfliktbearbeitung und Mediation. Schwalbach 2007

Rohnstock, D.: 99 Tipps: Burn-out vermeiden. Berlin 2018

Rohnstock, D., Roller, C.: Schulkonflikte meistern. Baltmannsweiler 2013

Rosenberg, M.: Erziehung, die das Leben bereichert. Paderborn 2005

Rosenberg, M.: Gewaltfreie Kommunikation. Paderborn 2001

Rosenkranz, P.: 99 Tipps: Anti-Mobbing. Berlin 2013

Schäfer, C.: Die partizipative Schule. Köln 2015

Schaarschmidt, U. (Hrsg.): Halbtagsjobber? Weinheim 2005

Walker, J.: Gewaltfreier Umgang mit Konflikten in der Grundschule. Berlin 2011

Walker, J.: Gewaltfreier Umgang mit Konflikten in der Sekundarstufe I. Berlin 2013